SOBREVIVENTES E GUERREIRAS

MARY DEL PRIORE

SOBREVIVENTES E GUERREIRAS

Uma breve história
da mulher no Brasil
de 1500 a 2000

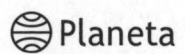

Planeta

Copyright © Mary del Priore, 2020
Copyright © Editora Planeta do Brasil, 2020
Todos os direitos reservados.

Preparação: Thais Rimkus
Revisão: Ana Tereza Clemente e Carmen T. S. Costa
Diagramação: Vivian Valli
Capa: Tereza Bettinardi
Ilustrações de capa: Maria Júlia Moreira

Dados Internacionais de Catalogação na Publicação (CIP)
Angélica Ilacqua CRB-8/7057

del Priore, Mary, 1952-
   Sobreviventes e guerreiras: uma breve história das mulheres no Brasil: 1500-2000 / Mary del Priore. – São Paulo: Planeta, 2020.
   256 p.

   ISBN 978-65-5535-156-9

   1. Mulheres - Brasil - História 2. Mulheres - Aspectos sociais - Brasil 3. Mulheres - Violência I. Título

20-2713   CDD 305.40981

Índices para catálogo sistemático:
1. Mulheres - Brasil - História

2021
Todos os direitos desta edição reservados à
Editora Planeta do Brasil Ltda.
Bela Cintra, 986 – 4º andar – Consolação
01415-002 – São Paulo-SP
www.planetadelivros.com.br
faleconosco@editoraplaneta.com.br

SUMÁRIO

PREFÁCIO..7

NO INÍCIO ERA O PATRIARCADO........................10
O COMEÇO DO COMEÇO..................................13
A VIAGEM DO PATRIARCALISMO........................18
AMOR E DESAMOR ENTRE AFRODESCENDENTES........26
OUTROS CASAIS...32
DORMINDO COM O INIMIGO............................34
AO SUL DO CORPO......................................42
O PODER ENTRE AS PERNAS...........................49
DA ENXADA À CASA-GRANDE..........................55
DO CAMPO PARA A CIDADE............................61
O PEQUENO COMÉRCIO DAS RUAS: UM ELEVADOR SOCIAL..63
MULHERES NOS TEMPOS DE EL-REI....................68
MUDANÇAS À SOMBRA DOS CAFEZAIS..................80
O OUTONO DA ESCRAVIDÃO............................85
ABOLICIONISMO: SÓ PARA HOMENS?..................89
MODOS DE MULHER......................................94
SEIO NEGRO, SEIO BRANCO...........................100
MULHERES E LIVROS: ESCRITAS E LEITURAS FEMININAS...105
LAR, DOCE LAR..112
PROSTITUTAS NO FIN DE SIÈCLE, INIMIGAS
    DA VIDA FAMILIAR................................119

PELO BURACO DA FECHADURA........................125
OPERÁRIAS E TRABALHADORAS......................131
VIOLÊNCIA? PRESENTE!..............................139
NA REPÚBLICA VELHA, NOVIDADES....................143
RACHADURAS NO PATRIARCALISMO E
    A CHEGADA DO FEMINISMO........................151
ELAS NO PALCO, NAS ONDAS DO RÁDIO E NAS TELAS.....158
MULHERES DOS SERTÕES 169
MOBILIDADE, CIRCULAÇÃO E RACISMO.................174
MUDANÇAS E PERMANÊNCIAS..........................182
A CHEGADA DE UMA ALIADA: A PÍLULA.................192
NOVOS TEMPOS, NOVAS FAMÍLIAS......................200
E ELES?...210
REAÇÕES E VIOLÊNCIA................................215
MULHERES NOS ANOS DE CHUMBO E
    MULHERES NOS ANOS DE OURO.....................220
FEMINISMOS NO PLURAL..............................226
NASCER MULHER, TORNAR-SE MULHER E DEPOIS.........233

BIBLIOGRAFIA......................................241

PREFÁCIO

Enquanto você lê este livro, a cada duas horas uma mulher é assassinada. Hoje mesmo quantas terão sido perseguidas, interpeladas verbalmente, insultadas, agredidas... Quantas delas fazem parte de seu círculo de amigas ou parentes? Em todo canto, mulheres vivem em alerta. Prestam atenção ao que vestir, a como falar, como responder, sorrir ou andar, que atitude tomar, que mensagem enviar. Acelerar o passo, fingir que está ao celular, não fazer contato visual, gritar, não gritar – todas essas são preocupações que revelam o temor feminino na rua, dentro de um carro, num escritório vazio ou num elevador. Fato é: mulheres gastam muita energia para se defender. Usam técnicas marciais para as quais não há medalha nem troféu. E é exatamente isso que faz a vida seguir como se os elogios "pesados", a mão que bolina no transporte público, o chefe agressivo, ou a discussão com o namorado não fossem relevantes. Reclamações? Puritanismo ou vitimismo, dizem. Afinal, tais fatos parecem só ter importância para "as vítimas da violência": uma classe envergonhada, marcada por baixa autoestima, por impotência, e sujeita a uma série de provações policiais e jurídicas para passar de vítimas a sobreviventes.

O gesto é velho como o mundo: a mão se ergue e, com força, o punho se abate onde alcançar. Nas costas, no ventre, no rosto. O punho é dele. O corpo é dela. As modalidades de suplício se expressam pela satisfação de um desejo irrepreensível do lado dele. E dos limites de tolerância a dor do lado dela. Ele representa o "sexo forte"; ela, o sexo frágil. A guerra entre os sexos tem história, assim como a evolução dos códigos sociais que tentam coibi-la ou os signos de atenção que lhe são dados. Em sua representação, podemos ler a configuração das relações sociais, os papéis dos diferentes sexos, a acumulação das frustrações, a natureza dos medos. A banalização dessa violência é uma das características estruturais de nossa sociedade.

Há quem a explique pelo patriarcalismo e pelo machismo de uma sociedade que vê nas mulheres algo que pertence ao pai, ao marido, ao patrão ou ao dono. Ela é um "bem pessoal". Outros debitam à mulher um tipo de comportamento que incita a violência: "Mulher gosta de apanhar", ironizava o dramaturgo Nelson Rodrigues. Alcoolismo, dependência química, desemprego e miséria social são fatores invocados quando se desejam interpretar o abuso da força, a intimidação, a brutalidade sobre o sexo feminino. Segundo historiadores, a escravidão de qualquer mulher, mas, sobretudo, das negras e mulatas, escravas sexuais e domésticas, teria aprofundado o abismo nas relações entre homens e mulheres. Misoginia e racismo foram o tempero das relações pluriétnicas, diz o historiador Ronaldo Vainfas.

Vivemos uma época de transição. Se desejamos abandonar o patriarcado, sentimos as consequências de nossos atos. Enquanto nossa sociedade tenta promover a igualdade entre homens e mulheres, graças à evolução do direito e ao surgimento de medidas antidiscriminatórias, as desigualdades na esfera pública e privada se mantêm. A "igualdade desigual", esse hiato entre discurso e prática social e cultural, acaba por alimentar as tensões em que estamos mergulhadas. No entanto, compreender as raízes do problema é fundamental para resolvê-lo. E, nesse processo, é essencial recuperar, pela história, a voz e as marcas de testemunhas que nos permitam ouvir e enxergar o passado no presente.

Desde o século XVIII, o patriarcado moderno substituiu a justificativa religiosa tradicional da subordinação das mulheres por argumentos biológicos e médicos: a diferença biológica seria a justificativa "natural" de uma complementaridade e de uma assimetria entre o homem, ativo, e a mulher, passiva – aliás, essas mesmas causas desculpam os abusos sexuais masculinos e a homofobia, uma vez que a homossexualidade, por eles, é considerada "contra a natureza". Tendo isso em vista, essa naturalização dos papéis de gênero recebeu suas primeiras críticas das pioneiras feministas, que opuseram ao patriarcado moderno o princípio universal da igualdade. Por sua vez, será essa contradição entre patriarcado e modernidade que nos conduzirá ao questionamento e ao enfraquecimento do patriarcado. E, apesar da permanência de desigualdades, violência e discriminação, o princípio de igualdade será um ponto de apoio para ações transformadoras.

Sem dúvida, há uma palavra a ser bem discutida: *patriarcado*. No Ocidente cristão, as relações entre homens e mulheres foram, durante séculos, geridas pela instituição do matrimônio. Isso quer dizer que foram administradas não por uma norma heterossexual vigente, mas por certo contrato entre homens:

pais davam as filhas em casamento em troca de compensações financeiras ou alianças políticas, e, ao se submeter ao ato sexual, marido e mulher sabiam se curvar às mesmas obrigações. A mulher era submissa ao poder do homem. Com a emergência de movimentos feministas, porém, assistiu-se ao começo do fim dessa ordem patriarcal, assim como da moral que a acompanhava.

Não estou aqui para alimentar o mercado já saturado de conselhos sobre a violência sexista ou explicações sobre o conceito de gênero. Contudo, pretendo apresentar uma visão histórica do que aconteceu a tantas brasileiras que souberam, ao longo dos séculos, resistir. Resistir, manter acesa a chama efêmera da existência, aguentar, sobreviver. "Resistir", cuja etimologia vem de *stare* e que significa ficar de pé. Resistimos como respiramos, por reflexo. Resistimos para sobreviver e também para defender nossos valores, sem os quais a vida não tem sentido. O bom é que, ao longo dos tempos, a matéria da qual somos feitas, ou seja, nossa cultura mestiça, resiste cada vez mais e melhor às pressões. E, longe de esconder os conflitos, nós os levamos para a praça pública a fim de encontrar soluções para a violência e para a desigualdade, soluções em que o grito seja substituído pelo diálogo e a concorrência, pela colaboração.

Mulheres de todas as condições, todas as idades e todas as cores sempre souberam descortinar brechas, reinventar-se, apostar na criatividade para seguir em frente. Elas enfrentaram o patriarcalismo, acharam degraus para subir na vida, fizeram história. Tantas vezes apresentadas como vítimas de eventos dramáticos ou de um destino que as mergulhou em sofrimento, souberam vencer armadilhas diversas. Longe de se deixarem levar sem saber aonde, nossas irmãs do passado foram protagonistas de seu tempo. Tempos em que estiveram presentes dificuldades e violência, mas não só. Este livro almeja mostrar esses outros momentos, momentos em que ouvimos essas vozes dizerem com clareza: "eu existo", "eu faço", "eu quero".

A história nos ajuda a compreender que, contra a engrenagem da repetição, contra o retorno da adversidade, há o desejo de autonomia e igualdade. Há a vontade de rejeitar a vitimização generalizada. Há o desejo de dizer "sim" num mundo que diz "não". Assistimos à mudança de uma ordem tão velha quanto o mundo: a dos sexos. A história está mudando sob nossos olhos. Hoje as mulheres falam, e os homens escutam.

NO INÍCIO ERA O PATRIARCADO

Em agosto de 1980, Belo Horizonte, Eduardo de Souza Rocha sacou o revólver e deu seis tiros na esposa, Maria Regina. A razão? Ela voltara de férias no Rio de Janeiro fumando, usando biquíni e assistindo a um seriado sobre uma socióloga divorciada, *Malu Mulher*. Ele foi julgado por crime cometido em legítima defesa da honra. Em julho de 1985, no Rio de Janeiro, Mônica Granuzzo, jovem de catorze anos, depois de ter sido espancada, foi empurrada por seus agressores da sacada de um apartamento na Lagoa. Pancadaria em público não faltava. Geni Nascimento de Oliveira, 23 anos, foi agredida a socos e pontapés por um agente administrativo da Companhia Estadual de Águas e Esgotos do Rio de Janeiro, a Cedae. Razão? Ela reclamou de falta de água. Todos os homens citados são modelos de patriarcalismo machista.

E o que seria isso? Identificado nos dicionários com as organizações sociais em que a descendência é patrilinear e a autoridade e a dignidade do chefe de família são veneradas e respeitadas, o patriarcado está presente em quase todas as culturas do mundo e se define como sistema em que os homens têm a tarefa de alimentar e proteger a família, assumindo todas as funções fora de casa. Às mulheres cabem a organização do lar e a educação dos filhos. Em 1945, o dicionarista Francisco Fernandes definia "patriarcal" como sinônimo de "bondoso", "indulgente" e "pacífico".

As palavras, porém, também têm história e mudam de sentido. A partir dos anos 1970, o conceito passou a ser utilizado pelo feminismo para designar um sistema social de opressão das mulheres pelos homens. Começou, então, a ser criticado e contestado. Causa de todos os males, "patriarcado", assim como o adjetivo "patriarcal", passou a ser usado para classificar relações desiguais e as sociedades em que homens exploram, desrespeitam e maltratam mulheres. De onde vem o patriarcado e quais são as causas de sua incrível estabilidade ao longo dos tempos, sob diversos regimes políticos ou religiões? Vamos começar do começo.

O paleolítico superior foi uma era glaciária que se estendeu de 45000 a.C. anos a 10000 a.C., na Europa. Os humanos de então eram caçadores coletores que talhavam objetos elaborados, matavam grandes herbívoros, colhiam plantas selvagens e decoravam grutas, e a presença de cães e de arcos entre eles só apareceu no fim do período. Graças a comparações etnológicas, sabe-se que nessa época nasceu a divisão de trabalho entre homens e mulheres. Em 186 sociedades localizadas entre África, Mediterrâneo, Eurásia, Pacífico e Américas, aos homens ficavam reservadas a caça, as operações de corte de carne que serviriam de comida e a transformação de materiais duros em utensílios. As mulheres se encarregavam das crianças, do preparo de alimentos, da manutenção do fogo e do trabalho de fiação, de tecelagem e cerâmica; além disso, colaboravam com colheita de frutos e captura de pequenos animais.

Vários argumentos serviram para explicar tal divisão de tarefas: aos homens seriam dadas as funções mais pesadas, enquanto as mulheres seriam preservadas – decisão que assegurava a reprodução. Para eles, o risco de morte; para elas, a certeza da vida. No entanto, pode-se questionar essa informação, e estudiosos de pré-história hoje se perguntam: cabia só a eles a distribuição da caça? Na hora de abater e retalhar bisões, mamutes e renas, estariam os homens sozinhos ou as mulheres os ajudavam? Se fossem encarregadas de transportar alimentos e crianças de um lado para o outro, não teriam elas inventado cestas, cordas e instrumentos para cortar vegetais? Estariam presentes ou seriam, elas mesmas, autoras de pinturas no interior das cavernas?

Em muitas culturas, a mulher tinha liberdade e gozava de prestígio. Segundo a arqueóloga Marija Gimbutas, essa tese é sustentada pela proliferação de representações artísticas sobre o corpo feminino na forma de estátuas, testemunhas do culto de uma deusa-mãe. Com púbis, seios e ancas acentuadas, tais imagens remetem à possível existência de uma sociedade do tipo matriarcal no fim do paleolítico superior. Fundada na igualdade de tarefas, paz e respeito à vida, ela teria triunfado na Europa antes da chegada de invasores portadores de uma cultura de guerra. No entanto, a ausência de fontes escritas e raros documentos tornam apressada qualquer hipótese sobre tão abrangente época.

Em relação às intrépidas amazonas, antes consideradas fruto da imaginação masculina, temos várias evidências arqueológicas – com sua imagem reproduzida em baixos-relevos, nos quais aparecem a cavalo, com calças bufantes e boné, e também em registros levantados pelos historiadores da Antiguidade. Os povos situados entre a Grécia, a Rússia e a China conviveram com elas. Corridas, jogos equestres de risco, guerras e batalhas, além do fato de serem enterradas lado a lado com os homens, honraria dada somente a guerreiros, comprovam a existência dessas mulheres que, ao contrário da lenda, tinham seios e não eram lésbicas.

No início de nossa era geológica, há dez mil anos, o clima esquentou. A sedentarização e a invenção da agricultura transformaram as sociedades, a hierarquia social, a estratificação política e a luta por territórios. Os homens ficaram em evidência. Desde então, baixos-relevos exibem caçadores matando grandes animais, e pinturas rupestres mostram arqueiros atirando contra manadas de alces ou renas. As mulheres são retratadas colhendo mel. No neolítico, a divisão sexual do trabalho se acentuou. Coube aos homens abrir clareiras para plantações, domesticar animais, fabricar utensílios e construir a habitação. Às mulheres, a coleta de lenha e frutos, a fabricação de vestimentas, o preparo dos alimentos e o cuidado com as crianças. Esse trabalho era feito próximo às habitações, o que contribuiu para criar os primeiros espaços domésticos. Mulheres dentro, homens fora. A agricultura e a criação de animais, capazes de nutrir grande número de pessoas, aumentaram a taxa de natalidade. A sedentarização permitiu mais nascimentos, embora já se conhecessem a amenorreia de lactação e o infanticídio como forma de controle do tamanho das famílias.

O crescimento demográfico no neolítico constituiu uma ruptura na história das mulheres, que se tornaram cada vez mais "mães". Entre os filhos, uma divisão operava: somente os homens sucediam aos pais no comando dos grupos. O desenvolvimento da agricultura foi correlato à emergência de sistemas patrilineares: as mulheres, confinadas ao espaço doméstico, à sedentarização e ao aumento da família; os homens, senhores de novas formas de poder representadas na propriedade de terras, nos rebanhos e nos estoques de alimentos, além de portarem as armas vistas nas tumbas e terem o cavalo, signo de prestígio associado ao comando. Segundo alguns pesquisadores, as primeiras sociedades complexas, criadas em torno da emergência de líderes tribais ou da organização de um Estado, são frutos dessas transformações.

O COMEÇO DO COMEÇO

Quando os portugueses chegaram ao Brasil, encontraram cerca de 3 milhões de indígenas que ainda viviam uma transição do paleolítico para o neolítico. Eles dependiam da caça, da pesca e da coleta e usufruíam de uma agricultura ainda rudimentar. Desconheciam o comércio, e cada tribo produzia o necessário para a própria sobrevivência, sem depender da troca de produtos com outros grupos. Na taba, a divisão do trabalho se fazia por critérios sexuais ou etários. Ou seja, havia tarefas específicas realizadas pelas mulheres e pelos homens, bem como tarefas infantis, de adultos e de velhos.

Os homens cuidavam da guerra, da caça, da pesca, da liderança tribal, das relações externas, da construção das estruturas físicas da aldeia, das canoas e das armas, de certos tipos de arte e ornamentos corporais, da produção do fogo, dos ritos xamânicos que incluíam práticas medicinais e da derrubada das matas para lavouras. Às mulheres cabiam o plantio, a colheita, o preparo de alimentos, a fabricação de utensílios domésticos, tecidos e adornos, a preservação do fogo, a limpeza e a organização das ocas, a criação de animais, o cuidado inicial da prole e dos mais velhos e certa colaboração na caça e na pesca. Mulheres tinham um pesado fardo em múltiplos trabalhos, pois delas dependia parte essencial do sustento da tribo e, sobretudo, o de seu companheiro. Padre José de Anchieta, jesuíta espanhol e um dos fundadores das cidades do Rio de Janeiro e de São Paulo, chegou a dizer que, entre os povos indígenas que conheceu, se um homem não tivesse mulher, poderia ser considerado um pobre coitado.

É bom não esquecer alguns aspectos importantes da vida dos povos indígenas antes da chegada dos europeus. Os casamentos serviam para estabelecer alianças entre aldeias e reforçar laços de parentesco e eram proibidos entre filho e mãe, irmão e irmã, pai e filha – mas, ao contrário do que acontecia na Europa, tios podiam desposar sobrinhas. As regras, em geral, eram bem simples: desejando se unir, o homem se dirigia a uma mulher e perguntava sobre sua vontade de casar. Se a resposta fosse positiva, pedia-se a permissão do pai ou do parente mais próximo. Permissão dada, os "noivos" se consideravam "casados". Não havia cerimônias, e, se ficassem fartos do convívio, consideravam a relação desfeita. Ambos podiam imediatamente procurar novos parceiros. Embora houvesse homens que, aborrecidos com o andar do casamento, presenteassem suas mulheres a outro homem, os índios tratavam muito bem suas companheiras: protegiam-nas, andavam com elas dentro e fora da aldeia, lutavam com inimigos dando chance às mulheres de escapar. Quando os casais brigavam, podiam espancar-se mutuamente, sem interferência de terceiros. O adultério feminino causava horror, e o homem enganado podia repudiar, expulsar e mesmo matar a mulher que tivesse cometido essa falta; quando as mulheres engravidavam na relação extraconjugal, a criança era enterrada viva, e a adúltera, trucidada ou abandonada na mão de rapazes. Antes do casamento, porém, havia grande liberdade sexual: as moças podiam manter relações com rapazes índios ou europeus sem que isso lhes provocasse desonra. Depois, casavam-se sem nenhum constrangimento ou temor de castigos por parte do companheiro. Não há notícias de cacicados na mão de mulheres: ou seja, os chefes de tribos eram sempre homens.

Vejamos, agora, como o patriarcalismo se instalou entre nós. No início da colonização, não havia mulheres europeias suficientes para constituir famílias; e, nesse panorama, uma das soluções foi os europeus se juntarem às índias da etnia tupi, das quais muitas se entregavam aos brancos, uma vez que os índios consideravam normal a poligamia. Os tupis, com a finalidade de estreitar laços políticos, tinham o costume de oferecer uma mulher a todo estranho que fosse viver entre eles. Assim, Paraguaçu, filha do chefe Taparica, uniu-se a Diogo Álvares Correia, também conhecido como Caramuru. Viveram juntos, e o português tornou-se o chefe de extensa linhagem de mamelucos. Bartira, ou "flor de árvore", posteriormente batizada sob o nome cristão de Isabel Dias, foi a companheira de João Ramalho, que viveu entre os tupiniquins, adotando muitos dos usos e dos costumes de seu povo. O povoamento do planalto de Piratininga, hoje São Paulo, deveu-se à extensa prole de Bartira. Sua filha, Joana Ramalho, casou-se com um dos mais influentes homens da capitania, o capitão-mor Jorge Ferreira. Já na capitania de Pernambuco, Jerônimo de Albuquerque, prisioneiro dos caetés, foi poupado da morte por interferência da "princesa do Arco Verde", ou Maria do Espírito Santo, com quem teve oito filhos. Uma de suas filhas, Catarina, casou-se com o florentino Felipe Cavalcanti, dando origem à influente família Cavalcanti de Albuquerque.

Graças ao convívio com indígenas, os europeus aprenderam a plantar milho, inhame, abóbora e feijão, a fazer uso de fumo e a preparar a mandioca. Dormiam em redes fiadas pelas companheiras e gostavam de tomar banho de rio. As crianças nascidas desses "amancebamentos" eram chamadas "curibocas". Para os brancos, eram "mamelucos".

Brancos e índias continuaram se amancebando até a chegada de um novo grupo: africanos escravizados. As africanas engrossaram as corriqueiras "uniões à moda da terra". De onde vieram? Das Áfricas, como explica o africanólogo Alberto da Costa e Silva. De lá, mulheres de culturas diferentes deram contribuições diversas para o Brasil. Saídas da região de Angola, Nigéria, Congo, Gabão e Togo, entre outras, contribuíram com idiomas, tradições e saberes para a adaptação das gentes à terra. Sua presença se vê na organização da família, na música, na religião, na comida e na língua. Os portugueses, porém, já estavam familiarizados com as mulheres negras, que, desde o século XV, eram enviadas para Portugal. Trabalhando como escravas em serviços domésticos e artesanais, acabavam se amancebando ou se casando com homens brancos, que, segundo Gilberto Freyre e confirmado por teses recentes, eram fascinados por elas, que encarnavam a sensualidade e a disponibilidade para o sexo. Não poucos senhores escolhiam para constituir família escravas a quem protegiam, bem como a seus filhos, como demonstrou a historiadora Adriana Reis Alves, por exemplo.

Embora o continente africano não forme um bloco uno, as escravizadas vinham de nações organizadas em clãs, onde a poligamia era corrente e onde viviam submissas aos códigos de conduta de uma sociedade hierarquizada, estruturada segundo rígidos padrões de comportamento e tradições religiosas. Nelas, o chefe poderoso era aquele que sabia amparar generosamente, reunindo todos os membros de uma família numerosa. Privilégios e poderes ficavam nas mãos dos homens, cuja importância era definida pelo número de filhos que engendrassem. "Papai", ou *Bigman*, era o chefe. Cada um poderia ter quantas esposas conseguisse sustentar, e cada esposa viveria na única perspectiva da maternidade, tão valorizada quanto o vínculo entre as pessoas e os espíritos ancestrais. A arte tradicional não deixa mentir: inúmeras esculturas demonstram que o papel de mãe-esposa era fundamental. Ao ter várias mulheres sob seu teto, o patriarca era tratado como grande senhor, enquanto as esposas se engalfinhavam para atrair sua atenção e seus sentimentos.

Não faltaram, no vasto continente africano, sociedades cuja transmissão de propriedades, nomes de família e títulos provinham da linhagem materna. O termo "mãe" designava não apenas a mãe biológica, mas suas irmãs e as outras esposas. Significava também o irmão da mãe. A ele cabia lugar central no cotidiano e na educação dos sobrinhos. Ao contrário do mundo ocidental, quando se casava, era a mulher que recebia uma garantia em forma de dote, oferecida pelo futuro marido. Ela era a dona da casa no sentido financeiro do termo. Ela dispunha e regulava a distribuição de alimentos para todos, e o marido sequer podia tocá-los sem seu consentimento. Muitas mulheres foram chefes de clãs e de vilarejos, dirigiram migrações ou formaram esquadrões durante as guerras. Outras compunham a guarda do rei do Daomé, atual Benim. Não faltaram rainhas guerreiras como Yaa Asantewaa, do Império Ashanti (atual Gana); Ana Nzinga, que reinou em Ndongo e Matamba (atual Angola); ou Sarraounia, da comunidade azna (atual Níger) – todas idealizadas por feitos e lendas que permanecem na memória e no folclore.

O historiador e antropólogo senegalês Cheikh Anta Diop afirma que nas sociedades africanas as mulheres tinham poder político, econômico e religioso. Entre bantos, da região do Congo, era a mãe que dava identidade étnica e social aos filhos. Ela era a base e a garantia da sociedade. Um mar de rosas para nossas avós africanas? Não. A excisão do clitóris e dos pequenos lábios garantia que o prazer fosse privilégio masculino. A infibulação, procedimento que deixava menor o orifício para a passagem da urina e do sangue da menstruação, gerador de infecções e dores, também era uma tentativa de controlar a sexualidade feminina, associada às ideias de pureza, modéstia e estética – e era, até mesmo, vista como motivo de honra em alguns grupos. Os maus-tratos físicos e as surras eram tão frequentes quanto em qualquer lugar onde houvesse um homem violento, segundo demonstrou [o romancista nigeriano] Chinua Achebe. Se a mulher ficasse viúva, era preciso provar por meio de ritos e costumes sua inocência na morte do marido.

Muitas escravizadas vinham ao Brasil saídas de nações importantes, cujas capitais eram centros comerciais ativos, pelos quais passavam gente da Europa e da Ásia. A escravidão não era assunto desconhecido delas. Ao contrário, antes de se tornar o desumano tráfico transatlântico, era comum a escravidão por guerra, crimes cometidos, adultério ou dívidas. Nesse processo, a evolução das sociedades, a importação do monoteísmo – notadamente o islã – e a colonização empurraram o poder ainda mais para o lado dos homens.

Como explicou o historiador Roquinaldo Ferreira, o tráfico que cruzava o Atlântico provocou mudanças nos costumes. À medida que os poderes locais se fortaleceram, multiplicaram-se as guerras; e a introdução de álcool, tecidos e armas gerou um quadro de instabilidade que facilitou mais e mais escravizações. Depois de atravessar o Atlântico em "navios negreiros" ou "tumbeiros", as escravizadas logo aprendiam a se mover e a se organizar no Novo Mundo.

Todas iguais? Nunca. Elas representavam culturas diferentes que aqui se misturaram – não sem atritos identitários. Todas, porém, trouxeram na bagagem tradições patriarcais que, mescladas às que encontraram por aqui, entre indígenas e brancos, geraram uma cultura miscigenada, em meio à qual homens e mulheres reproduziam as coisas que tornavam a vida possível e digna.

A VIAGEM DO PATRIARCALISMO

"Igualdade" é uma palavra nova para pensar a relação entre os sexos. Se olharmos no retrovisor da história, veremos que muita água passou debaixo da ponte e que, durante séculos, acreditou-se numa natural desigualdade entre homens e mulheres. Para filósofos como Platão ou Aristóteles, por exemplo, a inferioridade do sexo feminino era tida como normal. Se alguns sentiam embaraço em justificar a escravidão do homem pelo homem, a sujeição da mulher, contudo, lhes parecia natural. Entre o século XII e o XVIII, a desigualdade se baseava em outro argumento: a Igreja identificou nas mulheres uma das formas do mal na Terra. A literatura as descrevia como diabo em forma de gente. Os mistérios da fisiologia feminina, ligados aos ciclos da lua, ao mesmo tempo que seduziam, repugnavam os homens. Eles procuravam uma responsável pelo desaparecimento do paraíso terrestre e encontraram: não foi tudo culpa de Eva? Como não desconfiar de um ser cujo maior perigo consistia num sorriso? Mal magnífico, prazer funesto, venenosa e traiçoeira, a mulher era acusada pelo outro sexo de ter introduzido sobre a terra o pecado, a infelicidade e a morte. Pandora grega ou Eva judaica, a mulher cometera o pecado original ao abrir a caixa que continha todos os males ou ao comer do fruto proibido. A caverna sexual tornava-se, assim, "uma fossa viscosa do inferno", explica o historiador francês Jean Delumeau.

Como já observei anteriormente, na Idade Moderna, a religião projetava sobre a sexualidade feminina uma luz, revelando que era lugar de conflito, começado nas origens do mundo, entre as forças do maligno e a potência de Deus. Segundo essa forma de pensar, a mulher se encontrava imersa numa feminilidade cuja significação aparecia numa perspectiva escatológica. Culpada pelo despojamento de tudo de bom quando da expulsão do paraíso, só lhe restava dedicar-se a pagar seus pecados pela contemplação de Deus, pela continência e pela domesticação de seu desejo. Aqui, vale reiterar que a ideia da menoridade da mulher não era prerrogativa do mundo ibérico. Ao contrário: trata-se de uma constatação identificada em outras culturas, ou seja, os destinos femininos estavam inextricavelmente ligados a determinados sistemas religiosos.

No protestantismo, ao mesmo tempo que Lutero divergia da ortodoxia católica em seu inequívoco suporte ao casamento, ele não divergiu da visão da Igreja católica da mulher como ser inferior, útil apenas para a reprodução. E concordou com São Tomás de Aquino ao considerar que elas eram seres defeituosos aos quais faltava alguma coisa. Para Lutero, as mulheres haviam sido criadas somente com o propósito de servirem aos homens e ser suas ajudantes. A desigualdade na questão da autoridade era uma estrutura mental enraizada também no mundo protestante. Não faltaram, na Europa do Norte, como no mundo ibérico, manuais orientando-as a obedecer ao marido, jamais dispor de seus bens sem consentimento dele e não se levantar da mesa sem sua anuência. A despeito desses dispositivos coercitivos, não faltaram mulheres que rompessem com padrões.

Da Europa, os primeiros colonizadores trouxeram para cá a desconfiança ante a mulher e o sentimento de que a ela cabia obedecer ao homem. Trouxeram, também, o modelo patriarcal: clãs cujos membros se submetiam ao marido, ao pai ou ao patriarca. Nada muito diferente do que se via na África ou na Ásia. Junto veio, ainda, uma maneira particular de organizar a família: pai e mãe casados perante a Igreja. No Ocidente cristão, por volta do ano 1000 d.C., a Igreja impôs o fim da poligamia, que, como na África, também na Europa era signo de poder, e o matrimônio passou a reinar. Codificado por regras, impregnou toda a sociedade. A doutrina se elaborou aos poucos. Afinal, era preciso integrar gente de costumes e tradições muito diversas, como veremos. E o mais difícil era definir um papel para a sexualidade dentro do sacramento. Necessário para a procriação e, portanto, um bem, o ato sexual era visto como luxúria. Um pecado.

Ao chegar ao Novo Mundo, o sacramento já correspondia aos ideais definidos pela Igreja católica no Concílio de Trento: deveria servir como instrumento na luta contra a Reforma protestante e na difusão do catolicismo. Apenas neste tipo de família – a abençoada pelo matrimônio – seria possível educar os filhos no âmbito cristão, movimentando uma correia de transmissão pela qual passariam, de geração em geração, as normas e os valores da Igreja católica, que buscava universalizar suas normas para o casamento e a família.

Enraizado no Nordeste e usado por vários pesquisadores, esse modelo familiar teve como primeiro intérprete Gilberto Freyre. Suas bases foram a grande propriedade rural e a escravidão. Seguido por muitos intelectuais – como Oliveira Viana, Sérgio Buarque de Holanda, Caio Prado Jr., Antonio Candido, entre outros –, Freyre afirmava que a família patriarcal brasileira era uma organização privada maior e mais forte que o próprio poder público, estabelecendo, sustentando, premiando e punindo com mais eficiência que o Estado português. E era enorme – incluía filhos, bastardos, afilhados, parentela, agregados. Seu sucesso lhe teria permitido persistir durante o século XIX (em alguns lugares do Brasil, persistir até hoje). Longe do olhar do Estado, gestavam-se relações de dependência entre os membros da família e o patriarca. E a presença de violência doméstica só acentuou a dependência da mulher em relação ao homem. Além disso, a separação entre poder público e poder privado fez com que essa violência fosse ignorada até bem recentemente. Há quem diga que na família patriarcal a mulher era uma escrava. Não foi bem assim.

Nos anos 1990, o historiador Ronaldo Vainfas deu um passo à frente na tese de Freyre, com uma interpretação adotada por quase toda a sua geração: não era o tamanho que definia a família patriarcal, e sim o poder por ela exercido. Assim, se a dominação masculina era regra geral, ela não excluía, na prática, a existência de homens dominados por mulheres nem a existência de mulheres livres. Vale lembrar, porém, que conceitos não dão conta da complexa realidade – e "patriarcalismo" é um deles.

Vários acontecimentos marcaram, então, o perfil do país. Teve início o desembarque das "órfãs do rei", meninas sem família enviadas para se casar com imigrantes estabelecidos no Novo Mundo, e, junto, chegou o que o donatário Duarte Coelho chamou de "peçonha": os degredados, elementos que ameaçavam a paz social no reino – entre eles, várias mulheres. A visionária Maria da Cruz, as ladras Isabel da Silva e Maria Dias, a bígama Brites da Silva, algumas cristãs-novas como Maria Cordeiro e sua mãe Escolástica, a feiticeira Maria Silva e algumas ciganas, entre tantas outras que, unidas a mamelucas, índias e algumas poucas europeias, deram o chute inicial para movimentar a colônia. A seguir, houve a instalação da agromanufatura do açúcar e a importação de milhares de escravos africanos para trabalhar nos engenhos que se espalharam pelo litoral. Depois veio a expansão territorial dos séculos XVII e XVIII, motivada pela descoberta das minas de ouro e da pecuária. A partir de meados do século XVIII, teve início a urbanização nacional.

Essas diferentes situações históricas promoveram enormes ondas migratórias que obrigavam as pessoas a se locomoverem da costa para o interior da colônia, em busca de trabalho e ocupação. Tais deslocamentos bruscos alteravam a estrutura demográfica das populações, incentivavam o aparecimento de formas diferentes de família, que seriam o reflexo das realidades econômicas, sociais e culturais de cada região, e, dentro delas, implicavam papéis diversos para as mulheres.

Para estudiosos, a família marcou o início do processo de colonização. Segundo esse ponto de vista, a soma da tradição patriarcal portuguesa com a colonização agrária e escravista teria resultado no patriarcalismo brasileiro. Tanto no interior quanto no litoral, era o patriarca que garantia a união entre parentes, a obediência dos escravos e a influência política de um grupo sobre os demais. Uma grande família reunida em torno de um chefe forte e temido impunha sua lei e sua ordem nos domínios que lhe pertenciam. Instalada em geral em engenhos ou fazendas, ela se concentrou na área rural até o século XVIII. O "senhor" cuidava dos negócios e aparentemente tinha absoluta autoridade. Sua influência era enorme e se estenderia, muitas vezes, às famílias do mesmo tipo, localizadas em regiões próximas.

A singularidade da família patriarcal é que ela não se restringia ao trio pai, mãe e filhos, mas incluía outros parentes, filhos ilegítimos ou de criação, afilhados, empregados e amigos com quem se tinha uma relação de compadrio, além de agregados e escravos. Havia uma relação de dependência e solidariedade entre os integrantes. Vale destacar que estudos africanistas vêm comprovando que esse não é um modelo exclusivamente ibérico, mas africano também. Do outro lado do Atlântico, existia a casa-grande com papai, ou grande homem, mulher, concubinas, filhos, escravos domésticos e de eito.

E quando não havia o tal chefe ou o tal patriarca? Havia chefas ou matriarcas, que subvertiam o mito da mulher impotente e frágil ao qual estamos acostumados – pensemos, por exemplo, em Brites de Albuquerque, mulher de Duarte Pereira, a quem foi doada pelo rei de Portugal a capitania de Pernambuco, então chamada de Nova Lusitânia, e que assumiu o comando das terras depois da morte do marido, transformando-as nas mais rentáveis da colônia, ou em outras que, com a subdivisão das capitanias hereditárias em sesmarias, encarnaram o poder sobre terras, homens e culturas. Exemplos podem ser encontrados em plantas divisórias das sesmarias e em cartas de doação, também conhecidas como "datas". Em um mapa sobre o atual estado do Rio de Janeiro, há evidência de pelo menos três delas doadas a mulheres, maiores que as sesmarias de vários sesmeiros. Outros exemplos são as datas de doação como as de dona Portazia de Bitancourt no atual estado de Tocantins; ela, ao se tornar viúva, foi capaz de recuperar domínios que antes pertenciam a seu pai, ex-governador. Ou as de Luiza de Lima Camello, da Paraíba, cujas terras lhe foram doadas em 1720 para criação de gado. Ou as poderosas "mulheres da Casa da Torre", como eram chamadas Leonor Pereira Marinho e Catarina Fogaça, administradoras do morgado fundado por Garcia d'Ávila, capazes de governar um império de terras como as de César nas conquistas romanas – enviavam procuradores para cobrar rendas, vigiavam as fronteiras, tratavam com os índios, auxiliavam os padres franciscanos e perseguiam os jesuítas; enfim, mandavam e desmandavam, encasteladas em sua fortaleza de Tatuapara, na praia do Forte, na Bahia.

Havia donas de terras e donas de águas, como relatou, ao subir o rio Amazonas, o viajante alemão Robert Avé-Lallemant sobre certa dona Maria. A mulher "incomumente robusta, bem parecida, rindo gostoso", vivia havia tempos no canal de Tajapuru com seu companheiro "mais escuro", sendo naquelas paragens bastante conhecida. "Dona Maria era o que se poderia chamar de senhora dos rios, já que remava sozinha por todos os pequenos igarapés para vender seus artigos ou trocá-los, e deve ter juntado assim uma fortuna. Para maior segurança, leva sempre consigo uma espingarda carregada e um grande facão; conserva-os junto dela na rede, quando dorme. [...] Quase ninguém passa pelo canal do Pará para Manaus que não conheça a célebre amazona dona Maria, do canal de Tajapuru, e não mostre grande respeito pela corajosa figura."

Como dito, as dimensões continentais do Brasil não resultaram num tipo único de família. Em várias localidades em que os homens tinham partido em busca de melhores condições de vida ou morrido, as mulheres, chefes de família, eram maioria. Foi o caso de São Paulo no século XVIII, por exemplo, onde cresceu o "matriarcado da pobreza", forma de organização familiar caracterizada pela quase ausência de escravos, mas pela presença de agregados e filhos que podiam ter pais diversos – forma replicada no Nordeste séculos depois. Nessas famílias, a autoridade maior era também a mais velha: a avó ou a mãe. Sua liderança amparava dificuldades e diluía conflitos, e uma teia de relações de vizinhança ajudava na luta pela sobrevivência. Espaços comuns como os rios onde se lavava roupa, a cozinha ao ar livre, quintais vizinhos e o hábito de conversar de cócoras permitiam a troca de informações, de receitas para doenças, de maledicências e de gestos de solidariedade. Como bem disse a historiadora Maria Odila Silva Dias, era justamente sob o comando econômico e moral de mulheres mais velhas que tais lares tornavam possível a preservação dos valores e tradições, diante da desordem criada pela indigência.

Sozinhas e à frente da família, as mulheres sobreviviam e cuidavam do pequeno comércio, da lavoura, da plantação e dos animais domésticos. Também prestavam serviços de lavar, costurar, tecer, bordar, fiar panos grosseiros, fazer doces ou pães, tingir, plantar ou se prostituir. Algumas, mais abastadas, eram fazendeiras, comerciantes de escravos e de tropas que transportavam, para o interior, produtos comprados no litoral. Afrodescendentes que se estabeleciam por conta própria também tinham escravas e agregadas. Trabalhando em casa ou na rua, as mulheres ajudavam na sobrevivência de filhos e dependentes e eram membros destacados da economia informal então existente. Em regiões que receberam número importante de escravos, a tradição de etnias matrilineares herdadas do Congo e de Angola reforçou a maneira pela qual pardas e negras estabeleceram famílias, domicílios e negócios.

Um dos primeiros observadores da vida independente, sem clausura, em que as mulheres conduziam os próprios negócios, empreendimentos e ações judiciais, foi o francês Pyrard de Laval, em passagem pela Bahia em 1611. Impressionado, ele anotou em seu diário: "Travei conhecimento e fiz amizade com outra jovem portuguesa, uma nativa do Porto, chamada Maria Mena, que dirigia uma das melhores tabernas da cidade, e não me faltou comida nem bebida, pois de tudo ela me dava quando precisava, com o conhecimento do marido, suprindo-me também de dinheiro para pagar-lhe mais tarde. Chamava-me de meu 'camarada'".

Contrastando com a fragilidade social, tais famílias permitiam que as matriarcas traçassem agendas: casavam filhos e filhas interferindo na escolha do cônjuge, controlavam o dinheiro com que cada membro colaborava para o domicílio, punham em funcionamento redes de ajuda mútua, agiam (sozinhas ou em grupo) quando tinham seus interesses contrariados, eram capazes de reunir agregados armados para acertar contas com desafetos e tinham poder de vida e morte sobre os seus. Um exemplo extremo é o de Ana Teresa, moradora de Guarulhos, São Paulo, acusada de matar dois netos recém-nascidos. A um deu de beber ervas venenosas; do outro torceu o pescoço. Por quê? A filha era "idiota", não teria como ampará-los.

Nas famílias de linhagem matriarcal havia espaço para sentimentos, os quais representam material de estudo de historiadores e se expressavam nos cuidados com o futuro incerto de seus dependentes. Expressões como "amor a meus filhinhos" aparecem com frequência nos testamentos da época. E esse amor podia embalar tanto os filhos legítimos quanto os de criação. No Rio de Janeiro, em dezembro de 1755, Serafina de Oliveira, viúva do capitão Estevão de Barcelos Machado, fez questão de registrar as alforrias condicionais das duas filhas que o marido teve com a escrava Joana, as mulatinhas Ana e Bárbara. Ela as reconheceu oficialmente como filhas do marido "por não ser justo que servissem a pessoa alguma e pôr as haver criado com muito amor".

Em São Paulo, em testamento de 1647, Maria Pompeu legava a Izabel Furtado, "filha bastarda de meu marido, meu vestido de tafetá, chapins (sapatos) e manto de seda e uma cabaça de ouro e ramais de corais". Também em testamento, Francisca de Souza e Silva reconhecia seus bastardos: "Dois filhos havidos de coito punível e reconhecidos por escritura pública de sua livre vontade e amor materno". O amor materno esteve presente, e o papel da matriarca era manter, zelar e educar seus dependentes. Tendo isso em vista, percebe-se que a gestão da microcomunidade familiar em suas mãos esvaziava a tão comentada desigualdade entre os sexos.

A grande preocupação das mães era a possível educação dos filhos. Possível, pois não havia escolas. Elas eram as mestras das primeiras letras e das primeiras orações. Não por acaso, leem-se, nos testamentos da época, pedidos como o que fez certa Beatriz Moreira à curadora de seus filhos, a viúva Bárbara Ribeiro: "Mandasse ensinar os machos a ler e escrever e contar e as fêmeas a coser e a lavar e todos os bons costumes". Para além dos cuidados materiais, as crianças recebiam os espirituais. Compêndios de doutrina católica circulando no Brasil colonial recomendavam a mães e amas que se empenhassem "em fazer com que os mínimos que criam pronunciem antes de tudo os santíssimos nomes de Jesus e Maria. Depois de levantados, quando tiverem algum conhecimento, os mandem beijar o chão e que, prostrados por terra, lembrem-se do inferno aonde vão as crianças que fazem obras más e lhes expliquem o horror do fogo do inferno".

O cardápio de práticas religiosas servido na pequena infância atendia a uma pastoral difundida em larga escala na Europa e na América portuguesa. Ele incluía o hábito de dar o nome do santo de proteção que presidisse o dia do nascimento ou do batismo aos filhos, bem como o de ter Nossa Senhora ou santos de devoção por padrinhos e madrinhas de batismo. Cabia à mãe educar seus filhos de forma cristã. Dela viriam os valores e as tradições do catolicismo.

Muitas mulheres eram sozinhas, mas nem sempre ficavam sós – uma das características das casas chefiadas por pobres, instaladas, sobretudo, nas áreas de passagem, urbanização acelerada ou mineração, eram as ligações transitórias ou consensuais. Viver numa família em que faltaram a bênção do padre e o casamento na igreja não significava viver na precariedade. As ligações então chamadas de "concubinatos" podiam ser bastante estáveis.

Em São Paulo de meados do século XVIII, por exemplo, a preta forra conhecida como Mãe Clara viveu com o sargento-mor Francisco da Rocha Abreu durante mais de dez anos. Eles coabitavam e educavam os filhos como se fossem casados, e Francisco era conhecido pelos vizinhos como "marido de Mãe Clara". Em Curral del Rei, a escrava Ana Angola assistia à missa com seu companheiro, o alferes José Pereira da Costa. Até padres se concubinavam: em Sabará, a parda Thereza Flores andava de "portas adentro" com padre José Barreto. Como em tantos casais que encontramos na documentação histórica, havia consenso entre os companheiros. E havia divisão de papéis e partilha de tarefas. O precário e instável era a situação material dessas famílias, mas a estima, o respeito e a solidariedade tiveram vez.

Ao mesmo tempo, filhos, mesmo os concebidos fora do matrimônio religioso, não ficavam desamparados. Ana Maria de Jesus, que por "fragilidade da carne" tivera três filhos com Antônio Manuel, ouviu no leito de morte do companheiro que ele lhe deixava duas casas na rua do Rosário, acrescentando: que nelas se instalassem para "viver todos em comum". A preocupação em dar condições para o casamento das filhas, "dar-lhes estado", como se dizia na época, era constante. Por isso, não são raros exemplos como o de João de Freitas, que em seu testamento registrou: "Declaro que tenho em minha casa uma mameluca por nome Inês à qual mando 20 mil-réis para ajuda em seu casamento", ainda rogando a sua mãe que casasse "com toda a brevidade" sua filha bastarda. O casamento, numa sociedade incerta e violenta, era entendido pela Igreja como sinônimo de proteção e segurança.

Tais uniões à moda da terra, nome que se dava então aos concubinatos, originaram milhares de famílias mestiças. Da mesma maneira que as uniões de brancos com índias, as de brancos, mulatos e negros não pressupunham o casamento na igreja. As pessoas se escolhiam porque se gostavam, passando a trabalhar juntas e a ter filhos. Muitas delas só no fim da vida recorriam à igreja para se casar, pois tinham medo de ir para o inferno. Então chamavam um padre, pediam a extrema-unção e confessavam o pecado de ter vivido em concubinato. A inexistência de anticoncepcionais eficientes refletia no fato de as pessoas terem muitos filhos, dos quais nem todos sobreviviam, pois as condições de vida eram árduas, e a falta de higiene e as doenças matavam muitas crianças antes de um ano. Punição para os concubinários? Recusa dos sacramentos e proibição de assistirem à missa, raramente a expulsão da comunidade depois de denunciados ao bispo.

O sacramento do matrimônio, embora estabelecido pelo Concílio de Trento no século XVI, só passou a existir na América portuguesa em 1707, com a publicação das Constituições Primeiras do Arcebispado da Bahia. Porém, após dois séculos de arranjos matrimoniais informais, as dificuldades para a constituição de matrimônios seguindo os preceitos católicos e burocráticos persistiam – aliás, elas se acentuaram em função dos altos custos implicados em um casamento formal, o que restringia a celebração oficial para colonos pobres e escravos. Foi justamente o arranjo familiar de geração espontânea que se impôs, sobretudo em função da miscigenação, que fez parte da realidade de todas as categorias sociais e levou a diferentes formações familiares. Embora condenada pelas autoridades civis e pelo clero, a miscigenação difundiu-se e passou a ser a grande marca da colonização, como explica a historiadora Suely Almeida.

AMOR E DESAMOR ENTRE AFRODESCENDENTES

As mulheres escravizadas podiam se casar? Sim. A Igreja católica permitia e defendia o direito de elas se casarem, inclusive com homens livres. Os senhores mais ricos costumavam casar seus cativos no mesmo dia em que batizavam as crianças nascidas nos engenhos ou nas fazendas. Chamava-se um padre para realizar as duas cerimônias, e depois havia uma "função". A função era uma festa ao som de batuques, violas e atabaques, que talvez lembrasse as cerimônias africanas em que se reunia ampla parentela dos noivos; o banquete era à base de inhame e noz-de-cola, regado a vinho de palma. Para se encontrar e se escolher, havia o trabalho na lavoura e, sobretudo, à época de colheita, a moagem da cana ou as atividades nas casas de farinha.

Os escravizados preferiam unir-se com companheiros da mesma origem étnica. Chama-se a esse fenômeno "endogamia". Escravos de origem nagô se casavam com nagô; os de origem hauçá, com hauçá; e assim por diante. Essa escolha, ditada por afinidades culturais e religiosas, permitia ao casal reorganizar seu mundo com os mesmos hábitos e tradições de sua região de origem na África. E os recém-chegados nutriam um forte desprezo contra os escravos nascidos no Brasil. As "crioulas" nascidas aqui preferiam o contrário, a exogamia: casar-se com gente de origem distante. De maneira geral, em grandes fazendas, havia nas senzalas mais homens que mulheres – o que parece lógico, uma vez que se importava mais mão de obra masculina que feminina –, e por isso a escolha de uma mulher muitas vezes causava disputas violentas, brigas de faca, ameaças e até mortes. Os escravos mais velhos monopolizavam o acesso às mulheres mais jovens. Para os mais jovens, sobravam as mais velhas.

Havia também a interferência dos senhores que não gostavam de ver seus cativos casados fora de sua propriedade. Eles preferiam a "paz de suas senzalas", como explicaram os historiadores Manolo Florentino e José Roberto Góes. Ou seja, preferiam que seus cativos constituíssem família dentro de suas terras, numa forma de adaptação ao sistema escravista. Mas sem ilusões. Sempre que relações familiares eram ameaçadas pelo senhor, os conflitos explodiam. Aliás, como explica o historiador Herbert Klein, o Brasil foi único entre as sociedades escravistas na representatividade de casamentos de escravos.

Embora no Sudeste os casais estivessem em toda a parte, nas áreas rurais as alianças eram mais visíveis. Enquanto no Censo de 1872, em todo o país, foram registrados 12% de escravos "casados", em São Paulo, entre os fins do século XVIII e o início do XIX, eles eram 30%. Então, valia a pena se casar? Sim, pois o matrimônio abençoado pela Igreja era um privilégio que aproximava o casal de certa experiência de liberdade, concretizada em favores que lhes faziam seus senhores: recebiam "de presente" uma roça para si, a moradia numa senzala separada ou até mesmo numa choça longe dos demais cativos.

Outro aspecto positivo do casamento era que a família e o parentesco adquirido graças às uniões se mostravam úteis para os escravizados transitarem do cativeiro para a liberdade. Nas zonas urbanas, graças ao trabalho de ganho e prestação de serviços, havia mais possibilidade de juntar dinheiro para comprar a alforria – "alforria" é termo de origem árabe e equivale a libertar-se. Mulheres trabalhavam pela liberdade do marido, e vice-versa. Menos numerosas que os homens escravizados, as mulheres escravas tinham mais chances de ficar livres. No século XVIII, o número das alforrias femininas surpreendeu: 72% no Rio de Janeiro, 46% em São João del Rey, e o dobro da dos homens na Bahia. Por dois motivos: elas custavam menos que os homens, e, por isso, sua liberdade era mais barata. Também porque elas tinham mais capacidade de acumular dinheiro pela diversidade de ocupações como "escravas de ganho", que realizavam tarefas remuneradas para terceiros e passavam parte do ganho para seu senhor.

A madrinha de Eva, de catorze anos, esmolou pela cidade até conseguir 120 mil-réis e, junto a um burro que valia 80 mil-réis, entregue pelo pai da menina, comprou a liberdade da jovem. A parda forra Bernarda de Souza, mulher bem-sucedida financeiramente que, tomando coragem, comprou a própria mãe, foi ao cartório e a alforriou: "Pela obrigação que tinha de a favorecer e amparar em toda a ocasião... e conservá-la em sua companhia, tratando-a com aquela veneração devida". No Recife, assim como no Rio de Janeiro colonial, mães acumulavam pecúlio para libertar seus filhos, embora seguissem escravas, diz [o historiador pernambucano] Gian Carlo de Melo Silva.

Também por esse motivo entende-se que a escolha dos padrinhos era estratégia essencial para essas mães. Afinal, muitos deles "alforriavam" suas afilhadas "na pia batismal", livrando-as do cativeiro e criando laços de solidariedade que permaneciam por toda a vida. Muitos deles eram pais biológicos que não fugiam à responsabilidade de olhar pelo futuro dos filhos. E, como resultado de tudo isso, mulheres libertas ou livres eram muito cortejadas. Na hora de escolher um par, era para elas que os homens olhavam. Para dar uma ideia, a historiadora Virgínia Barreto conta que, na pequena Nazaré das Farinhas, no Recôncavo Baiano, 83,3% das relações conjugais tinham uma dessas mulheres por cônjuge.

Estudiosos dos casamentos entre escravos, como Juliana Barreto Farias, comprovaram que entre cativos e forros era normal levar em conta interesses socioeconômicos, e, nesse processo, alguns "dotes pessoais" atribuídos às mulheres, como a potência de trabalho, eram valorizados. Sem contar que pais ou outros "parentes de nação", ou seja, membros de etnias e crenças africanas comuns, podiam pressionar amigos e filhos para arranjarem noivos e noivas dentro da própria comunidade.

Quando não dava certo, casais afrodescendentes procuravam o divórcio. Em 1848, no Rio de Janeiro, Henriqueta Maria da Conceição alegava que "não só cumpria todos os deveres de mulher casada, como também, por seus trabalhos continuados e tráfico de quitandas, em que já era ocupada antes do casamento, ganhava para manter a si e ao réu seu marido, sem dar motivo algum para este a maltratar". Queria a separação, pois o marido, lembrando-lhe sempre "a lei de branco", metia a mão em seus ganhos. E ele mesmo explicava o que isso queria dizer: "[A lei] mandava que de tudo que a mulher tivesse metade seria do marido; por exemplo: você tem quatro vinténs, dois são de seu marido; você tem um lenço, há de parti-lo ao meio dando a metade a seu marido".

O marido, Rufino Maria Balita, costumava apoderar-se do dinheiro que Henriqueta ganhava com suas quitandas, pegando ainda as joias e o montante guardado na gaveta. A comunhão de bens a que se referia a lei era só em proveito próprio. Por considerar desaforo a mulher querer governar o marido e ainda atrever-se a ficar chamando sua atenção, Rufino a cobria de pancadas. Não foram poucas as mulheres negras e mulatas ricas que desmascararam casamentos realizados por causa de seus bens e "fortunas".

A cabinda Rita Maria da Conceição, casada com o crioulo Antônio José de Santa Rosa pelo que julgava ser amor recíproco, descobriu que ele se casara não pela amizade que lhe tinha, mas unicamente pelo interesse que desse consórcio lhe resultava. Afinal, tudo o que o casal tinha pertencia a ela. Já a preta forra Amélia Maria da Glória afirmava: "Trabalhava mais que uma escrava, pois que lavava roupa, engomava e cosia, entregando todo o produto de seu trabalho a seu marido".

O caso mais interessante estudado por Juliana Barreto Farias foi o da forra nagô Lívia Maria da Purificação, que viveu em 1850. Quando conheceu o mina Amaro José de Mesquita, ele ainda era escravo do barão de Bonfim, servindo de comprador e copeiro. Já nessa época, contou Lívia ao juiz, queria levar "vida folgada, bem-apessoado e traquejado na arte de seduzir". Assim que a conheceu, ficou deslumbrado com seus bens: doze escravos, joias, dinheiro na casa bancária Souto. E tantas fez que entrou nas boas graças da africana. Tão logo começaram o relacionamento, Amaro pediu a Lívia que o "suprisse" com trezentos mil-réis, quantia que faltava para completar sua alforria. Ela lhe entregou o valor, na condição de casamento.

Ao saber que a futura esposa pretendia fazer um contrato pré-nupcial, Amaro se mostrou hesitante. O dito documento estabelecia a união "conforme as leis do país, mas sem comunicação de bens, salvo os havidos depois do casamento e dos rendimentos que tiverem". Ora, o preto mina nada tinha. Tampouco podia vender, alugar ou emprestar nenhuma das doze escravas da mulher. Pior: ela já tinha filhos. Logo, se morresse, teria que dividir os bens com os demais herdeiros. Resolveu se casar, mas, ao fim de três meses, Lívia foi ao Juízo Eclesiástico pedir a separação!

O casal contrariava a regra de "fazer pecúlio para a velhice", ajudar a alforria mútua ou aumentar a fortuna do casal – critérios presentes em outros documentos sobre casamentos de africanos e seus descendentes. Maria Angola e seu marido José Moçambique, por exemplo, acumularam pecúlio consistente. Ela com uma banca no largo do Paço, onde vendia gêneros de primeira necessidade; ele como marinheiro. Ambos unidos na devoção a Nossa Senhora do Rosário e São Benedito, de cuja irmandade, procissões e festas participavam. Ao se separarem, em 1835, ela ficou com "uma morada de casas na cidade de Campos, no norte fluminense, três escravas e um conjunto de joias de prata e ouro". Em muitos casos, as esposas se revoltavam contra a agressão dos maridos. Altivez e autonomia eram suas características reconhecidas por vários cronistas. A falta de ocupação dos cônjuges ou a dilapidação dos bens não estavam entre as causas legais para divórcio eclesiástico. Por isso, muitas alegavam maus-tratos, falta de cumprimento de deveres maritais, adultério e todo tipo de violência. Tal discurso se encontrou indistintamente entre mulheres negras, pardas ou brancas.

Muito se fala da mulher negra como vítima de permanentes estupros. Não foi bem assim. De acordo com a historiadora Sheila de Castro Faria, entre escravizadas, as relações sexuais impostas ou consensuais com seus senhores, e os filhos naturais ou adulterinos que delas nasciam, tanto podiam ser "um infortúnio quanto uma estratégia" de conquista da liberdade. O mito de constantes estupros não explica que tantas concubinas tenham sido alforriadas quando da morte de seu senhor. Alforriadas e favorecidas.

Foi o caso, por exemplo, de Luiza Jeje, mãe de seis filhos do capitão Manuel de Oliveira Barroso, morador do Engenho Aratu, na freguesia de Paripe, Recôncavo Baiano. Ele quis garantir que seus herdeiros fossem beneficiados e não só legitimou e nomeou os filhos, deixando-lhes duas fazendas, como alforriou a mãe. Vários estudos nos testamentos de época, como o da historiadora Adriana Reis, comprovam que homens solteiros e casados, livres e libertos beneficiaram escravas, libertas e livres de cor, pelo reconhecimento da paternidade de seus filhos ou como resultado de relações de afeto, dependência, fidelidade e gratidão. A divulgada insensibilidade de senhores diante de suas amantes ou seus filhos é desmentida por casos como o de Luiza Jeje. Como bem diz Adriana Reis, nem sempre tais relações foram negativas para as mulheres. Donas de suas posses, livres de cor e libertas administraram negócios e governaram escravos, tornando-se verdadeiras pontes no processo de mobilidade social de seus descendentes.

Em paralelo, embora mais raros, houve muitos casamentos entre livres e escravizados. Eram tantos os mestiços que a proibição de casamentos inter-raciais teria sido impossível. Os casamentos mistos não colocaram em xeque o sistema escravista – até ajudaram a perpetuá-lo, uma vez que o cônjuge livre deveria acompanhar o parceiro cativo. Era, enfim, um bom negócio para o senhor, que ganhava mão de obra adicional e barata. A preferência por mulheres livres em uniões mistas deveu-se ao fato de os filhos seguirem a condição das mães. Para evitar que seus descendentes se tornassem escravizados, os homens preferiam a união com uma liberta ou uma forra.

Estudos recentes revelam que, entre os séculos XVIII e XIX, houve mais mulheres libertas se unindo a escravos que o inverso. Situações de pobreza ou desonra também levaram mulheres livres brancas e pobres a recorrer ao casamento misto (mais que os homens na mesma situação). Na São Paulo setecentista foi o caso de Rita, casada com Sebastião, escravo de Antônio Vaz de Oliveira, e de Ana Joaquina, casada com Agostinho, escravo de certo capitão Gabriel. Os casais sobreviveram razoavelmente. Alugavam um quarto em um cortiço ou uma casinha nos arredores da cidade e criavam seus filhos. Para não atrapalhar o trabalho dos pais, as crianças eram, muitas vezes, educadas por amigas ou parentes livres, em cujas casas cresciam e aprendiam os primeiros ofícios. Note-se que tal circulação de crianças prenunciava hábitos ainda hoje presentes entre mães pobres.

Como bem diz o historiador Eduardo Paiva, na colônia os séculos se "africanizaram" e a diversificação urbana e a intensificação das misturas biológicas acompanharam o número de alforrias. Esse processo produziu famílias mistas, remediadas e pobres que atuaram diretamente no fomento das atividades econômicas. Já no século XVII, ex-escravas se tornaram donas de escravos depois de se libertarem. E a mobilidade social foi precoce. Graças a essa dinamização cultural, ocorreram adaptações linguísticas, religiosas e de organização doméstica. Marcas do passado? Sim. Sobretudo na forma de identificação da pessoa que trazia sempre sua qualidade e sua condição: "Josefa, preta forra", por exemplo. No entanto, nada impediu que mulheres vivessem libertas numa sociedade escravista e, com o tempo, muitas mulatas e pardas deixassem de se identificar dessa forma.

OUTROS CASAIS

Embora os matrimônios e as uniões entre índias e portugueses fossem um fenômeno antigo no Brasil, a partir das reformas feitas pelo marquês de Pombal, ministro do rei dom José I, os casamentos mistos se transformaram em política oficial do governo. As reformas que Pombal implementou a partir da década de 1750 tinham como objetivo assimilar os povos indígenas à sociedade colonial, assegurando honras e benefícios econômicos e políticos aos contraentes e a seus descendentes.

Muitas mulheres foram diretamente beneficiadas por essa condição, inclusive Isabel Maria Guedes de Brito, filha da índia Serafina Dormundo e de Antônio Guedes de Brito, apresador de índios e proprietário de um dos maiores latifúndios da América portuguesa, que lhe transferiu toda a fortuna. Isabel entrou para a história como proprietária de terras, escravos e minas e administrou os bens herdados lutando contra novos conquistadores. Ainda que tenham aumentado em número, as uniões que tinham por objetivo "civilizar os índios" não prejudicaram a identidade dos povos que souberam, apesar da mestiçagem, proteger tradições e formas de viver.

Já a família senhorial apresentava algumas características também encontradas no restante da sociedade. Podia ser extensa, englobando familiares e agregados, parentes pobres, solteiros, filhos bastardos e concubinas. Ou monoparental. Famílias assim, em geral, eram lideradas por viúvas que viviam com seus filhos e irmãos ou irmãs solteiras. Em ambos os casos, eram comuns núpcias entre parentes próximos, tios e sobrinhos, primos e até meios-irmãos. Assim como ocorria entre afrodescendentes, graças aos casamentos endogâmicos as famílias senhoriais aumentavam sua influência, fazendo crescer também as terras, os escravizados e os bens. O casamento com "gente igual" era altamente recomendável, e poucos eram os jovens que rompiam com essa tradição.

O dia a dia das famílias senhoriais transcorria em meio a grande número de pessoas. As mulheres de elite, conhecidas por "donas", pouco saíam de casa, empregando seu tempo em bordados e costuras ou no preparo de doces, bolos e frutas em conservas. Eram chamadas de "minha senhora" pelos maridos. Sentadas em esteiras no chão, com as pernas cruzadas, vestidas simplesmente com camisolões e chinelos, passavam horas em meio a trabalhos manuais, preparando remédios ou alimentos para vender. A preguiça era considerada pecado; portanto, nenhuma delas ficava ociosa. A sabedoria popular confirmava o horror ao ócio: "De mulher que tem preguiça/ e se ela não vai à missa/ em dia que santo é/ Libera nos, Domine". À volta, crianças brancas e escravas engatinhavam e brincavam juntas.

Como qualquer patriarca poderoso, mulheres ricas se ocupavam de seus "negócios". Mandavam os filhos estudarem medicina ou advocacia em Coimbra, protegiam seus bens do confisco da Coroa – como fizeram as mulheres dos condenados pela Inconfidência Mineira –, requisitavam à Justiça os bens de parentes falecidos ou impossibilitados de usufruí-los, lutavam contra tutores que as impediam de gozar de suas heranças. Enfim, não perdiam tempo em continuar enriquecendo.

DORMINDO COM O INIMIGO

Lugar de alianças e de estratégias de sobrevivência, a família também era espaço de violência. O casamento ia mal? A mulher, rica ou pobre, era espancada, abandonada, ultrajada com acusações infundadas ou o marido gastava seu dinheiro? Elas corriam ao tribunal eclesiástico para pedir o divórcio. Embora a doutrina da Igreja católica visse no matrimônio um vínculo indissolúvel, os tribunais eclesiásticos das dioceses brasileiras decidiam sobre separações ou anulações de matrimônio. Sevícias e acusações de adultério ou dilapidação dos bens eram os principais motivos que levavam as mulheres a pleitear a separação em juízo.

Em Mariana, Minas Gerais, a branca dona Florência Rosa de Lemos pediu ao tribunal eclesiástico para se divorciar, pois seu marido, Bernardo Xavier, tinha se amigado com uma mulher pública, Ana, "a quem dava dádivas, mostrava agrados e fazia outras coisas que denotavam haver entre eles trato ilícito". Dona Florência Rosa, que teve seu divórcio decretado em 1777, dizia que Bernardo a "maltratava, a tratava com nomes injuriosos e a espancava, além de pregar as janelas a fim de que ela não visse para onde dirigia seus mal-intencionados passos". Os maus-tratos, segundo ela, se deviam a suas putarias. Já a negra Maria Joaquina queixava-se que "o réu, longe de corresponder ao amor que a autora lhe tem consagrado, e nos serviços que lhe tem prestado para aumento de sua fortuna e dos bens do casal, a tem desprezado, faltando-lhe com o necessário alimento e vestuário, para ir amancebado com a preta Fausta, cuja casa frequenta todos os dias e passa as tardes até a noite".

Na Bahia, o coronel Hilário Pereira, preto de Valença, vivia na roça com sua amásia, Francisca, crioula forra. Quando a mulher o procurava, dava-lhe pancadas.

Maria Leite da Silva, moradora em Itu, São Paulo, em 1767, era casada havia mais de catorze anos com um "homem de vinho", ou seja, alcoólatra. Ele a tratava "com reconcentrado ódio, ameaçando matá-la e espancando a família". Maria Rosa de Camargo, na mesma capitania, em 1765, era proibida pelo companheiro de fazer comida. Passava fome e, com a filha, tinha que mendigar alimentos. Ana Francisca de Paula queixava-se ao juiz que o marido a expulsara de casa para melhor viver com sua concubina, a parda Escolástica, "portas adentro". Já o bispo de Pernambuco, dom Frei Luís de Santa Teresa, teve que se insurgir contra os senhores que se concubinavam com escravas. Elas mesmas lhe endereçaram uma petição alegando que não queriam mais viver no pecado e suplicavam que os senhores as vendessem a justo preço. Antônio Araújo, por exemplo, prendia a escrava a um tronco pelo pescoço, informa o historiador Gian Carlo de Melo Silva.

Qualquer deslize e a resposta chegava: o punho se abatia sobre o corpo que dobrava. "Dar má vida à mulher", "viver em bulhas", "dar pancadas" ou "açoitar como a um negro" são expressões que aparecem normalmente nas devassas episcopais. Afrontas de todo o tipo eram perpetradas: alguns maridos dedicavam tratamento ímpar às amantes, não alimentando suas famílias, mas cobrindo de mantimentos a outra. Vestir a amásia enquanto a esposa andava em andrajos. Fazer a mulher trabalhar enquanto a concubina, muitas vezes mulata e negra, era tratada como senhora da casa. "Dar o tratamento que Deus manda" à esposa era recomendação da Igreja aos maridos violentos. Na crise do matrimônio, a mulher era a primeira a sofrer, crava o historiador Luciano Figueiredo que estudou as famílias em Minas Gerais.

Sim, um dos nichos em que sempre houve violência foi o das relações. Vivendo em condições complicadas, hábitos brutais levavam os homens a fazer as mulheres trabalharem até a exaustão, disputarem com elas o alimento e cobri-rem de pauladas. Os casamentos de conveniência, regra entre as elites até o fim do século XIX, não asseguravam, tampouco, a felicidade dos maridos. Jovens esposas entregues a maridos idosos era algo que gerava tensões. Entre casados, o estupro não era reconhecido, e elas eram obrigadas a engravidar de um filho atrás do outro. Graças a tantos partos, envelheciam e morriam cedo. Entre pobres ou ricos, as relações que não criavam problemas para a comunidade eram absorvidas. Se ruidosas ou escandalosas, eram levados ao tribunal episcopal em busca de soluções drásticas. A vizinhança sempre soube intervir quando o conflito pesava.

E na documentação eclesiástica lê-se a trama cotidiana na qual se desenvolviam relações extremamente ferozes. "Queixa" é palavra dicionarizada no século XIV e que expressa sofrimento e dor. Em todas as capitanias, depois nas províncias, com pequenas diferenças no enredo, mulheres se queixavam de que os maridos as ameaçavam com "facas de ponta". Ou ainda, como contou a paulistana

Gertrudes Maria do Nascimento, em 1790, "sem embargo do amor com que trata seu marido", este a perseguia "continuamente como se fora sua escrava e não sua companheira, dando-lhe pancadas e ameaçando-a com a morte, chegando a tal excesso que não obstante andar muitas vezes prenhe, de propósito lhe tem dado muitos coices no ventre". Amarradas a tocos, muitas passavam a noite ao relento e apanhavam com galhos de espinheiros, e não faltou quem prendesse a mulher ao pé da cama enquanto dormia, serenamente, com a amante nos braços. Maus-tratos de todo o tipo, assassinatos sumários por suspeita de adultério, uso de magias e bruxarias para acalmar ânimos, esse era o amargo caldo que hidratava o dia a dia de homens violentos e mulheres submissas.

A vida a dois, lugar de confrontação dos corpos, era também âmbito de todos os incêndios, sediando batalhas pessoais de múltiplas consequências. Certas de que o Estado interferia em alguns casos de desavenças, as mulheres muitas vezes apelavam ao governador de plantão, sem hesitar em abrir processo de divórcio ou separação de corpos no tribunal eclesiástico, alegando o que hoje chamaríamos de violência psicológica. Em São Paulo, dona Antônia de Almeida acusava o marido de ultrajá-la com "cartas torpíssimas escrevendo palavras impudicas, [...] tirando-lhe violentamente os bens". Gertrudes Maria de Godoy, moradora de Vila de Bragança, casada havia mais de trinta anos, queixava-se de que o marido se separara dela cinco anos antes, "embriagado no amor de suas concubinas".

Abandono e humilhações ocorriam, mas não ficavam sem troco. Nem todas as mulheres eram passivas. Morte natural do marido, por exemplo? Nem sempre. Misturar vidro moído e sangue menstrual – considerado um poderoso veneno – à comida era uma das maneiras de eliminar o cônjuge. Em 1795, quatro mulheres foram presas no Rio de Janeiro por assassinar seus parceiros. No Maranhão, presa na cadeia da Casa de Suplicação, dona Maria da Conceição teria mandado matar, ou melhor, assistido à "morte aleivosa" do consorte. Ela vivia em "pública e adulterina devassidão" com o corréu do crime, o sobrinho do companheiro, "com que se ajustara a casar por morte deste". As mulheres reagiam. A submissão tinha limites e elas sabiam como mudar uma ordem aparentemente imutável.

E havia engenhosidade de sobra para chegar aos extremos: em Salvador, Rita era uma ex-escrava protegida de sua antiga dona, que a casou com um pardo. No entanto, Rita se apaixonou por um português e, juntos, eles assassinaram o marido. Rita e o português se casaram, e ela passou a ser intermediária do segundo marido nos negócios. Rita se viu livre do cônjuge que "atrapalhava" e ainda superou a marca de submissão que marcava socialmente seu sexo e sua raça, tornando-se uma comerciante bem-sucedida.

Era assim, com igual violência, que as mulheres podiam retribuir os maus-tratos. A famosa Ana Jacinta de São José, ou Dona Beja, dita "feiticeira de Araxá", foi espancada num ataque de ciúmes por parte do companheiro Manoel Sampaio. Certo dia, seu antigo amante foi encontrado morto, vítima de um disparo. Prenderam o autor do crime, um negro que acusou dona Beja de mandante, apresentando à polícia uma nota de pagamento como prova. No julgamento, como contou Ovídio de Abreu Filho, ambos foram absolvidos. Era o chamado "crime por vingança".

Na hora de se explicar diante das autoridades, os argumentos eram sempre os mesmos – entre brancas, pardas ou negras, todas se apresentavam como "obedientes a Deus e aos maridos", "honradas", e afirmavam tratar o marido "com fidelidade e amor", tudo numa hábil estratégia de convencimento das autoridades. Não faltavam engenhosidade e sagacidade femininas para valorizar o estereótipo da submissa obediente às leis da Santa Madre Igreja.

Se havia violência masculina em casa, ninguém escapava. Inclusive as sogras. Foi o caso de Silvestre Quadros e Francisca Teresa, raro documento encontrado pelo historiador Nireu Cavalcanti. Ao casar-se, Silvestre não supunha que a sogra fosse morar com eles. Ela chegou aos poucos. Para ficar nos fins de semana, depois esticando nos dias santos, que eram muitos, e finalmente se justificando: morava longe. A cada visita, Silvestre, que já era violento e batia com frequência em Francisca Teresa, ficava pior. Quando a situação econômica da sogra piorou e ela resolveu se instalar de vez, a família passou a viver agressões cotidianas. Silvestre "exemplificava a família", ou seja, punia todo mundo, na frente da sogra. Até que ela resolveu interferir e foi, também, alvo de pauladas. No dia seguinte, a velha senhora foi à Ouvidoria Geral do Crime e abriu processo contra o genro, levando-o à prisão. Silvestre de lá saiu depois de pagar fiança e ameaçar: era tudo mentira das mulheres, ódio e vingança por ele não querer a sogra em casa.

A violência feminina, às vezes, sobrava para os genros. Ao saber que o marido da filha a magoava com traições, a poderosa Joaquina Bernarda da Silva Abreu Castelo Branco Souto Maior de Oliveira Campos, mais conhecida como Sinhá Braba, não fez por menos. Convidou o casal para um repouso em sua fazenda em Minas Gerais e, quando lá eles chegaram, organizou uma caçada ao genro e fez com que dois escravos o castigassem pelo adultério... castrando-o.

Nem sempre desamparadas, as mulheres, por vezes, viam a Justiça intervir. E houve mesmo registros de temidos castigos determinados por juízes em caso de tentativa de estupro: a "capadura", aqui reproduzida em português da época.

O adjunto de promotor público, representando contra o cabra Manoel Duda, porque no dia 11 do mês de Nossa Senhora Sant'Ana, quando a mulher do Chico Bento ia para a fonte, já perto dela, o supracitado cabra que estava de tocaia em uma moita de mato, saiu dela de supetão e fez proposta à dita mulher, por quem queria para coisa que não se pode trazer a lume, e como ela se recusasse, o dito cabra abrafolou-se dela, deitou-a no chão, deixando as encomendas dela de fora e ao deus-dará. Ele não conseguiu matrimônio porque ela gritou e veio em amparo dela Nocreto Correia e Norberto Barbosa, que prenderam o cujo em flagrante. Dizem as leises que duas testemunhas que assistiam a qualquer naufrágio do sucesso fazem prova.

CONSIDERO:

QUE o cabra Manoel Duda agrediu a mulher de Chico Bento para conxambrar com ela e fazer chumbregâncias, coisas que só marido dela competia conxambrar, porque casados pelo regime da Santa Igreja Católica Romana; QUE o cabra Manoel Duda é um suplicante debochado que nunca soube respeitar as famílias de suas vizinhas, tanto que quis também fazer conxambranas com a Quitéria e Clarinha, moças donzelas; QUE Manoel Duda é um sujeito perigoso e que não tiver uma cousa que atenue a perigança dele, amanhã está metendo medo até nos homens.
CONDENO o cabra Manoel Duda, pelo malefício que fez à mulher do Chico Bento, a ser CAPADO, capadura que deverá ser feita a MACETE.
A execução desta peça deverá ser feita na cadeia desta Villa. Nomeio carrasco o carcereiro.
Cumpra-se e apregue-se editais nos lugares públicos.

Manoel Fernandes dos Santos
Juiz de Direito da Vila de Porto da Folha Sergipe
15 de outubro de 1833

Uma forma de violência inadmissível era a dilapidação de bens de um dos cônjuges, sobretudo se foi acumulado com grandes esforços. Mulheres negras sabiam se proteger da "gastação" dos maridos. Depois de muito trabalhar para juntar bens ou mesmo para alforriá-los, elas exigiam contratos antenupciais, preservando fortunas construídas quando eram solteiras – esse assunto foi bem estudado por Juliana Farias. Foi o caso, por exemplo, de Lívia Maria da Purificação, que tinha doze escravas e proibiu o marido de vender, alugar ou emprestar qualquer uma das cativas. Entre eles, não haveria comunhão de bens, "salvo dos havidos depois do casamento e dos rendimentos que tiverem". Caso também de Florência, de nação mina, casada com Manuel Cardoso, de nação angola: um contrato com arras [contrato de promessa de compra com sinal] feito antes das núpcias estipulava que Manuel não poderia ter posse de nenhum dos bens de

Florência, que não eram poucos: "uma morada de casas" e quatro escravos. Caso tivessem filhos, os bens acumulados depois do casamento lhes pertenceriam. Como explicou a historiadora Sheila de Castro Faria, esse tipo de contrato não era raro. Contudo, espanta o número de alforriadas que os faziam para proteger o pecúlio adquirido com esforço e trabalho – joias, móveis, propriedades, cativos – do mau uso que dele pudessem fazer maridos esbanjadores.

A fragilidade de uniões não resistia, muitas vezes, à exploração, à agressão e ao abandono. De toda forma, quem julgava os comportamentos, apoiando um ou outro lado do casal, era a comunidade. Vizinhos, amigos e parentes se uniam ao cônjuge ofendido para apoiá-lo perante os bispos que visitavam as paróquias distantes, avaliando a situação de casados ou concubinados. A atividade comercial de muitas mulheres lhes proporcionava independência suficiente para estabelecer outros amores e, se esses fossem estáveis, o novo casal se integrava ao grupo.

Ao mesmo tempo, se a mulher "andava vagabunda", era "adúltera" ou "meretriz", perdia apoios comunitários. O mesmo valia para as viúvas. Embora a condição de viuvez possibilitasse à mulher assumir papel mais ativo na condução do lar, esperava-se dela o exercício de funções consagradas pelo direito canônico e laico: caberia à mulher administrar sua parte da herança e as legítimas de seus filhos menores de idade. A situação era delicada, pois, para manter a guarda dos filhos, a viúva necessitava comprovar que havia sido casada perante a Igreja e, sobretudo, se encontrava honrando a memória do marido. Provar sua honestidade era obrigatório.

Existia o outro lado da moeda: o adultério. Elas não eram tão santas assim. Inúmeros casos testemunham o contrário do ideal patriarcal de docilidade e submissão exigido da mulher. Vale lembrar que esse era um crime que poderia condenar a mulher à morte. Em Ararobá, sertão de Pernambuco, em 1741, Antônio Domingues Maciel matou a mulher e o amante dela, salvando sua reputação e lavando a honra com sangue. O título XXXVIII das Ordenações Filipinas o protegeu. Ele também poderia tê-la matado por mera suspeita de traição – bastava um boato. Previa-se um único caso de punição. Se o marido traído fosse um "peão" e o amante da mulher fosse uma "pessoa de maior qualidade", o assassino poderia ser condenado a três anos de desterro na África. Em 1809, João Galvão Freire achou-se preso, no Rio de Janeiro, por ter confessadamente matado sua mulher, dona Maria Eufrásia de Loiola. Alegando legítima "defesa da honra", encaminhou ao Desembargo do Paço uma petição solicitando "seguro real para solto tratar de seu livramento".

A resposta dos desembargadores não deixa dúvidas sobre a tolerância que rodeava tais tipos de crimes: "A ocasião em que este [o marido] entrou em casa, os achou ambos, esposa e amante, deitados numa rede, o que era bastante suspeitar a perfídia e o adultério e acender a cólera do suplicante que levado de honra e brio cometeu aquela morta em desafronta sua, julgando-se ofendido". Cometido por paixão e arrebatamento, o crime era desculpável! Os ricos se safavam. Não havia castigo maior que a pecha de corno, pecha que pairava sobre homens casados quando se queria atingi-los.

As Ordenações Filipinas, porém, só fazem menção às traições femininas. Elas é que seriam "adúlteras", podendo ser perdoadas ou não pelos maridos. Quanto aos homens, silêncio – no máximo eram acusados de "fornicários vagos". O adultério era considerado crime pela legislação canônica e pela legislação civil. Nesse caso, a legislação privilegiava o homem de forma acentuada.

E o que dizer da simples suspeita de adultério? Foi o caso de João Escuro com a bonita Inácia Rodrigues contado por Nireu Cavalcanti. Desconfiado de vizinhos e parentes que admiravam sua esposa, João largava o trabalho a qualquer hora imaginando surpreendê-la com um amante. Depois de uma briga e de maliciosa fofoca feita por uma vizinha, João entrou na Justiça com queixa de adultério da esposa. Depois de esclarecidos os falsos testemunhos, João apelou: pelo sofrimento dos filhos e pela religiosidade da esposa, que fossem viver juntos, mas com separação de corpos. E para se penitenciar fez lavrar uma escritura na qual prometia "não se desentender com ela nem a molestar em cousa alguma".

No casamento oficial ou fora dele, havia quem vivesse feliz para sempre. Havia quem tivesse vencido o racismo e as dificuldades de criar uma família. Caso, por exemplo, de Francisca ou Chica da Silva e o contratador de diamantes João Fernandes de Oliveira. Embora casado, ele manteve uma vida conjugal com a ex-escrava que alforriou e com quem teve treze filhos, todos batizados por conhecidos personagens do Arraial do Tijuco. Francisca da Silva de Oliveira agia como qualquer senhora da elite social e educou todas as filhas no Recolhimento de Macaúbas, o melhor educandário das Minas. Chica, os filhos e o marido participaram de diversas irmandades religiosas da região, como Santíssimo Sacramento, São Miguel e Almas, São Francisco de Assis, Terra Santa, Nossa Senhora do Carmo do Tejuco e Vila do Príncipe, São Francisco, Terra Santa e também das irmandades de mulatos negros, como Nossa Senhora do Rosário e Mercês.

Chica da Silva foi boa mãe e esposa honrada. Quando o marido se viu obrigado a retornar a Portugal, ela assumiu a educação das filhas, mantendo-se fiel a ele. Cada uma das meninas recebeu do pai uma fazenda como herança e, assim, se casaram com homens bem posicionados socialmente. João Fernandes levou para Portugal os quatro filhos homens, além de Simão Pires Sardinha, o primeiro filho de Chica com o médico português. Seu filho João se tornou o principal herdeiro, que constituiu na metrópole o Morgado de Grijó, destinando-lhe dois terços de seus bens. José Agostinho, outro filho, tornou-se padre e recebeu dote para ocupar uma capela. Simão Sardinha, mais um filho do casal, estudou em Roma, comprou títulos de nobreza e patente de tenente-coronel da cavalaria no regimento de Dragões de Minas Gerais.

Apesar de uma mentalidade patriarcal e misógina que via na mulher um ser inferior física e mentalmente, os fermentos da colonização resultaram em outra receita: famílias que tiveram à frente mulheres enérgicas, donas de forte personalidade que se distinguiram como esposas, filhas e amantes e viúvas, muitas delas detentoras de propriedades, bens, terras e escravos, com autoridade consagrada por aqueles de quem se ocupavam.

AO SUL DO CORPO

Os séculos ditos "modernos", do Renascimento, não foram tão modernos assim. Um fosso foi então cavado: de um lado, os sentimentos; do outro, a sexualidade. Mulheres jovens de elite eram vendidas, como qualquer animal, em mercados matrimoniais. Excluía-se o amor dessas transações. Proibiam-se as relações sexuais antes do casamento. Instituíram-se camisolas de dormir para ambos os sexos. O ascetismo tornava-se o valor supremo. Idolatrava-se a pureza feminina na figura da Virgem Maria. Para as Igrejas cristãs, toda relação sexual que não tivesse por finalidade a procriação se confundia com prostituição. Em toda a Europa, as autoridades religiosas tiveram sucesso ao transformar o ato sexual e qualquer atrativo feminino em tentação diabólica. Na Itália, condenava-se à morte os homens que se aventurassem a beijar uma mulher casada. Na Inglaterra, decapitavam-se as adúlteras. A submissão feminina era regra.

A Reforma católica fomentava a incubação de uma moral conjugal sóbria e vigilante. Nela, a mulher cabia num único retrato: ser mãe, boa esposa, casada, humilde, obediente e devotada. A concepção do sexo como pecado, característica do cristianismo, implicava a proibição de tudo o que propiciasse prazer – de carícias que faziam parte dos preparativos do encontro sexual a singelos galanteios. Os casamentos contratados pelas famílias, nos quais quase não importava a existência de atração entre os noivos, deixavam pouco espaço para as práticas galantes, que tiveram que se adaptar às proibições.

Nas classes populares, a intimidade era um luxo que ninguém tinha. Dormia-se em redes, esteiras ou em raríssimos catres compartilhados por muitos membros da família. Os cômodos serviam para tudo: ali recebiam-se amigos, realizavam-se trabalhos manuais, rezava-se, cozinhava-se e adormecia-se. A precariedade não dava espaço para o leito conjugal. Entre os poderosos, a multiplicação de quartos nas residências não significava garantia de privacidade, pois todos davam para o mesmo corredor e raramente tinham janelas. Ouvidos indiscretos estavam em toda parte. Frestas nas paredes permitiam espiar. Chaves eram artefatos caríssimos, e as portas, portanto, não se trancavam. Por isso mesmo, para intimidades, os casais sentiam-se mais à vontade "pelos matos", nas praias, nos campos, na relva. Longe dos olhos e ouvidos dos outros.

Cobrindo totalmente a mulher, a Reforma católica acentuou o pudor, afastando-a de seu próprio corpo. Eis por que dirigir o olhar ao sexo feminino prenunciava um caráter debochado, bem representado nos poemas de Gregório de Matos, que, ao despi-lo, encontrava seu "cono", o "cricalhão", a "fechadura" ou "Vênus". Os pregadores barrocos preferiam descrevê-lo como "porta do inferno e entrada do diabo, pela qual os luxuriosos gulosos de seus mais ardentes e libidinosos desejos descem ao inferno".

A vagina só podia ser reconhecida como órgão de reprodução, como espaço sagrado dos "tesouros da natureza" relativos à maternidade. Nada de prazer. As pessoas consideradas decentes costumavam se depilar ou raspar as partes pudendas para destituí-las de qualquer valor erótico. Frisar, pentear ou cachear os pelos púbicos era apanágio das prostitutas.

Existiria um mistério na sexualidade feminina, assim como existem os mistérios da fé? Sim, e alguns deles foram desvendados então. Tomemos um exemplo. Em 1559, Colombo – não Cristóvão, mas Renaldus – descobria outra América. Ou melhor, outro continente: o *"amor veneris dulcedo appeletur"*, ou clitóris feminino. Como Adão, ele reclamou o direito de nomear o que tivera o privilégio de ver pela primeira vez e que era, segundo sua descrição, a fonte do prazer feminino. A descoberta, digerida com discrição nos meios científicos, não mudou a percepção que existia, havia milênios, sobre a menoridade física da mulher. O clitóris não passava de um pênis miniaturado, capaz, tão somente, de uma curta ejaculação. Sua existência endossava a tese, comum entre médicos, de que as mulheres tinham as mesmas partes genitais que os homens, porém – segundo Nemésius, bispo de Emésia no século IV – "elas as possuíam no interior do corpo, não no exterior". Galeno, que, no século II de nossa era, esforçara-se por elaborar a mais poderosa doutrina de identidade dos órgãos de reprodução, empenhou-se em demonstrar que a mulher não passava, no fundo, de um homem que, à falta de perfeição, conservara os órgãos escondidos.

Segundo eles, a vagina era considerada um pênis interior; o útero, uma bolsa escrotal; os ovários, testículos; e assim por diante. Ademais, Galeno invocava as dissecações realizadas por Herófilo, anatomista de Alexandria, provando que uma mulher tinha testículos e canais seminais iguais aos do homem, um de cada lado do útero. Os do macho ficavam expostos, e os da fêmea, protegidos. A linguagem consagrava essa ambígua visão da diferença sexual. Alberto, o Grande, por exemplo, revelava que tanto o útero quanto o saco escrotal eram associados à mesma palavra de origem: bolsa, *bursa, bource, purse*. No caso do órgão masculino, a palavra tinha também um significado social e econômico, pois remetia à Bolsa, lugar de congraçamento de comerciantes e banqueiros. No caso das mulheres, o útero, descrito como bolsa, era chamado "madre" ou "matriz" e associado ao lugar de produção: "As montanhas são matrizes de ouro"! Logo, espaço de espera, imobilidade e gestação.

Em sua grande maioria, os médicos portugueses desconheciam as descobertas científicas que começavam a se delinear pelo restante da Europa. Limitavam-se a repetir mestres antigos (Aristóteles, Plínio, Galeno, Alberto, o Grande), dizendo que a matriz "é o lugar em cujo fundo se acham aqueles corpos vesiculares que os antigos chamavam testículos e os modernos chamam ovários". Herdeiros da tradição medieval, tais doutores insistiam em sublinhar a função reprodutiva da madre, excluindo o prazer. A função do *"amor veneris dulce apellatur"* nem era lembrada. Não lhes interessava se a mulher gozava ou não. A entranha, mal descrita e mal estudada – comparada a peras, ventosas e testículos –, acabava por reduzir a mulher à bestialidade.

Os doutores repetiam de mestres antigos que, tal como um animal vivo e irrequieto – "animal errabundo", segundo o médico Bernardo Pereira –, o útero era capaz de deslocar-se no interior do corpo da mulher, subindo até a garganta, causando-lhe asfixia. Quando não se movimentava, emitia vapores ou "fumos" capazes de infectar o cérebro, o coração, o fígado. Acreditava-se, ainda, que o útero se alimentava de sangue e "pneuma" e que o espírito vital, emitido pelo homem, encarregado da fecundação, chegava-lhe por uma grande artéria que desceria do coração ao longo da coluna vertebral. No processo de fecundação, a fêmea era elemento passivo. Comparada por alguns médicos à galinha, tinha por exclusiva função portar os "ovos".

Uma das características do útero era sua capacidade de amar apaixonadamente alguma coisa e aproximar-se do membro masculino por um movimento precipitado, para dele extrair seu prazer. Porém, o aspecto mais tocante de sua personalidade, segundo um médico, seria "o desejo inacreditável de conceber e procriar". Enfim, era como se as mulheres portassem algo vivo e incontrolável dentro de si!

Ser assexuado, embora tivesse clitóris, à mulher só cabia uma função: ser mãe. Ela carregou por quinze séculos a pecha imposta pelo cristianismo: herdeira direta de Eva, foi responsável pela expulsão do paraíso e pela queda dos homens.

Para pagar seu pecado, só dando à luz entre dores. Os médicos no século XVI, então, acabaram por definir o desejo sexual como algo negativo e mais feminino que masculino. O coito não era necessário ao homem para a conservação da saúde, diziam. No entanto, se a mulher fosse privada de companhia masculina, ela se expunha a graves riscos. A prova era a "sufocação da madre", nas viúvas, nas freiras e nas solteironas: "É uma fome ou uma sede desta tal parte. Doença que só cessa com o socorro do macho". Enfim, o prazer feminino era considerado tão maldito que, no dia do julgamento final, as mulheres ressuscitariam como homens; assim, no "santo estado" masculino não seriam tentadas pela "carne funesta", reclamava santo Agostinho. Com essa pá de cal, as mulheres foram condenadas por padres e médicos a ignorar, durante muito tempo, o prazer.

Entre os séculos XII e XVIII, a Igreja identificava nas mulheres uma das formas do mal sobre a terra. Quer na filosofia, quer na moral, quer na ética, a mulher era considerada na época um ninho de pecados. Os mistérios da fisiologia feminina, ligados aos ciclos da lua, ao mesmo tempo que seduziam os homens, os repugnavam. O fluxo menstrual, os odores, o líquido amniótico, as expulsões do parto e as secreções da parceira os repeliam. O corpo feminino era considerado impuro.

No momento das relações sexuais, nem uma palavra sobre despir-se e entregar-se com volúpia. As práticas amorosas eram rigidamente controladas. Toda a atividade sexual extraconjugal e com outro fim que não a procriação era condenada. Manobras contraceptivas ou abortivas não eram admitidas. A noção de "débito conjugal", dívida ou dever que os maridos tinham que pagar quando sexualmente requisitados, tornou-se lei. Associava-se o prazer exclusivamente à ejaculação, e por isso era "permitido" aos maridos prolongarem o coito com carícias, recorrendo até a masturbação da parceira, a fim de que ela "emitisse a semente", justificando a finalidade do ato sexual.

Faltava prestígio ao matrimônio. Ele era suspeito, visto como um mal menor, sendo sua tarefa básica a de proteger contra a fornicação. Ele era, portanto, aos olhos da Igreja, uma obra da carne. E os olhos da Igreja eram os olhos de todo o mundo. Para esses, a essência do indivíduo residia na alma. Por isso mesmo, ninguém se casava por prazer. As pessoas não se casavam para si, e sim para sua família. O marido não existia para fazer amor, mas para mandar. Nada sobrava para a esposa senão baixar a cabeça, conformar-se.

Ao ser definido como conduta racional em oposição ao comércio apaixonado dos amantes, o sexo entre casais só era permitido em tempos e locais oportunos. Para fazer amor, as mulheres submetiam-se a um calendário. Consideravam-se impróprios dias de jejum e festas religiosas, o período da menstruação, a quarentena pós-parto, os períodos de gravidez e amamentação. Sobre o papel da mulher durante o coito, fazia eco aos conselhos de Aristóteles: que nenhuma delas, nenhuma mesmo, desejasse o lugar de amante de seu marido. Isso queria dizer que a esposa não devia demonstrar nenhum conhecimento sobre sexo, que somente casta e pura ela seria desejada. A ingenuidade seria prova de honradez.

As regras da Igreja católica pareciam esconder-se sob a cama, controlando tudo. Proibiam-se ao casal as práticas consideradas "contra a natureza". Além das relações "fora do vaso natural", consideravam-se pecados graves "quaisquer tocamentos torpes" que levassem à ejaculação. Assim, perseguiam-se preliminares ao ato sexual. O sexo era restrito à procriação. Daí a determinação de posições "certas" durante as relações sexuais: era proibido evitar filhos gozando fora do "vaso"; era obrigatório usar o "vaso natural", não o traseiro; era proibido à mulher colocar-se por cima do homem, contrariando as leis da natureza – afinal, só eles comandavam; não se permitia colocar-se de costas, comparando-se às feras e animalizando um ato que deveria ser sagrado – certas posições, vistas como sujas e feias, constituíam pecado venial, fazendo com que "os que usam de tal mereçam grande repreensão, por serem piores que brutos animais, que no tal ato guardam seu modo natural".

Controlado o prazer, o sexo no casamento virava débito conjugal e obrigação recíproca entre cônjuges. Negá-lo era pecado, a não ser que a solicitação fosse feita nos já mencionados dias proibidos ou se a mulher estivesse muito doente. Dor de cabeça não valia. O que se procurava, com isso, era cercear a sexualidade, reduzindo ao mínimo as situações de prazer. Gestos miúdos de afeto, como o beijo, eram controlados por "deleitação natural e sensitiva", sendo considerados "pecados graves por serem tão indecentes e perigosos". Além de evitar beijos – os temidos ósculos –, devia-se estar em guarda contra as sutilezas das menores expressões de interesse sexual que não conduzissem ao "coito ordenado para a geração".

Tudo indica que, no fim do século XVIII, algumas mulheres já tivessem incorporado as ideias da Igreja católica. E, sobre o assunto, não foram poucos os depoimentos. Em São Paulo, 1731, por exemplo, Inácia Maria Botelho parecia sensível ao discurso sobre a importância da castidade, pois se negava a pagar o débito conjugal ao marido. Alegando ter feito votos quando morava com a mãe e inspirada pelas freiras recolhidas em Santa Teresa, viu-se estimulada por essa virtude.

Casos de desajustes conjugais devido à pouca idade da esposa não foram raros e revelam os riscos pelos quais passavam as mulheres que concebiam ainda adolescentes. Houve meninas que, casadas aos doze anos, manifestavam repugnância em consumar o matrimônio. O marido de uma delas, em respeito a lágrimas e queixumes, resolvera deixar passar o tempo para não a violentar. Escolástica Garcia, jovem casada aos nove anos, declarou em seu processo de divórcio que nunca houvera cópula ou ajuntamento algum entre ela e o marido, por maus-tratos e sevícias com que sempre tivera que conviver, e esclareceu ao juiz episcopal que "ela, autora do processo de divórcio em questão, casou contra vontade, só por temor de seus parentes". Confessou também que, sendo tão "tenra [...] não estava em tempo de casar e ter coabitação com varão por ser de muito menor idade".

Os casos de casamentos contraídos por interesse, ou na infância, somados a outros que revelam o mau estado do matrimônio, comprovam que as relações sexuais dentro do sacramento eram breves, desprovidas de calor ou refinamento. Ao longo dos tempos, evidenciava-se o elo entre sexualidade conjugal e mecanismos puros e simples de reprodução. Maria Jacinta Vieira, por exemplo, ilustra bem a valorização da sexualidade sem desejo. Ela se recusava a copular com o marido "como animal". Bem longe já estava dos excessos eróticos cometidos quando das primeiras visitas do Santo Ofício à colônia. Na Bahia do século XVI, por exemplo, Inês Posadas não parecia então muito preocupada em ter sido denunciada pelo fato de seu amante, durante o coito, retirar o membro de sua vagina para lhe sujar a boca.

Acrescente-se à rudeza atribuída aos homens o tradicional racismo que campeou por toda parte. Estudos comprovam que linguagem chula era destinada às negras escravas e forras ou mulatas; às brancas reservavam-se galanteios e palavras amorosas. Os convites diretos para a fornicação eram feitos predominantemente a negras e pardas, fossem escravas ou forras. Afinal, a misoginia racista da sociedade colonial classificava as mulheres como fáceis, alvos naturais de investidas sexuais, com quem se podia ir direto ao assunto sem causar melindres. Gilberto Freyre chamou atenção para o papel sexual desempenhado por essas mulheres, reproduzindo o ditado popular: "Branca para casar, mulata para foder e negra para trabalhar".

Degradadas e desejadas ao mesmo tempo, as negras seriam como prostitutas no imaginário de nossos colonos: mulheres "aptas à fornicação" em troca de alguma paga. E, na falta de brancas, fosse para casar ou fornicar, caberia mesmo às negras o papel de meretrizes de ofício ou amantes solteiras. Nos séculos seguintes, a degradação das índias como objetos sexuais dos lusos somou-se à das mulatas, das africanas, das ladinas e das caboclas – todas inferiorizadas por sua condição feminina, racial e servil no imaginário colonial. Mais desonradas que as "solteiras do reino" – nome que se dava às prostitutas portuguesas –, pois, além de "putas", eram negras.

Nem por isso ficaram as cabrochas do trópico sem a homenagem do poeta. No século XVII, Gregório de Matos dedicou vários de seus versos a certas mulatas da Bahia, em geral prostitutas. "Córdula da minha vida, mulatinha de minha alma", folgava o Boca do Inferno. O poeta louva o corpo e os encantos da mulata que, como a índia do século XVI, torna-se objeto sexual dos portugueses. Ao mesmo tempo, não ousa brincar com a honra das brancas, às quais só descrevia em tom cortês, ao passo que às negras d'África ou às ladinas refere-se com especial desprezo: "anca de vaca", "peito derribado", "horrível odre", "vaso atroz", "puta canalha". À fornicação e aos pecados sexuais nos trópicos não faltaram pontadas de racismo e desprezo à mulher de origem africana, como explicou o historiador Ronaldo Vainfas.

Os casados desenvolviam, de maneira geral, tarefas específicas, e assim cada qual tinha um papel a desempenhar. Os maridos deviam se mostrar dominadores, voluntariosos no exercício da vontade patriarcal, insensíveis e egoístas; as mulheres apresentavam-se como fiéis, submissas, recolhidas, férteis. É provável que os homens as tratassem como máquinas de fazer filhos. Basta pensar na facilidade com que eram infectadas por doenças venéreas, nos múltiplos partos, na vida arriscada de reprodutoras.

Uma crescente maré de catecismos e sermões tentava regular a vida conjugal exigindo das mulheres obediência, paciência e fidelidade feminina. "O marido é a cabeça da mulher...", advertiam. A mulher devia amar o marido com respeito. Ou como queria o "guia de casados, espelho da vida para todos que tomam o pesado jugo da vida matrimonial": "É o homem que deve mandar, a mulher é somente criada para obedecer". Pecavam aquelas que "se levantavam contra o marido". Mergulhadas numa sexualidade fria e adormecida, as mulheres faziam bonito como "vergonhosas". Já no confessionário, o padre insistia: ela devia estar "sujeita ao marido, querer-lhe, obsequiar-lhe, inclinar-se ao séquito da virtude, não fazer coisa de importância sem seu conselho, evitar gastos supérfluos e vestir-se honestamente como seu estado e condição de cristã".

Não bastasse, as que não amassem e respeitassem o marido podiam ser "moderadamente castigadas se o merecessem", conforme afirmou um juiz, em São Paulo, em 1756. Ou seja, o castigo físico era admitido para "corrigir" defeitos e maus hábitos. O casamento era palco de uma revolução silenciosa que impunha à mulher o papel de mãe devotada e recolhida. No retrato, ela nem podia sorrir. E nada de revoltas, por favor! As insubordinadas eram logo tachadas de "devassas". O esforço em adestrar a sexualidade e os afetos servia às tentativas do Estado e da Igreja católica de impor à sociedade um modelo de comportamento ditado pelas leis do rei e de Deus.

O PODER ENTRE AS PERNAS

Enquanto a Igreja católica tentava construir santas, despindo a mulher de sensualidade e enquadrando-a no papel de mãe, a mulher resistia exercendo outros papéis. Talvez encontremos as submissas, enclausuradas pelos maridos em meio à elite. No entanto, o governo doméstico, a liberdade em que viviam as mulheres nas camadas populares e, sobretudo, os saberes que detinham podiam torná-las temíveis. Aquelas que conheciam magias amorosas ou que conversavam com demônios para adivinhar o futuro eram as maiores suspeitas. E, com a política de cristianização de Portugal sobre a colônia mestiça, qualquer forma de crença ou prática de cura popular merecia punição.

Escapava ao poder do rei ou da Igreja, porém, que a feitiçaria colonial era apenas um retrato da vida difícil das mulheres na colônia. As práticas mágicas protegiam essas mulheres e seus filhos, ajudando-as a prender o amante, a afastar invejosos e a lutar contra os opressores, como revelou a historiadora Laura de Mello e Souza. A ponte com o sobrenatural foi um caminho para juntar saberes indígenas, africanos e europeus sobre o corpo e a doença, e a adivinhação prometia dias melhores...

Nas visitações que fez o Santo Ofício da Inquisição à Bahia e a Pernambuco, no século XVI, descobriram-se várias bruxas – eram as acusadas de vender "cartas de tocar" e divulgar outras magias eróticas. Antes de tudo, vale explicar que as "cartas de tocar" eram um feitiço ibérico que se fazia por meio de um objeto gravado com o nome da pessoa amada – este, se encostado na pessoa, seria capaz de seduzi-la.

A bruxa Celestina, personagem do romance medieval de Fernando de Rojas, usava favas para facilitar mulheres a homens, bastando nelas gravar o nome das presas cobiçadas e depois encostar o fetiche nas moças. No Brasil não se usavam favas, mas papéis, por vezes guardados em bolsas de mandingas para "fechar o corpo". Em Minas, no século XVIII, Águeda foi acusada de portar um papel com algumas palavras e cruzes, "carta" que servia para mulheres tocarem em homens desejados sexualmente.

Bruxa baiana do século XVI, Nóbrega mandava rezar junto ao amado: "João, eu te encanto e reencanto com o lenho de Vera Cruz e com os najos filósofos que são trinta e seis e com o mouro encantador que tu não te apartes de mim e me digas quando souberes e me dês quando tiveres e me ames mais que a todas as mulheres". Não tão melodiosa quanto a oração de Nóbrega era a de Maria Joana do Pará setecentista, e reza que a moça proferia fazendo cruzes com os dedos: "Fulano, com dois te vejo, com cinco te mando, com dez te amarro, o sangue te bebo, o coração te parto. Fulano, juro-te por esta cruz de Deus que tu andarás atrás de mim assim como a alma anda atrás da luz, que tu para baixo vires, em casa estares e vires por onde quer que estiveres, não poderás comer, nem beber, nem dormir, nem sossegar sem comigo vieres estar e falar". Seria possível, também, citar muitos outros exemplos de rezas com fins eróticos que aludiam às almas, ao leite da Virgem, às estrelas, ao sangue de Cristo, a santos, anjos e demônios.

Como mostrei em *Uma história do amor no Brasil* [livro publicado em 2005], o domínio dos sortilégios, revelador de certa mistura religiosa pagã e cristã, no Brasil, era irrigado pelo fluxo de ingredientes culturais africanos e indígenas. Sortilégios e filtros para "fazer querer bem", seduzir e reter a pessoa amada eram passados por tradição oral, multiplicados pelo uso cotidiano, entre os mais diversos grupos sociais. E neles, diferentemente das cartas de tocar ou das orações amatórias, o que valia era o baixo corporal que aparecia referido diretamente, quando não tocadas ou usadas partes genitais. Ao ensinar a uma de suas clientes um bom modo de viver com o marido, Nóbrega da Bahia mandou que a mulher furtasse três avelãs, enchesse os buracos abertos com pelos de todo o corpo, unhas, raspaduras de sola dos pés, somasse a isso uma unha do dedo mínimo da própria bruxa e, feita a mistura, engolisse tudo. Ao "lançá-los por baixo", pusesse tudo no vinho do marido. Como se vê, para driblar dificuldades, a receita era simples.

Amantes desprezadas, enamoradas em dificuldades, todas apelavam à piedade popular na tentativa de reaver a felicidade amorosa. Na ineficiência da intercessão divina, recorria-se também ao demônio. "Lavar-se no rio com folhas de árvores e repetir: 'Diabo, juro me fiar de ti, me lavo com estas folhas para fulano me querer bem'."

Na rua das Laranjeiras, no Recife, morava Antônia Maria, já penitenciada pelo Santo Ofício da Inquisição e que fazia adivinhações com uma peneira, um alguidar de água e uma tesoura. No Maranhão, Margarida Borges adivinhava com uma oração quem eram os ladrões que furtavam nas imediações: "Por São Pedro e por São Paulo, pelo buraco de Santiago, pelo padre revestido e pela hóstia consagrada, fulano furtou isso". A escrava Maria Francisca, em Belém, também usando o sortilégio do balaio e da tesoura, mas com reza diferente, descobria malfeitos: "Vem São Pita, vem São Paulo à porta de São Tiago". A negra Rita, em Vila Rica, quando acusada de fazer rituais curativos, foi defendida por suas clientes brancas, que preferiam seus pós e suas rezas aos "remédios que deveriam usar" para curar suas doenças.

Não faltavam feiticeiras a atender a pedidos de escravizadas: facilitar alforrias ou "amansar seus senhores", por meio de beberagens com ervas diversas, capazes de neutralizar atos e pensamentos que permitissem fugas ou subtração de dinheiro ou joias, sem que fossem descobertas ou punidas.

Assim, africanas, índias e mestiças foram as grandes curandeiras do Brasil colonial. Em meados do século XVIII, Luiza Pinta, calunduzeira angolana, assoprava e cheirava os doentes para saber de que doença a pessoa padecia. No agreste pernambucano, a parda forra Joana curava carne-quebrada, bicheiras e ventre caído. Defumadouros e orações em que citava "satanás, barrabás, caifás e o diabo coxo" eram a receita de Antônia Maria, feiticeira de Beja degredada para o Brasil. Já a índia Sabina era chamada para desenterrar feitiços colocados à porta de quem se queria mal: cabeças de cobra, lagartinhos espetados, penas e espinhos eram por ela encontrados e faziam parte dos vomitórios que dava de beber aos pacientes para curar achaques. Quebranto, mau-olhado e erisipela também tinham suas sacerdotisas. No arraial do Tejuco, a parda Aldonça era afamada por quebrá-los com palavras. A índia Domingas os curava com orações que aprendera com sua senhora. No Nordeste, informa Laura Mello e Souza, ainda hoje se conservam fórmulas mágicas, muitas delas em versos como os recitados no século XVIII: "Assim como ele ficou livre/ São e salvo de suas chagas/ Assim tu creias fulano/ Que tu ás de ficar livre de olho quebranto/ E de todos os males causados".

Mulheres recorriam e eram ativas praticantes de magia amorosa, com "cartas de tocar", banhos com ervas, simpatias, pactos explícitos com o diabo, orações fortes proibidas pelas constituições do Arcebispado da Bahia e perseguidas pelo Santo Ofício. Infeliz em controlar as infidelidades do marido, a crioula forra Caetana Maria de Oliveira, moradora de Mariana, aprendeu um cardápio de simpatias para evitar que o distinto cônjuge pulasse a cerca. A escrava Caetana foi quem ensinou: cortar uma parte da camisa em que caísse o sêmen, enfiar uma conta do rosário com um alfinete enterrando-a no chão onde costumava urinar, raspar a unha dos dedos grandes das próprias mãos e dos pés, ajuntar esse cisco com a água que lavava o sovaco e lhe dar de beber; passando um ovo entre suas pernas, lhe dar de comer.

Outra mulata, Maria de Jesus, sugeria fazer uma rodilha com a roupa usada do marido e pôr atrás da porta com uma pedra acima. Dona Antônia Silva Leão, mulher de doutor, acrescentou: medir com um barbante a porta por onde o marido costumava sair e cingir a imagem de Santo Antônio com esse cordão. Tirar o Menino Jesus e o meter numa caixa, rezando trezentos padre-nossos e treze ave-marias. Enfim, não se sabe se o marido se acalmou, mas o documento encontrado pelo historiador Luiz Mott comprova alianças entre mulheres de origens diferentes e quão sincrética era a imaginação popular em matéria de feitiços. Fornicar com imagens sacras debaixo do colchão era a receita mais fácil.

As simpatizantes do diabo sabiam que ele devia gostar também de certo costume muito difundido em Portugal e no Brasil do século XVI: dizer palavras de consagração da hóstia em meio aos atos sexuais. Acreditava-se, então, que proferir em latim na boca do parceiro sexual os termos com que os padres diziam estar o corpo de Deus contido na hóstia podia ter grandes resultados: manter a pessoa amada sempre junto de si; fazê-la querer bem e, nesse caso, conquistá-la; impedi-la de tratar mal a quem proferisse as palavras da sacra em pleno ato sexual, evitando humilhações e maus-tratos que os homens impingiam com frequência às mulheres. Eram elas, por sinal, que mais utilizavam esse expediente, "consagrando" os maridos e os amantes, tal qual hóstia, em meio aos prazeres da carne. Mas não era impossível que os próprios homens se valessem desse recurso quando queriam conquistar e seduzir, o que prova a documentação inquisitorial. Seja como for, o sagrado invadia o profano, e pode-se mesmo imaginar quão peculiar devia ser o enlace de corpos naqueles tempos, com amantes ou casais proferindo, entre gemidos e sussurros, *hoc est enim corpus meum*, a intimidade temperada pelo ritual da missa, explica o historiador Ronaldo Vainfas.

Adeptas de rituais africanos, as mulheres optavam por instalar seus locais de culto distantes da povoação para estarem mais próximas dos cursos d'água e das florestas, espaços propícios para invocar deuses d'África, informa Mott. A casa-templo de Josefa Maria, líder do ritual acotundá, protocandomblé proveniente da cultura courana, ficava a meia légua de Paracatu. No sábado à noite, crioulos e africanos se dirigiam para lá a fim de dançar em honra do deus da terra de Courá. Nos arredores do Rio de Janeiro, a parda forra Veríssima, cuja especialidade era proporcionar "fortuna às mulheres para que os homens lhes dessem o que quisessem", recebia numa chácara em Laranjeiras. Suas filhas e discípulas ali dançavam ao som de tambores. Apesar de perseguidas, ninguém impedia as sacerdotisas de praticar seus cultos, que amenizavam as agruras da existência, cerravam laços de sociabilidade e cultura, confortavam a solidão. Segundo Mott, o clero fazia vista grossa às superstições mais leves e aos heterodoxos rituais tribais.

Lugares mágicos também eram o corpo feminino e todas as imagens que ele inspirava. O órgão da procriação inspirava medo. Era em parte peludo, pudendo e animal. Era um território secreto. A "madre", nome que se dava ao útero, instrumento a serviço da manutenção da espécie, deveria estar ocupada com consecutivas gravidezes. Quando sangrava, podia ser perigosíssima. Segundo médicos, a mulher menstruada carregava um veneno capaz de matar uma criança no berço. Enferrujava o ferro e azinhavrava os espelhos. Azedava o leite e solava bolos e pães. Secava plantas e corrompia o leite. Ignorado pela medicina da época, o sangue "secreto", ou catamenial, inspirou teses e superstições, inclusive a de eliminar maridos.

Em 1780, em São Paulo, Rita de Oliveira ameaçou tirar a vida de seu companheiro por "artes diabólicas", dando-lhe de beber sangue menstrual. Não se esqueceu, no entanto, de misturar vidro moído à receita. O corpo da mulher tinha dupla propriedade: ao mesmo tempo que isolava por seu cheiro e cor, erguendo uma barreira invisível entre ela e os outros, mostrava-se poderoso e ameaçador. Para os "males da madre" não faltavam benzedeiras e receitas antigas com purgas e xaropes à base de ervas medicinais e banhos.

As astúcias do demônio se faziam presentes no corpo feminino, enchendo suas partes pudendas de encantamentos, e se revelam em denúncias como a do escravizado José, no Grão-Pará, no século XVIII. No relato, ele citou o caso de cura que realizou numa cativa de nome Maria, que estava "gravemente enferma, lançando por via da madre vários bichos da cor de latão". Depois que José misturou beberagens feitas com ervas e um ritual mágico que incluía o enterramento de uma espiga de milho no quintal da dita enferma, ela expeliu um "saquinho na forma da pele de uma bexiga, no qual, depois de rota, se viram três bichos: um do feitio de uma azorra (sic), outro no feitio de um jacarezinho e o terceiro no feitio de um lagarto com cabelos".

Ao desfazer o encantamento que se havia instalado na "madre" de Maria, José revelava a mentalidade daqueles que acreditavam – e eram muitos – que o útero era capaz de abrigar coisas fantásticas. De enfeitiçada, a "madre" passava a feiticeira quando emprestava líquidos, pelos e sucos para finalidades mágicas.

No fim do século XVI, uma feiticeira confessava ao visitador do Santo Ofício, Heitor Furtado de Mendonça, que teria aprendido "dos diabos" que "semente do homem dada a beber fazia querer grande bem depois de terem tido ajuntamento carnal e de ter caído do vaso da mulher". Era, pois, o contato com a madre que fazia querer bem e sujeitar vontades. E por essa razão a negra Josefa, em Minas Gerais, lavava as partes pudendas com água e a misturava à comida do marido e de seus senhores.

Ora, sendo a mulher naturalmente um "agente de satã", como queria a Igreja, toda a sexualidade feminina se prestava à feitiçaria. Cada pequena parte era representativa desse conjunto obscuro e diabólico – até os pelos púbicos foram utilizados em curas e magias amorosas. Frei Luís de Nazaré, na Bahia, os recomendava misturados ao próprio sêmen para males abdominais. Bastava passar na barriga.

Numa sociedade em que a mestiçagem biológica e cultural caminhava a passos de gigante, essa ponte com o sobrenatural foi uma oportunidade de solidariedade entre as mulheres que se curavam, cuidavam de seus males e trocavam conhecimentos sobre o próprio corpo. A vida obscura se construía por gestos, práticas e crenças que lhes davam poder incomparável. Eram "diabolicamente" influentes!

DA ENXADA À CASA-GRANDE

Nossas antepassadas trabalhavam? Sim, e muito. Entre os séculos XV e XVIII, o mundo era um imenso campo. Entre 80% e 90% da população vivia da terra – e só dela. O ritmo, a qualidade, a insuficiência ou a abundância das colheitas comandavam a vida. Nas imediações de cidades e vilas, nas margens das estradas que levavam para o interior da colônia, reinava a atividade agrícola. A mata era o inimigo a ser combatido para não asfixiar as roças. Ao mesmo tempo, a mata protegia, sendo indispensável para o sistema de queimada, de recuperação do solo e, portanto, de cultivo.

Viver na colônia nos primeiros dois séculos de ocupação significou para as mulheres uma sucessão de dias nos quais sobreviver, trabalhando e aprendendo gestos, aperfeiçoando-os e repetindo-os. Desde sempre há registros de luta renhida pela sobrevivência. Se unidas a alguém, elas encarnavam uma repartição criteriosa de tarefas. Se morasse em área rural, o casal vivia da terra e de seus humores: seca, excesso de chuvas, pragas que devastavam plantações. A mulher tinha que conhecer a estação das chuvas pela floração das árvores. Formiga na barranca dos rios fazendo mudança? Enchentes. Abelhas voando baixo, inverno se armando. Era preciso conhecer orações e ladainhas aos santos protetores de pastos, plantações e bichos: Santa Clara, São José ou São Roque. E também as superstições em torno da botânica: a gameleira emitia suspiros e escondia almas do além-mundo. O fedegoso "atrasava" a família. Se o alecrim secasse, era saúde vacilando. Arruda expulsava as forças do inimigo. As mulheres estavam em contato permanente com a natureza e os animais. Seu lugar no seio da vida rural era único. Embora consideradas inferiores frente aos homens, cuja autoridade era aparentemente indiscutível, seus saberes e seu trabalho também garantiam a produção.

Na sucessão de gestos cotidianos, o mais importante era a manutenção do fogo. Aliás, nos documentos do período colonial, uma casa habitada era "um fogo". Cabia à mulher recolher galhos e reservá-los para garantir o cozimento da comida. O gesto era carregado de simbolismo, pois o fogo era considerado, aqui ou na África, o protetor da casa contra inimigos invisíveis e poderosos: feras, bandidos, assombrações. Era proibido escarrar ou urinar sobre ele, despir-se a sua frente ou comer nua. O lume aceso garantia calor e proteção durante o sono. Se precisassem sair à noite, as mulheres levavam tições.

Elas também eram encarregadas de buscar água – um trabalho de todos os dias, feito várias vezes ao dia. Sem água corrente, a gestão do precioso líquido era tarefa de grande responsabilidade. Tinha que ser suficiente para a família, as criações e a higiene mínima de pés, mãos e pescoço, únicas partes do corpo que mereciam atenção na época. Cisternas e grandes potes ajudavam a armazenar a água da chuva. O contato com a água era carregado de simbolismos, uma vez que servia também para lavar o recém-nascido ou os defuntos. O adagiário popular o confirmava: "A água o dá, a água o leva".

A proximidade com os povos indígenas ensinou muito às colonizadoras: do consumo de frutas – araçá, cajá, gabiroba, ingá, jabuticaba, jatobá, pequi, pitanga e umbu – aos múltiplos usos das vinte espécies conhecidas de palmeiras, das quais se extraíam o palmito e coquinhos para a fabricação de óleos empregados na preparação de alimentos e medicamentos. Nas roças e nos engenhos, onde havia barro abundante, um forno permitia a execução de "boa louça e formas" por mãos femininas. Eram muitas as oleiras, conhecedoras de velhas tradições africanas, bem desenvolvidas aqui graças ao barro que a viajante inglesa Maria Graham observou como origem de tanta cerâmica vermelha. Vários utensílios, ainda vistos nas vitrines dos museus, contam dos afazeres domésticos: a roca, a bilha d'água, o dedal, o tacho, a candeia, a cuia, a caneca. Talheres? Nenhum. Comia-se com as mãos.

O modelo da grande propriedade monocultora e escravista implantado por Portugal consagrou o poder dos senhores de engenho, mas nem por isso deixou de azeitar a vida de pequenos e médios proprietários. Entre eles, muitas mulheres. As que não tinham recursos para arrendar terras gravitavam em torno dos engenhos que se formariam desde o início da colonização, como fornecedoras de cana ou mesmo de açúcar. Também havia pequenas proprietárias que lutavam com a qualidade da terra e diversificavam a lavoura tradicional. Sob o comando de senhoras como Marianas e Bentas Pereira, ou lavradoras de cana e roceiras, estavam as escravas, que também influenciavam o funcionamento do engenho.

O cronista André João Antonil, padre jesuíta e observador da economia colonial, autor de *Cultura e opulência do Brasil por suas drogas e minas*, publicado em 1711, foi pioneiro em observar a participação feminina em meio às perigosas engrenagens que moíam cana. A calcanha, segundo ele, era a escravizada que tinha várias funções. Vigiava o recipiente em que se coava o "mel"; varria a casa das caldeiras ou dos cobres; areava-o com limão e cinzas; acendia as famintas candeias. A um chamado do feitor, dizia o cronista, as cativas recebiam a cana para "vir a meter entre os eixos e tirar o bagaço". O cuidado era para que elas não dormissem, "pelo perigo que há de ficarem presas e moídas". Cabia-lhes moer as canas, metendo-as, "limpas da palha e da lama [...]; depois de passadas, torna-se de outra parte a passar o bagaço para que se esprema mais e, de todo o sumo, ou licor que conserva. Este caldo cai da moenda em uma cocha de pau que está debaixo dos aguilhões e daí corre para uma bica" e desta, de um recipiente a outro, até a "guinda, onde se há de alimpar".

E Antonil especificava: "As escravas de que necessita a moenda são ao menos sete ou oito, a saber: três para trazer cana, uma para a meter, outra para passar o bagaço, outra para consertar e acender as candeias, que na moenda são cinco, e para alimpar o cocho do caldo, a quem chamam cocheira ou calumbá, e os aguilhões da moenda e refrescá-los com água para que não ardam [...], como também para lavar a cana enlodada, para botar fora o bagaço ou no rio ou na bagaceira, para se queimar a seu tempo".

Segundo Antonil, as mulheres usavam de foice e enxada na roça, como os homens. De junho a setembro, labutavam dia e noite, revezando-se de quatro em quatro horas para a fabricação do açúcar. Anos mais tarde, a viajante inglesa Maria Graham viu voltarem tais escravas de seus terrenos de cultivo, na fazenda, "com sua cestinha carregada de alguma coisa própria". Grávidas não faziam serviço no eito e, segundo Charles Ribeyrolles, jornalista francês, não se dedicavam a outra atividade que as da casa. Enquanto amamentassem, eram dispensadas do serviço pesado; seus filhos eram confiados, logo que aprendiam a andar, a velhas negras. Escravizadas lavavam, passavam, cozinhavam, arrumavam, mas documentos as revelam igualmente exímias parteiras, tintureiras, aprendizes de "cozer" e até carrapateiras, entre proprietários de cavalos e mulas, ou "amas de cegos e crianças", cuidando de velhos e miúdos.

Ao excesso de violência ou quando contrariadas, respondiam fugindo, inutilizando instrumentos de trabalho, envenenando seus exploradores e até mesmo, como fez Esperança Garcia, reclamando por escrito. Fato inédito! Casada e escrava de uma fazenda do governo português em Nazaré, Piauí, Esperança labutava sob as ordens do capitão Antonio Vieira do Couto. Separada do marido para trabalhar como cozinheira em outro posto, dirigiu-se diretamente à autoridade máxima, o governador da capitania. A reclamação de estar submetida a maus-tratos foi divulgada pelo historiador Luiz Mott:

> Sou uma escrava de Vossa Senhoria na administração do capitão Antonio Vieira de Couto, casada. Desde que o capitão lá foi administrar, que me tirou da Fazenda dos Algodões, onde vivia com meu marido, para ser cozinheira da sua casa. Onde passo muito mal. A primeira é que há grandes trovoadas de pancadas em um filho meu, sendo uma criança, que faz extrair sangue pela boca, em mim não posso explicar que sou colchão de pancadas, tanto que caí uma vez do sobrado abaixo; por misericórdia de Deus, escapei. A segunda, estou eu e minhas parceiras por confessar há três anos. E há uma criança minha e duas mais por batizar. Pelo que peço a Vossa Senhoria, pelo amor de Deus e de seu valimento, ponha os olhos em mim, ordenando ao procurador que mande para a fazenda de onde ele me tirou para eu viver com meu marido e batizar minha filha. De Vossa Senhoria sua escrava, Esperança Garcia.

Já as roceiras pobres plantavam cana com ou sem a ajuda dos escravos da senhora ou do senhor de engenho. Tinham que zelar pelo canavial, limpando-o de duas a quatro vezes por ano, evitando que fosse abafado por ervas daninhas. Na época da colheita, mandavam cortar a cana por sua gente e conduziam-na em carros de boi para a moenda. Algumas moradoras destas engenhocas cobertas de palha tinham as próprias moendas, que botavam para funcionar com bom tempo. Usavam filhos e parentes no trabalho de plantio da cana, do feijão e do milho, que cresciam entremeados ao canavial.

Problemas não faltavam para as senhoras de engenho. Elas tiveram que enfrentar tensões entre escravos e seus desafetos ou entre escravos e elas próprias. Cabia-lhes proteger agricultores, agregados e feitores que trabalhassem em suas terras ou com suas canas, como se viu fazer uma viúva que teve seu feitor morto com facadas no peito e no pescoço.

Elas tinham que acalmar alaridos e bebedeiras de escravos e manobrar habilmente sua recusa em aceitá-las, quando se tratava de escravo novo. Tinham que contornar também surpresas, que só eram descobertas depois da compra. José, angolano, ao ser mandado rachar lenha por Maria Teresa da Rocha, se desculpou, dizendo não poder. Confessou-lhe sofrer de moléstia no peito, falta de força e gota-coral. Outras senhoras anunciavam nos jornais seus escravos fugidos, revelando que não era fácil controlá-los: "Fugiu da fazenda de dona Anna Moreira da Costa Belas, há dois meses, seu escravo Manoel, crioulo".

Não faltaram as que soubessem usar a violência de seus cativos em benefício de assuntos internos ou negócios. Houve uma fazendeira que soube armar, com os seus, uma emboscada para um escravo de Custódio José Nunes, Manoel, a fim de evitar que ele fosse visitar sua escrava Maria. Outras perderam ações movidas por ex-escravos, como o caso de Maria Teresa, processada por não pagar rendimento de um canavial que mandara moer, bem como o valor dos feijões e de sua soca. O desfecho da história é que a senhora se viu obrigada a pagar com açúcar a quantia referente à moagem do canavial. Outras mais defenderam com unhas e dentes seus escravos envolvidos em assassinatos. Um dos homens de Custódia matara um feitor por ele ter comido um porco de sua propriedade.

Se não faltavam tensões e conflitos que as donas de engenhos ou plantações tiveram que administrar, suas escravas podiam ser pivôs e testemunhas de crimes e violências. Processos mostram que várias delas foram assassinadas, como Angélica, que apareceu morta com a orelha amputada, "ferimentos pelo rosto e braços amarrados com cepos". Não se sabe a razão. Sabe-se, porém, que, como ela, muitas outras sofreram maus-tratos ou foram estupradas e seviciadas. Outras cativas, por alguma razão, deram o troco: a fazendeira Ana Joaquina Carneiro Pimenta foi sufocada por suas escravas Letícia, Querubina, Cecília e Virgínia. Outras tantas participaram ativamente de levantes, como o que ocorreu em Vassouras, no vale do Paraíba, em 1838. A ele aderiu Mariana Crioula, que tinha por volta de trinta anos e era costureira e mucama de Francisca Elisa, esposa do capitão-mor Manuel Francisco Xavier.

Foi descrita como "preta de estimação", assim como uma das escravizadas mais dóceis e confiáveis da patroa, o que não a impediu de conduzir a sublevação e tentar organizar um quilombo longe da fazenda onde trabalhava. Com ela, fugiram e pegaram em armas Rita Crioula, Lourença Crioula, Joanna Mofumbe, Josefa Angola e Emília Conga. A participação de Mariana Crioula na rebelião causou furor no julgamento, pois, além de querida de sua senhora, só se entregou "a cacete" depois do combate – e ainda gritando: "Morrer, sim; entregar, não!!!". Ao ser interrogada, tentou dissimular sua participação nos acontecimentos e alegou que fora induzida à fuga, mas os outros réus a delataram como "rainha" dos revoltosos. Seu companheiro e líder Manuel Congo foi condenado à morte. E ela foi absolvida junto as outras mulheres, ironicamente a pedido de sua proprietária.

Sim, a braveza de muita nhanã ou nhángana sobre os escravos no mais das vezes não fazia medo aos moleques nem temor aos trabalhadores. Segundo registros literários, eram mulheres respeitadas e amadas por sua gente. Por isso não faltam exemplos de senhoras que recomendavam, em testamento, a liberdade de suas mucamas queridas. Foi o caso de dona Francisca Barreto de Jesus Faria, que, em 1676, estabeleceu: "Por minha morte ficará liberta a escrava Ambrosina, parda a quem deixo para a servir a escrava Gabriela. Além deste legado, terá mais a quantia de um conto de réis, que lhe será entregue por meu testamenteiro".

O mesmo fez dona Francisca com a parda Idália, a quem legou como escrava Clemência, explicando: "Ambrosina e Idália merecem de mim este favor".

Não bastassem tantos problemas, as lutas por terras opunham mulheres agricultoras a seus vizinhos, e elas não mediam esforços em juntar a parentela para defender seus interesses. Para ilustrar a ferocidade dessas senhoras contrafeitas, vale lembrar o caso de Joana da Cruz, no sertão de Calhambola, planície de Campos, que, "com três filhos de nomes Leandro, Manoel e Antônio e mais três agregados de nome João dos Reis e seu irmão Fulano dos Reis e Fulano do Amaral e dois genros, Manoel da Silva e Antônio Rodrigues e mais dezesseis escravos machos e fêmeas [...] destruíram e arrasaram todas as lavouras de plantações que nas roças de Salvador Nunes Viana e seus foreiros se achavam, pondo tudo por terra".

Se umas se impunham pela força, outras eram vítimas de coações e constrangimentos. Dona Ana Maria da Mota pagava arrendamento de terras a Joaquim Silvério dos Reis, escondido em Campos, norte do Rio de Janeiro, depois da Inconfidência Mineira. Ele impunha a seus foreiros a compra de escravos por exorbitante preço. A vingativa Donana não hesitou em assinar libelo acusatório contra o inconfidente e seu sogro, Luís Alves de Freitas Belo, comparsa de espoliações. E não foi a única a reagir. Uma representação ao rei menciona dona Ana Francisca Pinheiro, possuidora de "um engenho de fazer açúcar em terras do dito visconde (de Asseca) e dos frades beneditinos", igualmente alvo das manipulações de Silvério e do sinistro coronel Belo. Ambos pretendiam "o arrendamento das ditas terras e lançar fora do seu engenho a viúva, reduzindo-a ao estado mais miserável". Outras proprietárias de pequenos engenhos, Rosa Maria de Jesus e dona Maria de Jesus da Encarnação também sofreram ameaças – para caso "não dessem meação e lenhas". Todas se vingaram indo à Justiça contra a dupla.

DO CAMPO PARA A CIDADE

Enquanto a vida agrícola e os engenhos, motores da economia colonial, moldavam o cotidiano de muitos, as pequenas vilas e cidades faziam o mesmo. O comércio foi a razão de ser da colonização e, em maior ou menor escala, o modo de vida de grande parte de quem veio para o Brasil. A comunidade mercantil se expandiu no Recife, no Rio de Janeiro, em São Vicente, na Bahia, em Vitória e em Ilhéus, cujos portos tinham grande atividade no embarque do precioso ouro branco, o açúcar. À medida que cresciam as exportações, as cabanas de barro e casas com telhados de palha, rodeadas por simples paliçada para conter os índios, foram dando lugar a edifícios de pedra e cal, onde a compra e a venda de toda sorte de produtos azeitava o comércio externo e interno da colônia. Nas estradas que cortavam as capitanias, fileiras de mulas faziam crer que o comércio itinerante era coisa de homens. Errado. Tropeiras, como Ana Lopes, de Vila Bela, Goiás, mascateavam sal ou carne-seca percorrendo vilas e arraiás.

A partir de fins do século XVII, a colônia sofreu um novo impulso. A descoberta do ouro animou uma poderosa corrente migratória, tanto portuguesa quanto africana. Estimativas recentes indicam que, entre 1650 e 1750, o número de portugueses vindos para o Brasil aumentou em 500%, enquanto entre os africanos esse crescimento foi de aproximadamente 220%. Tal expansão viabilizou a concessão de novas cartas de liberdade aos escravos, ao mesmo tempo que multiplicou a camada branca empobrecida. Muitos desses indivíduos encontraram, na produção e na comercialização dos gêneros alimentícios, assim como na pequena pecuária, uma forma de sobrevivência. As mulheres, sobretudo. Ao mesmo tempo, elas não se furtaram a procurar ouro, quer alugando seus escravos para mergulhar na água gelada dos ribeiros, quer explorando os veios, na mineração. Foi o caso das irmãs Rita, Catarina, Ana e Feliciana Afonso de Miranda, no morro do Brumado, perto da vila do Príncipe, hoje Diamantina.

Muitas agricultoras humildes, donas de roças familiares, começaram a abastecer de maneira contínua ou irregular as vilas mais importantes com farinha, produtos da roça e toucinho. Entre as frutas, as mais comuns eram a banana e as cítricas. Laranja, lima e cidreira, vindas de Portugal, aqui pegavam de caroço; florindo em agosto, eram "grandes e saborosas", segundo o cronista colonial Gabriel Soares de Souza. Em toda parte, frutas variadas permitiam a um sem-fim de mulheres viver da fabricação de doces, compotas, sucos e geleias. O tacho de cobre lhes deu dignidade. Outras exploravam escravos em funções como a venda de cera, mel, ovos, cana, arroz ou milho, todos produtos apresentados caprichosamente em tabuleiros com os quais percorriam as ruas.

Nas listas das moradoras de São Paulo, por exemplo, viver da roça era comum. Lá, à mesma época, 10% das mulatas e 3% das negras livres chefes de família tinham escravos. No Rio de Janeiro também era assim. Num sítio localizado perto da lagoa Rodrigo de Freitas, Joana Maria da Conceição, preta forra, tocava a lavoura com seu escravo Antonio, de nação angola, e a crioula Luzia. O investimento em escravos se tornou, então, característica comum de pequenas ou grandes donas de terra, fossem pardas, negras ou brancas. As últimas eram vistas a cavalo, com chapelão e manto comprido nos ombros, vindas de longe para adquiri-los no cais do Valongo, conhecido mercado de gente no Rio de Janeiro.

Como ainda veremos, o mundo feminino integrava-se à natureza que cercava as mulheres, de onde elas extraíam remédios caseiros, garrafadas e poções mágicas para os males do corpo ou da alma. Algumas tornaram-se poderosas curandeiras, e sua intimidade com a doença, a cura, o nascimento e a morte era celebrada em versos: "Pelo poder de Deus/ de são Pedro e de são Paulo/ e de todos os santos/ eu te degrado/ para a ilha do enxofre/ e para o mar coalhado/ por tantos anos/ quantos são os granos/ que há em alqueire/ de milho painço/ porque sou a benzedeira/ a senhora e a curandeira". Parte do tempo delas era dedicado ao suprimento dos objetos que faziam parte de sua vida privada: a confecção de cestos, redes, peças em barro. Junto aos filhos pequenos, cuidavam de quintais e hortas e da criação de animais domésticos, assegurando um mínimo de alimento e renda para a subsistência familiar.

O PEQUENO COMÉRCIO DAS RUAS: UM ELEVADOR SOCIAL

Em dois séculos, cortaram-se nas cidades coloniais infinitas ruas, nas quais abriam as portas tendas de pequenos comerciantes, chamados, à época, "mercadores de retalho". As ocupações comerciais juntavam indivíduos de ambos os sexos. Por trás do balcão de estabelecimentos que distribuíam a miúdo gêneros alimentícios ficavam as "vendelhoas", mulheres que "viviam de seu negócio de molhados", "de suas agências". Eram mediadoras e intermediárias, pequenos elos entre negócios vultosos, como bem disse a historiadora Maria Odila da Silva Dias. Pelos logradouros, oferecendo serviços, circulavam as negras de tabuleiro vendendo comida e miudezas de todo tipo. Efervescência e ebulição, negociação e conflitos permitiam a mulheres livres, libertas e escravas circular, ganhar, perder e viver.

Estudos recentes demonstram que, logo abaixo dos homens brancos, as mulheres forras tinham as condições mais favoráveis de reunir fortuna na colônia. As forras formaram a elite econômica do comércio de retalho: eram ricas e, com seus bens, equilibravam as relações de poder. A incursão no mundo masculino dos negócios exigia algumas características cultivadas nas Áfricas: além do investimento pessoal no trabalho, a generosidade de coração, a riqueza da alma e a solidariedade étnica garantiam notoriedade. O sucesso não se deu por acaso. O comércio de retalho, que ia da venda de peixe seco a produtos agrícolas, de pérolas a henê para os cabelos, de panos coloridos a comida pronta, era seu velho conhecido. Desde sempre, as "ahissi", do Benin ao Togo, e as "banabana", do Senegal a Gâmbia, entre outras, eram conhecidas por mercadejar em seus povoados ou nas grandes capitais – é o que nos conta a antropóloga Gisèle Simard. Foram atrizes fundamentais do comércio interno do continente. Em caravanas, mulheres seguiam os maridos e aproveitavam para fazer negócios por conta. Quando havia *razzia* sobre populações inimigas, tinham direito a um quinhão de cativos.

Até hoje, na Nigéria, as mulheres são responsáveis por 90% do comércio de rua e 66% do comércio total do país. Na cidade de Lagos, uma das mais importantes praças da capital nigeriana homenageia uma célebre mulher de negócios das comunidades iorubá: Tinubu. Comerciante, foi uma das personagens selecionadas pela memória coletiva para encarnar o dinamismo das culturas pré-coloniais. Seu sucesso na primeira metade do século XIX deveu-se ao comércio de armas com que financiou guerras contra o reino de Abomei.

Os missionários estrangeiros foram os primeiros a observar a atividade econômica das mulheres na África. Dois deles, Richard e John Lander, registraram, em 1833: "Uma centena de mulheres do rei de Katunga chegaram carregadas de vestes reais e roupas tradicionais que trocaram por sal e objetos europeus". Entre os iorubá, os mina e os ewe, a educação das meninas consistia em prepará-las para ganhar a vida e cumprir com atividades econômicas autônomas. Entre os mina, representantes de uma cultura patriarcal e viril, a atividade econômica das esposas e sua liberdade em dispor de seus bens era lei. Mais: elas deviam contribuir para as despesas do casal. Tais tradições atravessaram o Atlântico e impregnaram o comércio das afrodescendentes nas cidades brasileiras. E não só elas sustentavam suas casas, como, ao contrário do que se acreditou por muito tempo, seus conhecimentos lhes permitiu enriquecer, alforriar-se e integrar-se à sociedade. Ruas e mercados eram governados por elas.

No Brasil, além de pequenas comerciantes, brancas, pardas e negras livres e forras eram estalajadeiras e taverneiras que "davam de comer em casa", "tinham casa de vender coisas de comer e outras mercadorias", eram "mestras de ensinar moças a lavrar e cozer", como aparecem na documentação da Inquisição em visitas a Salvador e no Recife. Padeiras? Muitas. Na Salvador do século XVII, Domingas Simões Pinheiro era "juíza das padeiras", por ser a mais antiga da cidade. Ali, uma relação de contribuintes de 1648 traz o nome de nove donas de tavernas, padarias e vendas. Em São Paulo, onde se plantava trigo, a Câmara Municipal ameaçava aquelas que adulteravam o pão, misturando-lhe à massa farinha de mandioca e de milho branco. Na mesma cidade, padeiras mantinham constante litígio com as Câmaras que controlavam o peso e o preço do pão e recorriam a greves, petições, protestos e embustes para manter seus negócios e controlar, à própria maneira, o peso e o preço do pão!

No entanto, ao longo do século XVIII a oferta de produtos se diversificou. Em 1769, as autoridades se preocupavam com as negras que antes vendiam frutos, legumes e doces, mas que, a partir de 1751, foram autorizadas a oferecer, como faziam em suas regiões de origem, panos brancos e quinquilharias e a incorporar fitas de seda, fazendas de algodão e aniagem. A nobreza ou a riqueza de muitos donos e donas protegia os escravos de fiscalização ou de perseguição das autoridades, desejosas, elas também, de sua parte no lucro. A legislação metropolitana assegurava, aliás, exclusividade da mão de obra feminina no comércio ambulante de toda sorte de comestíveis pelo miúdo, além de vinhos e aguardentes e alféolas, obreias, jarfelim, melaço e azeitona. A esses produtos se somaram outros: hortaliças, queijo, leite, hóstias, agulhas e alfinetes, roupas velhas e usadas. A esse comércio que intermediava produtos dava-se o nome de "carambola". O objetivo? Destinar às mulheres pobres um exercício honesto e sustento para que pudessem viver desses pequenos tráficos e evitassem a prostituição.

A competição entre comerciantes e escravas que ofereciam gêneros era grande, gerando reclamações das pequenas comerciantes, obrigadas a pagar impostos. A tensão também era enorme, sobretudo com as escravas libertas que, juntamente com as brancas pobres, logo dominaram o comércio de vendas e tavernas pelo interior. Não faltavam intrigas, agressões e desacordos entre as concorrentes. O toque de recolher ou os regulamentos que as obrigavam a ficar atrás do balcão raramente as incomodavam, pois elas faziam o que queriam. "Viver de suas quitandas" ou da venda em "casinhas", onde um quartinho discreto se prestava a encontros íntimos, era uma forma de identificar o ganha-pão.

Graças ao pequeno comércio, a mobilidade econômica de negras e mulatas começou já no século XVIII? Sim. O viajante austríaco Johann Emanuel Polh, de passagem pelo Brasil em 1817, afirmou que ex-escravas ostentavam joias e trajes que provocavam inveja em senhoras brancas. Em Minas Gerais, as "pérolas negras" – como foram chamadas pela historiadora Júnia Ferreira Furtado – tinham desde bens imóveis, como casas, fazendas e rocinhas, até joias de ouro e diamantes, trastes de casas e de uso, imagens e oratórios. As negras libertas eram o segundo grupo social mais rico em Minas Gerais e, provavelmente, também em Goiás, onde foram observadas por Polh. Tão logo alcançavam a liberdade, tornavam-se proprietárias de escravos. Numa sociedade que desprezava o trabalho feito à mão, nada mais natural.

Em Salvador, Ana de São José da Trindade, nascida na África ocidental e que trabalhou como escrava de ganho no fim do século XVIII, listou em testamento: crucifixos e rosários de ouro, um relicário, diversos fios, abotoaduras e fivelas, também em ouro, brincos e anel de diamantes, talheres, vasos e um crucifixo de prata. Já livre, em 1807, com a ajuda de três escravas, vendia comida de porta em porta, emprestava dinheiro para comerciantes livres e escravos e recebia joias como penhor. Quando morreu, além das joias, tinha uma casa de três andares, ornada com raras e luxuosas janelas de vidro; uma loja alugada no térreo e um terraço no último andar; além de diversos escravos e móveis de luxo. Ana, entre outras, provou que a mobilidade social era possível.

Sob o manto de concubinatos com senhores ou outros homens livres, e também por sua "agência e trabalho" – ou seja, pelo próprio esforço –, as forras abriram espaço na sociedade adotando hábitos que as distanciavam da senzala onde tinham nascido. Na casa de Jacinta de Siqueira, forra analfabeta, em Vila do Príncipe, em 1751, licor e sucos eram servidos em garrafas e copos de cristal. O fino chocolate derretido em chocolateira era acompanhado de pão de ló, feito em bacia própria para esse fim. Jacinta dormia num catre de jacarandá torneado, coberta com colcha de seda e envolta em lençóis e fronhas de linho. Tinha 27 escravos, plantel significativo para a época, além de outros dez com que presenteara uma filha.

Inúmeros casos como esse são relatados por inventários e testamentos mineiros estudados pelo historiador Eduardo França Paiva. Muitas vendas, responsáveis pela comercialização de secos (tecidos, artigos de armarinho, utilidades domésticas), assim como de molhados (bebidas e comestíveis em geral), ficavam a cargo de mulheres forras ou livres pobres, das quais várias transformavam as vendas em concorridos pontos de encontro para cativos e libertos. Neles dançava-se ao som de batuques, tocava-se música, jogavam-se cartas, dormia-se com prostitutas e passavam-se segredos sobre quilombos e fugas de escravos. Lá, também, o ouro roubado, e muitas vezes contrabandeado, tomava um destino diferente, bem longe dos olhos das autoridades. A riqueza de umas não impediu, todavia, que a desigualdade mantivesse outras na pobreza e na escravidão.

No Nordeste, onde a família patriarcal esteve mais visível, o historiador Miridan Falci conta que havia uma sociedade altamente estratificada entre homens e mulheres, entre ricos e pobres, entre livres e escravos ou brancos e caboclos. Na hierarquia estabelecida entre mulheres havia as senhoras, "dona fulana" ou apenas "dona"; em seguida as "pipiras" ou "cunhãs", mantidas pelo fazendeiro, mais tarde pelo político provincial; e depois as escravas e negras. As mulheres de classe mais abastada não tinham muitas atividades fora do lar: eram treinadas para desempenhar o papel de mães e exercer as prendas domésticas. As menos afortunadas, viúvas ou membros da elite empobrecida, faziam doces por encomenda, arranjos de flores, bordados a crivo e davam aulas de piano e solfejo, ajudando, assim, na criação e na educação da numerosa prole que costumava cercá-las.

Tais atividades, além de não serem valorizadas, não eram bem-vistas socialmente. As mulheres que as exerciam tornavam-se alvos fáceis da maledicência masculina, e, por isso, muitas vendiam o produto de sua atividade anonimamente, por meio de outras pessoas. Na época, era comum a ideia de que a mulher não precisava, e não deveria, ganhar dinheiro. As pobres não tinham escolha senão garantir o próprio sustento. Eram, pois, costureiras e rendeiras, lavadeiras, fiadeiras ou roceiras – estas últimas, na enxada, ao lado de irmãos, pais ou companheiros, faziam todo o trabalho considerado masculino: torar paus, carregar feixes de lenha, cavoucar, semear, limpar a roça do mato e colher. As escravas trabalhavam principalmente na roça, e também foram usadas pelos senhores como tecelãs, rendeiras, carpinteiras, amas de leite, pajens, cozinheiras, costureiras, engomadeiras e mão de obra para todo e qualquer serviço doméstico.

Muitas mulheres, livres e escravas, vendiam seu corpo. A prostituição podia ser ensejada por senhores ou praticada secretamente como forma de ganho. Muitas meninas eram exploradas por donas e donos e, quando negavam-se a trabalhar, eram punidas com surras de cipó. As donas não eram necessariamente brancas. Um dos bordéis mais conhecidos do Rio de Janeiro pertencia à Barbuda, ex-escrava que provavelmente trabalhara no meretrício na juventude, ganhara pelos no rosto e era dona de diversos estabelecimentos do ramo, todos luxuosos, nos quais explorava jovens.

Rosa Egipcíaca, biografada por Luiz Mott, foi capturada na Costa da Mina. Como escrava de ganho em Minas Gerais e depois no Rio de Janeiro, tinha relativa autonomia em relação ao próprio tempo. Prostituta, fez dinheiro suficiente para comprar sua alforria e, mais tarde, uma casa de prostituição. Além disso, teve uma visão: a própria Virgem Maria a orientou a fundar um convento só para ex-prostitutas negras. E mais: ela deveria aprender a ler e escrever para contar sua vida em um livro. Rosa comprou um imóvel no centro do Rio de Janeiro, montou seu convento e escreveu um livro de 250 páginas, infelizmente desaparecido. O pintor francês Jean-Baptiste Debret pintou *As vênus negras do Rio de Janeiro* lindamente vestidas e cobertas de joias em conversa com um cliente. "Não há nada como ser mulher-dama que tem sempre duas patacas na algibeira", gabava-se nas Minas setecentistas Vitoriana.

No seio da sociedade patriarcal, quer acompanhadas, quer sós, as mulheres não apenas assumiam tarefas na divisão de trabalho; na casa ou na rua, elas se sustentavam. Com filhos e agregados, caminhavam com as próprias pernas, criando, gerando e distribuindo riqueza. Sua história está tanto nos grandes gestos de rebeldia contra maridos, amantes ou senhores quanto nas pequenas habilidades e astúcias com que construíam seu cotidiano. Coitadas? Não. Empreendedoras, guerreiras e sobreviventes, ainda que aparentemente submissas ao modelo patriarcal que, como visto, tinha muitas brechas.

MULHERES NOS TEMPOS DE EL-REI

Até o período em que se deu a Independência, as mulheres viviam num cenário com algumas características invariáveis: a família patriarcal era o padrão entre as elites agrárias, enquanto nas camadas populares rurais e urbanas os concubinatos, uniões informais e não legalizadas e os filhos ilegítimos eram marca registrada. Alguns números ilustram os contingentes demográficos em que as mulheres eram parcelas importantes: São Paulo contava com cerca de 20 mil habitantes; o Recife, 30 mil; Salvador, 60 mil; e o Rio de Janeiro, graças à chegada de portugueses seguindo dom João VI em seu exílio tropical, era a única a contar com mais de 100 mil residentes.

No campo, a riqueza gerada pelos mercados externos e internos do café alimentou uma legião de fazendeiros bem-sucedidos, que se transformou na base da sociedade imperial. Só eles? Não, fazendeiras também. A filha do barão de Souza Queiroz, dona Angélica, foi uma que enfrentou a vida numa fazenda de chão de terra batida, onde cortava a roupa dos escravos e provava de sua comida no fogão a lenha. Ou Luísa, a condessa de Barral, que, com garrucha às costas, dormiu sobre sacos de açúcar durante a revolta dos escravos malês, no Recôncavo Baiano, para proteger seu patrimônio. Muitas assumiam tarefas de administração e, quando os maridos viajavam, comandavam empregados e negócios.

De uma dessas fazendeiras, deixou-nos o retrato o médico prussiano barão Georg Heinrich von Langsdorff: "Dona Ana, proprietária da fazenda Bom Retiro, perto de Barbacena. Viúva, sexagenária, administrava só a propriedade que contava com doze escravos. Tinha engenho de açúcar e serraria. "Casou todos os seus negros e deles recebeu vários crioulos, ou seja, filhos de negros nascidos aqui

[...]. Ela está em toda a parte, fiscaliza tudo ela mesma; é a primeira a começar a trabalhar e a última a deixar o trabalho", avaliou.

Em Minas Gerais, onde fazendeiras menos abonadas criavam carneiros, aproveitava-se a lã para fazer tecidos grosseiros. Mulheres hábeis capazes de fazer tecidos diferentes desse tipo de lã assim teciam sua vida. Com a lã, cultivavam linho e algodão, que eram fiados em teares. Cobertores de algodão lavrados com flores, quadrados e cruzes coloridas eram produtos dessa indústria doméstica. Em Tapera, arraial do distrito de Diamantes, o mesmo Saint-Hilaire apreciou o trabalho dos teares capazes de fabricar toalhas, lençóis e colchas vendidos na região ou exportados para a corte. Em Minas Gerais, não só se fiavam, como se tingiam, tecidos. Quanto às cores, o branco era feito de cal; o vermelho e o amarelo, de argila; e o rosa e o azul, de substâncias vegetais. O corante era fixado com ajuda de urina.

"Numa fazenda de considerável extensão com engenho de açúcar e várias outras dependências, onde se fabricava corante azul índigo [...], vi alguns tecidos de lã tintos com esse corante e achei belíssima a tonalidade de azul extraído de uma solanácea de talos frutescentes, de folhas lisas e flores brancas, extremamente comum nas matas virgens e encontrada nos arredores do Rio de Janeiro", explicava o naturalista francês. Prendada, a fazendeira que hospedou a viajante inglesa Marianne North mostrou-lhe seu guarda-roupa com peças elegantes e rendas feitas à mão por ela mesma.

A esse trabalho feminino, juntavam-se outros; mulheres, livres ou escravas, eram empregadas nos afazeres domésticos: levavam milho para a moenda, cozinhavam comida para os porcos, ocupavam-se da cozinha, da roupa, de espalhar o feijão, cozinhar óleo, fazer farinha, dar comida às galinhas, entre outras tarefas.

As mineiras, além de elogiadas pela beleza por viajantes de passagem, eram curiosas e não hesitavam em conversar com eles, invalidando a tese de que as mulheres viviam escondidas. Aquelas que jantaram com o mineralogista inglês John Mawe na fazenda Mantiqueira, por exemplo, bombardearam-no com perguntas sobre a moda na Inglaterra. Surpreenderam-se quando o viajante lhes falou que elas cobriam a cabeça com "bonés", visto que as senhoras brasileiras só cobriam a cabeça em idade avançada e para ornamento do cabelo preferiam um pente ricamente trabalhado. De preferência, de ouro.

A população urbana crescia desde o século XVIII, alimentando uma forte migração do campo para a cidade e também com um fluxo de estrangeiros, com o aumento do tráfico de escravizados e, depois da abertura dos portos, em 1808, com a imigração europeia. Apesar dos problemas de abastecimento, higiene e habitação, as cidades atraíam pela enorme oportunidade de mobilidade social e econômica. A especialização profissional, graças ao mercado de trabalho urbano, a miscigenação mais intensa e a maior frequência de alforrias, terminava por diluir a estratificação étnico-social, como explicou a historiadora Maria Yedda Linhares.

Apesar do crescimento e de acordo com vários viajantes estrangeiros que aqui estiveram na primeira metade do século XIX, a paisagem urbana brasileira ainda era modesta. Com exceção da capital, Rio de Janeiro, e de alguns centros onde a agricultura exportadora e o ouro tinham deixado marcas – caso de Salvador, São Luís ou Ouro Preto –, a maior parte das vilas e das cidades não passava de pequenos burgos isolados com casario baixo e discreto, como São Paulo, Curitiba e Porto Alegre. Mesmo na chamada corte (Rio de Janeiro), as mudanças eram mais de forma que de fundo.

A requintada presença da missão francesa pode ter deixado marcas na pintura, ornamentação e arquitetura, mas as notícias dos jornais *Gazeta do Rio de Janeiro* (1808-1822) e *Idade D'Ouro do Brasil* (1811-1823), órgãos da imprensa oficial, ou mesmo a inauguração do Real Teatro de São João, onde exibiam-se companhias estrangeiras e onde soltavam seus trinados artistas como a graciosa Baratinha ou as madames Sabini e Toussaint, não eram suficientes para quebrar a monotonia intelectual. Além do popular entrudo, nome que então se dava ao Carnaval, e dos saraus familiares, o evento social mais importante continuava a ser a missa dominical.

Contra esse pano de fundo, encontraremos mulheres da elite urbana, casadas com comerciantes de grosso trato, como dona Ana Francisca Rosa Maciel da Costa, baronesa de São Salvador de Campos dos Goytacazes e esposa de Brás Carneiro Leão, exemplo de matriarca vivendo na corte às vésperas da Independência. Seus salões foram descritos por Maria Graham, em 1823, como decorados com gosto francês, o que incluía papéis de parede e molduras douradas, além de móveis de origem inglesa e francesa. A neta da anfitriã, como boa filha da elite local, falava bem francês e fazia progressos em inglês. O exemplo era raro, queixava-se em 1813 outro inglês, o comerciante John Luccock, afirmando que, bem pelo contrário, o pouco contato com a maioria das mulheres costumava desnudar sua falta de educação e instrução.

O pintor francês Jean-Baptiste Debret, por exemplo, confirmou o despreparo intelectual das mulheres de elite. Até 1815, a educação delas se restringia a recitar preces de cor e calcular de memória, sem saber escrever nem elaborar as operações, e a "ignorância", segundo ele, era incentivada por pais e maridos receosos da temida correspondência com amantes. Isso levou as brasileiras a inventarem um código para a interpretação engenhosa das diferentes flores: cada flor corresponderia a uma ordem ou a um pensamento.

No entanto, o inglês se enganou. Muitas mulheres participaram do processo de Independência por meio de manifestos políticos, escritos e assinados por elas. Em 13 de maio de 1822, justamente o dia em que dom Pedro recebia o título de Defensor Perpétuo do Brasil, um grupo de 186 mulheres da Bahia elaborou um significativo manifesto político intitulado "Carta das senhoras baianas a Sua Alteza Real dona Leopoldina, felicitando-a pela parte por ela tomada nas patrióticas resoluções de seu esposo o príncipe regente dom Pedro", em reconhecimento pela "heroica resolução que teve V.A.R., anuindo ao que deliberara seu augusto e mais adorado esposo", de permanecer no Brasil. Estudado pela historiadora Maria de Lourdes Viana Lyra, o documento faz referência ao Fico. Escrito com letra caprichada em folha de papel debruado de dourado e assinado pelas baianas, foi entregue, em fins de agosto, em cerimônia solene, à princesa Leopoldina quando ela exercia as funções de regente do Brasil.

Também impressionante foi a "Deputação das senhoras paulistas à Sua Majestade a imperatriz pela gloriosa aclamação". Por meio desta, as paulistas marcaram presença na cena pública brasileira na conjuntura da Independência. Cinquenta e uma mulheres a escreveram em homenagem à recém-aclamada imperatriz Leopoldina para "render-lhe os mais justos e devidos protestos de submissão, respeito e eterna gratidão", em nome de todas as pertencentes à província e apresentando-se como aquelas "em cujos peitos se agasalharam sempre virtudes heroicas"; sensibilizadas, agradeceram à filha e neta de imperadores e progenitora de uma nova série de césares o apoio incondicional, a adesão ao augusto consorte e a contribuição eficaz para o fortalecimento do trono do Brasil, "para cuja estabilidade estamos prontas, transcendendo a debilidade do nosso sexo, a derramar até a última gota do nosso sangue".

Acrescentavam ainda que suas "patrícias, as fiéis heroínas de São Paulo", apesar de "nascidas e educadas longe da civilização das cortes", tinham plena consciência de seus deveres para com o Estado, além de possuírem "a nobre ambição de circularem o trono" para formar, "com seus cândidos peitos, uma nova muralha" em defesa "de sua augusta pessoa". Como bem conclui Viana Lyra, o movimento de mobilização coletiva de mulheres marcou presença na arena política, com manifestações objetivas em torno de grandes questões, como a forma de Estado a ser adotada no novo país. Pode-se até considerar que o fato de uma mulher – a arquiduquesa Leopoldina – encontrar-se naquele momento na liderança da ação nos negócios da política tenha favorecido tal mobilização.

Estar longe da corte não significava não acompanhar os eventos que estremeciam o país. Assim, não faltou quem, como a senhora de engenho Maria Bárbara Garcez Pinto de Madureira, à frente de seu engenho de Amararé, no Recôncavo Baiano, acompanhasse cada momento da guerra de libertação da Bahia; seu marido,

Luís Paulino de Oliveira Pinto da França, era deputado nas cortes de Lisboa e lá se encontrava quando da declaração de Independência. Entrincheirada em Salvador, apoiada por muitos comerciantes portugueses que tinham negócios lá e por soldados que representavam a metrópole, a guerra pela emancipação teve momentos terríveis. Correu tanto sangue e ocorreram tantas perseguições que a fazendeira precisou organizar a fuga da família de seu solar no Campo de São Pedro, em Salvador, para o interior: "A gente espavorida foge", cravou.

O estilo culto de Maria Bárbara surpreende para uma mulher de família da pequena aristocracia rural. As saudades, o desespero e a intensa paixão pelo companheiro misturavam-se a notícias de combates entre portugueses e baianos e suas opiniões sobre a política do reino e sobre os desmandos das autoridades contra os plantadores de cana. "Homem virtuoso, tu saíste e deixaste meu coração ralado de saudades"; "meu Luís, saudades e cuidados rasgam a minha alma por mil modos"; "cheia de saudade e sufocada em pranto"; "adeus minha vida, meu adorado Luís" – assim falava de seu amor. "A província quer que o príncipe fique" ou "as contínuas desordens têm posto esta bela província em puríssima miséria" – era como contava sobre a resistência dos baianos contra a corte portuguesa. Outras vezes, ainda, dava notícias da família: "Mimi com defluxo".

Maria Bárbara se dividia entre o amor pelo marido e o ódio aos inimigos, os comerciantes portugueses. E sua correspondência revela que ela não se sujeitava à orientação dos filhos adultos, enfrentava dificuldades e decidia tudo sozinha, mesmo nos momentos mais difíceis. Em plena guerra, troca de tiros e escassez de alimentos, era ela que determinava a administração do engenho, os empréstimos a obter e os cuidados com escravos e colaboradores.

Outro exemplo ilustrativo de como agiam as mulheres da elite no momento em que o Brasil se libertava de Portugal foi o da baronesa de São Salvador de Campos dos Goytacazes, uma das mais ricas da cidade. Suas joias se equiparavam às da imperatriz. Ao voltar do teatro numa noite em que estourou o motim de Avilez, contra a "ficada" de dom Pedro, vestiu-se com a roupa da empregada, pôs todas as joias dentro de roupas sujas em forma de trouxa na cabeça e saiu fugida de casa, fantasiada de lavadeira.

Bem no início do século XIX, o modelo feminino era então aquele ditado pela jovem princesa austríaca e depois imperatriz Leopoldina, sofrida esposa de dom Pedro I, cuja doçura, inteligência e educação ficaram na história. Suas qualidades foram registradas numa carta de Luís Joaquim dos Santos Marrocos, bibliotecário português que vivia no Brasil. Ele era sensível em sublinhar os que se consideravam na época critérios de feminilidade: a discrição, o desembaraço, a capacidade de comunicar-se, o conhecimento de línguas estrangeiras como o francês e o inglês... E, para ser "mais notável", até "ter medo de trovoadas".

As mulheres da elite passavam o tempo em reuniões voltadas a atividades de benemerência, participação nas irmandades religiosas e auxílio aos pobres. Apesar do poder aquisitivo, sua marca era o discreto uso de poucos adereços franceses; vestido preto, em geral com detalhes de miçangas, renda ou pregas; e joias simples, tipo broche ou brincos pequenos; além de poucos leques, mantilhas ou xales. Traziam os cabelos em coques e tranças presas nas quais os laçarotes eram uma opção. As feições daquelas que se observam nos quadros do pintor Claude Joseph Barandier, retratista francês instalado no Brasil, não traziam marcas de cosméticos. Costumavam sentar-se, com simplicidade, no chão, à turca. Ao sair de casa, eram transportadas, por negros, em cadeirinhas pintadas e douradas ou redes ornamentadas. À noite, dedicavam meia hora ou mais a orar.

Também na primeira metade do século XIX, no interior de sobrados, donas de casa de tamancas, sem meias, com um penteador de cassa por vestido, fabricavam doces caseiros e mandavam os escravos vendê-los em tabuleiros pela rua. Na Bahia, Maria Graham impressionou-se ao vê-las tão "relaxadas", recebendo convidados "sem casacos ou corpetes... os cabelos em papelotes". No entanto, já se observava alguma pequena mudança. Começavam os conselhos para corrigir esse "estar em casa, com compostura". Eles vinham do médico baiano José Lino dos Santos Coutinho, que, em cartas, admoestava a filha Cora sobre a importância do asseio e da vestimenta no cotidiano:

> Não se pense que quero que gasteis no toucador todo o tempo precioso à governança da vossa casa ou que diariamente vos enfeiteis como uma namoradeira [...]. Só desejo que vos apresenteis a vosso marido e à toda gente honestamente penteada, calçada e apertada [com espartilho], com vestuário cômodo e limpo e que eviteis sempre sua presença naqueles atos que, supostamente prescritos pelas precisões da natureza, não devem ser testemunhados.

Nos periódicos, o tema da velhice feminina começava a ser abordado e era o anúncio de jornal que orientava: "E qual é a velha de nossos dias que não tem suas pretensõezinhas a conquistadora? Quantas, apesar de seus cabelos brancos, não conservam ainda um coração de vinte anos? Para essas, ensino um meio de remoçar os encantos dos dias mais felizes de sua mocidade. O sr. Carlos Beaumelly, da rua do Ouvidor, 110, tem certa preparação que desenruga e amacia a cútis, dando-lhe um colorido e aveludado admiráveis. É ali que também se acha a água da Flórida, maravilhosa descoberta que tem o poder de regenerar e fazer de novo crescerem os cabelos que os desgostos, as enfermidades ou os anos tenham obrigado a cair".

Uma pontinha de vaidade e autoestima começa a botar a cara na janela. No século XIX, o país despertava aos poucos de profunda sonolência, sobretudo nas áreas urbanas. A vinda da família real, em 1808, introduzira hábitos sociais que foram se multiplicando entre as várias camadas sociais. Recepções, casamentos, batizados, cortejos, jogos, óperas, enfim, o luzir de fidalgos geravam modelos e incitavam imitações. Construíam-se casas nobres, e palácios eram rapidamente recheados de "imensas cousas". Móveis eram importados da Inglaterra, assim como o piano, mansamente teclado pelas mãos das sinhazinhas. Viajantes observavam o crescimento da influência francesa na importação de modas, artigos de fantasia e decoração. Em 1821, havia 54 modistas francesas instaladas no Rio de Janeiro, e não eram poucas as negras livres que, graças a "seu talento", trabalhavam com tais profissionais e conseguiam "imitar muito bem as maneiras francesas, trajando-se com rebuscamento e decência", registrou o pintor francês Jean-Baptiste Debret. Jornais dirigidos às mulheres exibiam figurinos, receitas culinárias e moldes de trabalhos manuais.

Ouçamos a descrição que fez, em 1849, Álvares de Azevedo das belezas que enfeitavam um baile acadêmico: "A condessa de Iguaçu e a Belisária eram as rainhas do baile, com a diferença de que a Belisária, com a simplicidade de seu traje, estava mais bonita do que a Bela com a sua riqueza de joias e sedas. A Bela tinha um vestido cinzento que lhe fazia uma cinturinha de sílfide. No colo, numa volta só, lhe corria o colar de finíssimas – digo, grossíssimas – pérolas. Na cabeça, prendendo as tranças, tinha um pequenino boné à grega, cujo fundo era de rede de prata e em franja também de prata. No colo, na cintura, no buquê exalavam-lhe perfumosos ramos de violetas".

A Bela era ninguém menos que a filha da marquesa de Santos, primeira amante do imperador dom Pedro I. Na época em que a jovem condessa de Iguaçu rodopiava pelos salões, os vestidos, armados e em forma de sino, inflados pelo uso da crinolina, eram tendência. As flores acentuavam o erotismo dos contornos, a cintura fina, um decote ligeiramente mais ousado, esses eram os detalhes a acentuar a beleza da mulher-flor.

Na mesma época, muitas negras andavam seminuas. Elas tinham condições de transformar sua nudez em objeto estético. Todo um código artístico era inscrito na substância corporal por meio de técnicas arcaicas: pinturas faciais, tatuagens e escarificações as transformavam em obras de arte ambulantes. Não escaparam a Gilberto Freyre seus sinais de nação, as tatuagens africanas no nariz, os talhos imitando pés de galinha, na testa e na face, "talhinhos ou recortes, verdadeiras rendas, pelo rosto todo". As orelhas furadas, por argolas ou brincos, também eram constantes. As iaô, de rituais religiosos, tinham direito a pinturas corporais.

No corpo, valorizavam-se as nádegas arrebatadas, empinadas e salientes, a "bunda grande". Os anúncios de jornal, notificando a fuga de escravos, informavam as características físicas de nossas avós negras: a cor "preta", "alva ou fula da pele"; os cabelos encarapinhados, crespos, lisos, anelados, cacheados, acaboclados, russos, avermelhados e até louros, cuidadosamente arranjados em birotes, tranças ou coques, "agaforinhados com pentes de marrafa dos lados" ou alisados com óleo de coco. Os dentes quase sempre inteiros e alvos, podiam ser "limados" ou "aparados". As deformações profissionais deixavam marcas em mãos, pés e pernas, e os vestígios de chicote pelo corpo não eram camuflados: "Nas nádegas, marcas de castigo recente" ou "relho nas costas". Os olhos podiam ser "na flor do rosto", grandes, castanhos ou "tristonhos". Podiam, ainda, piscar "por faceirice". De muitas dizia-se "ter boa figura", ser "uma flor do pecado", ser "alta e seca", "bem-feita de corpo" ou simplesmente robusta. "Ter peitos em pé", "peitos escorridos e pequenos", "nariz afilado e pequeno", "peitos em pé e grandes", "pés e mãos pequenos", esses eram alguns sinais de formosura que podiam impressionar o comprador. O peito feminino também podia ser marcado por determinadas nações, como forma de identidade. A negra rebolo que em 1840 desaparecera da casa de seus senhores trajava "vestido azul com flores amarelas", ostentava "argolas de ouro pequenas nas orelhas" e levava no peito esquerdo a marca MR.

Ser bonita era importante? O historiador Marcus Carvalho abordou o fato de que a beleza física, a clareza da pele e uma criação "recolhida", ou seja, reclusa, entravam na composição do preço das cativas domésticas.

Vistosos panos da costa, turbantes e rodilhas, xales amarrados à cabeça, saias rendadas, camisas abertas de renda e bico e chinelinhas vestiam muitas delas. Uma poesia de Mello Moraes Filho enfeitava a mulata ou a negra com muitos dos adereços utilizados pelas brancas: camisa bordada, fina tão alva arrendada, torso de cassa à cabeça, corais engrazados nos pulsos, saias de rendas finas, brincos de pedrarias, correntinha de prata. E suas palavras exprimem o ciúme das últimas: "Eu sou mulata vaidosa, linda faceira, mimosa, quais muitas brancas não são!". Para arrematar, "minhas iaiás da janela, me atiram cada olhadela. Ai dá-se! Mortas assim... E eu sigo mais orgulhosa, como se a cara raivosa não fosse feita pra mim".

A historiadora Mary Karasch lembra que a aparência das escravas era indicador da posição social de seus senhores. Algumas africanas seriam obrigadas a usar roupas europeias, enquanto outras estavam livres para vestir-se ao estilo africano, mais apropriado aos trópicos. Antes da chegada da família real portuguesa, o estilo, segundo a autora, era mais "provinciano" e menos influenciado pela moda francesa. Depois, vestidos com cintura alta, no estilo império, inundaram o mercado. O interessante é que as mulheres misturavam vestimenta francesa com penteado africano ou turbante, embora outras imitassem os penteados europeus de suas senhoras, como se vê na gravura *Casamento de negros escravos de uma casa rica*, de Jean-Baptiste Debret.

Na imagem, as lindas noivas de branco bordado, última moda na corte napoleônica, calçam delicadas *mules* com meias brancas e portam joias e leques. Outras usavam branco por uma razão diferente: eram vendedoras de pão de ló, obrigadas a usar essa cor para ser facilmente identificadas. Com turbantes elegantes e envoltas em xales coloridos, muitas carregavam seus bebês às costas. Escravas pobres cobriam-se com saias e blusas de diferentes comprimentos.

Os retratos de Debret, prossegue Karasch, mostram que uma maneira de crioulas e mulatas se distinguirem das escravas africanas era usar mantilha ou véu longo. No início do século XIX, a mantilha combinada a longos cabelos negros era moda entre mulheres de elite e suas escravas; em 1825, somente crioulas, mulatas e senhoras idosas a usavam. Uma forma, talvez, de identificar-se como brasileiras. As elegantes, brancas ou africanas, tinham abandonado a moda colonial. Quando os estilos mudaram de novo do clássico imperial para as saias amplas de cintura estreita, brancas de elite e suas escravas adotaram-no. Enquanto as escravas pobres baixavam a cintura e encompridavam as saias modestas, as negras ricas rivalizavam com as moradoras do interior e mesmo com suas senhoras. A moda foi adotada por rainhas e imperatrizes em congadas e festas do Divino Espírito Santo, como se observa nas fotos de Arsênio da Silva, de 1865.

Nas fotografias do alemão Rodolpho Lindemann, tiradas na Bahia, destacam-se as joias que enfeitavam colos e braços negros, hoje nas vitrines do Museu Carlos Costa Pinto. São brincos delicados, pingentes ou grandes argolas; colares de contas de um ou vários fios, com uma grande cruz pendente; nos pulsos, braceletes enormes; e nos tornozelos, pulseiras; anéis decoravam todos os dedos; pedras e contas coloridas enfeitavam cintos e colares na frente e atrás; amuletos com figas, estrelas de seis pontas, corações, chaves e pombos misturavam-se a escapulários com retratos de Nossa Senhora e santos de devoção – tudo em ouro, prata ou cobre, dependendo do poder aquisitivo da mulher que os portasse. Cinzas de palmeira e arruda para "espantar feitiço" eram comuns nos cabelos.

Em fotos dos anos 1860 analisadas por Karasch, mulheres negras usam saias mais justas que descem quase até o tornozelo, além de turbante e xale. Nas fotos reproduzidas pelo colecionador George Ermakoff, uma das mais belas brasileiras, mulata de olhos verdes, encara o espectador de sua cadeirinha. Veste-se em grande estilo, apesar da severidade do olhar e da postura.

Critérios de beleza existiam, sim, entre as negras. E passavam pela origem e pelo gosto de cada uma. Que o diga a poesia publicada em *A Marmota na Corte*, gazeta fluminense de Francisco de Paula Brito, editor mulato, em 1851, intitulada "Disputa entre uma crioula baiana e outra fluminense".

Crioula baiana
Não me dirão p'ra que trazem
Vocês, que daqui são filhas,
Desses torcidos cabelos
Tão ensebadas rodilhas?!...
Que graça tem uma negra
Andar de lenço e vestido,
De pé no chão, na cabeça
Cabelo grande e torcido?
Negra sou; contra mim falo;
Mas ter não quero, eu lhe juro,
Na cabeça um tão nojento
Pastelão do pé do muro.
Nem tampouco andar num saco,
Intitulado vestido;
Somente assim andaria,
Se tivesse endoudecido.
Antes trazer na cabeça
O pão d'açúcar do que
Essas trouxas de cabelo
Nojento, que traz você.
Antes quisera andar nua,
Da canalha perseguida,
Do que ver-me, Deus me livre!...
Num saco velho metida.
Se eu fosse da corte, agora,
Para a minha terra assim,
De cabelo e de vestido;
Que havia de ser de mim?
Valha-me Deus; os moleques
Me poriam a tinir:
Que me diriam na rua
Quando me vissem sair?
Não dariam tempo aos ratos
De virem do sebo ao cheiro;
Antes que os ratos viessem,
Eles viriam primeiro.
E, depois, que pateada
Que eu havia de sofrer,

Quando andasse pelas ruas
Co'a bunda nua a tremer!
E, contudo, antes queria
Sofrer tudo isto do que
Andar feita uma fantasma
Preta, como anda você.
Não há, minha camarada,
No mundo maior pecado
Do que ver-se uma negrinha
Com cabelo amarrado.
É por isso que na corte
Existe constantemente
A febre de *carlatina*,
De que morre tanta gente.
E essa coisa que os doutores
Lhe chamam *apidimio*
Se cria e sai dos cabelos
Das negras aqui do Rio.
Era bem bom que o governo
Mandasse fazer morrões
Dos cabelos dessas negras
Para acender lampiões.

Crioula fluminense
Tá bom, você tem falado
Das fluminenses crioulas;
Vou porvar que as da Bahia
São tabaroas, são tolas.
Eu vou porvar, queira dar-me
Um bocado de tenção;
Eu lhe peço, não me estrove
A minha agrumentação.

Crioula baiana
Tolas, nunca; mas rainhas
São as crioulas de lá;
E para suas vassalas
Não servem, não, as de cá.
Se vocês vissem a Paulina,

Se vissem a Marciana,
Se também vissem a Cosma,
Se vissem a Damiana,
Não teriam mais vontade
De afastar os olhos delas,
Pasmadas do grande luxo
Das minhas patrícias belas.
Isto é que é luxo de gosto,
Isto é que é saber andar!
Cabeça lisa, alvos dentes,
Bem lavado o calcanhar!
Rico troço na cabeça,
Rica beca e saia preta,
Chinelas de salto alto,
Rosto curto; e o mais é peta.
Na cabeça, sobre o lenço,
Por mais luxo ou compostura,
Um balainho da Costa,
Molho de chave à cintura.
Às vezes um chapelinho
De sol trazemos na mão,
Fechadinho; e tem virtude
De varinha de condão.

Crioula fluminense
Você é uma ordinária
Que estrovou minha questão;
Você não é deputada,
Inora a civilização.

MUDANÇAS À SOMBRA DOS CAFEZAIS

Nas três primeiras décadas do século XIX, as fazendas de café começaram a tomar o vale do rio Paraíba. Com o terreiro em posição central, abraçado por senzalas, engenhos e monjolos, nelas prevalecia certa rusticidade na organização de espaços. Moradora de uma delas foi a carioca Domiciana Maria de Almeida Vallim, filha do maior proprietário de terras e escravos do vale do Paraíba; outra foi a paulista Gertrudes Galvão de Moura Oliveira Lacerda Jordão, viúva do brigadeiro Rodrigues Jordão, rica senhora de várias fazendas e de uma das melhores casas da cidade de São Paulo. Mas nem só de beleza viviam as fazendeiras. O exemplo de Maria Joaquina Sampaio de Almeida conta outro lado da história.

Nascida em 1803, em Taubaté, ela era analfabeta, como a maioria das mulheres de seu tempo. Casou-se em 1825 e, com o marido, Luciano de Almeida, amigo de dom Pedro I, fundou a fazenda Boa Vista, na região de Bananal. Ela cresceu com a expansão do café. Ao ficar viúva, as terras que couberam a Maria Joaquina representavam a maior produção de café do país. Administrar tantas plantações era grande responsabilidade. A fazendeira desenvolveu, então, um sistema de símbolos para registrar diariamente receitas e despesas de cada fazenda da família. Somente com a chegada de preceptores para educar os filhos, ela teve a chance de aprimorar sua precária, mas criativa, formação. Conta-se que, administradora rígida, ela era conhecida pelos quase 2 mil escravos pelo tilintar de moedas que trazia à cintura.

Na década de 1880, o café transportado ao Rio de Janeiro por tropas de mulas passou a ser carregado pela linha de trem Bananal-Barra Mansa, obra em parte realizada com capital dessa família. Embora representasse a aristocracia cafeeira na região, Maria Joaquina tinha hábitos simples. Seu luxo era apenas um: usar meias de seda francesas. Ela esteve à frente dos negócios por vinte e oito anos e ordenou em testamento que, ao morrer, a quantia de quatrocentos contos de réis – bastante dinheiro – fosse distribuída aos pobres da região.

Nas áreas rurais, as atividades sociais femininas eram marcadas pelas visitas de amigas, e as diversões favoritas consistiam em bandas de música formadas por escravos e especializadas na execução de óperas europeias, assim como em saraus de modinhas brasileiras. Doces e refrescos circulavam servidos por mucamas em bandejas laqueadas vindas do estrangeiro. Inventários e testamentos da época revelam que aí se tinha uma vida luxuosa, com alfaias de ouro e prata, joias e baixelas, e que as famílias dos plantadores de café eram servidas pelos chamados "escravos de dentro": cozinheiras, pajens, costureiras, amas, mucamas, sapateiros, lavadeiras, rendeiras, seleiros.

Entre mulheres livres e pobres da época, algumas especificidades. O aumento do poder aquisitivo da burguesia multiplicou as ofertas de trabalho. A construção de sobrados com várias dependências, a agitação da vida social e a tendência a emprestar modas europeias criaram outras brechas. Nos anúncios classificados do *Jornal do Commercio*, do Rio de Janeiro, eram procuradas engomadeiras em número muito superior ao de cozinheiras, pois a preocupação com a aparência, com o vestir-se, com a roupa limpa e bem engomada vinha sempre em primeiro lugar.

Livres e forras sobreviviam graças ao serviço de lavagem de roupa, que tornou-se uma verdadeira indústria, segundo descreve Debret: "É de 1816 que data a inovação, no Rio, da indústria da lavagem de roupa. Essa época coincide com a chegada de inúmeros estrangeiros à capital". A mania, importada da Europa, segundo ele, tornou-se "uma fonte de recursos para algumas famílias brasileiras da classe média; assim, por exemplo, [para] a viúva de um funcionário com vários filhos, cuja módica pensão não basta; assim [para] a mulata viúva de um artífice, que não pode manter seu estabelecimento com operários pouco habilidosos; a solteirona etc.". Era grande a movimentação de mulheres ao redor do chafariz do Campo de Santana, no Rio de Janeiro, conhecido como chafariz das lavadeiras. Muitas delas levavam os filhos pequenos, presos por panos, às costas. Em 1836, avalia-se que ali ganhavam a vida cerca de 2 mil lavadeiras. Em São Paulo, eram vistas à beira do Tietê.

A seguir, buscavam-se cozinheiras "de trivial", mais que de "forno e fogão". Comer de forma refinada não era prioridade. "Para todo serviço de uma casa", via-se a oferta de "uma pessoa que cozinha de todas as qualidades, engoma e faz todo o serviço" do lar, uma pessoa livre e que se alugava a si mesma. Para os historiadores Almir Chaiban El-Kareh e Héctor Bruit, já em 1849 é possível perceber uma mudança, ainda que então bastante tênue, nas relações domésticas de trabalho. O predomínio das relações escravistas era flagrante e contagiava todas as formas de trabalho não compulsório. Assim, as trabalhadoras livres se "alugavam" da mesma forma que as escravizadas eram colocadas em locação por seus senhores.

Exemplo disso foi o "aviso aos srs. lojistas: 'Uma preta forra deseja se alugar para mascatear fazendas fora da cidade'", ou o anúncio de que "uma senhora branca, de meia-idade, deseja se alugar para casa de pouca família, para todo o serviço". O anúncio em que "senhora de meia-idade, com uma filha já moça, deseja achar uma casa em que se aluguem, sendo aquela para o trato e o governo de uma casa do que tem bastante prática e sua filha para costurar, engomar e o mais serviço doméstico que lhe é compatível" nuançava a exploração indiscriminada implicada no termo "alugar-se", procurava com o termo "compatível" colocar um limite à exploração do trabalho infantil.

Na mesma seção de anúncios, era possível ler que "uma senhora portuguesa, de idade", procurava se "arranjar para casa de pouca família", ou seja, queria se empregar. A senhora viúva topou com um fazendeiro de Paty do Alferes que queria "alugá-la para tomar conta do governo de uma casa", e também encontrou quem a "arranjasse" mais perto, no número 53 da rua da Vala. Enquanto isso, outra senhora, "muito capaz", "se oferecia" como ama de leite. Segundo El-Kareh e Bruit, apesar de todos os obstáculos, um novo vocabulário, expressão de novas relações de trabalho – ainda que tímidas, talvez estimuladas pela oferta de trabalhadores europeus que começava a chegar ao Brasil e o fim do tráfico, em 1850 –, foi, aos poucos, se construindo.

O tratamento dado às forras ia mudando: "Precisa-se de uma senhora de cor para servir em uma casa de família". A confusão entre trabalho escravo e trabalho livre permanecia, provavelmente, em favor do primeiro, pois em qualquer caso não havia distinção do serviço a ser executado nem do horário de trabalho, uma vez que trabalhava-se o dia inteiro. Tampouco do salário a ser retribuído ou das condutas exigidas: "Precisa-se, para casa de família, de uma criada, não se olha a cores, quer-se que saiba cozinhar o trivial e que seja muito limpa; para tratar, na rua da Princesa dos Cajueiros, número 92, loja". Crescia, também, a oferta para estrangeiras: "Precisa-se de uma criada de quarenta anos, para cozinheira, alemã ou francesa; na rua do Conde, número 1, em frente ao clube".

O preparo de alimentos "para fora", inicialmente de doces e, depois, de pratos salgados para o pessoal do comércio e os profissionais liberais e todos aqueles que preferiam não cozinhar em casa, sobretudo homens solteiros, era uma atividade que florescia: "Tomar comida de uma casa particular", "dar jantar para fora" e, especialmente, "comer de pensão" foi o que permitiu que muitas mulheres sobrevivessem.

Anunciavam-se refeições do tipo "jantares para fora de casa particular, com limpeza e muito em conta, na rua do Ourives, número 23, sobrado".

Sem contar as donas de endereços finos, como a viúva Castagnier, à frente de sua Confeitaria do Braço de Ouro, que anunciava: "Aprontam-se com esmero almoços, jantares e ceias de encomenda. Preparam-se peixes com molhos, assados, fiambres etc. [...] Recebe-se encomenda para se fazer de qualquer feitio e preço".

O espaço doméstico de produção de alimentos, inclusive o das pensões, se feminizou, enquanto o público, que se ampliava com a expansão dos negócios, mantinha traços masculinos. Não se sabe de que forma a vida privada, tradicionalmente lugar da rígida moral patriarcal, se harmonizou com a liberdade que oferecia o dinheiro ganho com o trabalho no fogão. Entre tantas autônomas, seria difícil só ver mulheres submissas, de cabeça baixa.

Outra possibilidade de trabalho era encontrar emprego por meio de agenciadores. Na primeira metade do século, tais negociantes trabalhavam com compra, venda e aluguel de escravos. Na segunda metade, trabalhavam com criadas: "Quem precisar de boas amas-secas, mucamas, copeiras e peritas cozinheiras, lavadeiras e engomadeiras e todo o pessoal livre para serviço doméstico queira fazer suas encomendas na rua Senhor dos Passos, número 145", noticiava o *Jornal do Commercio*. Segundo a historiadora Flávia Fernandes de Souza, a partir da segunda metade do XIX, as escravas passaram a não mais predominar, em termos numéricos, entre as mulheres que trabalhavam nos serviços domésticos. Desde então, foi crescente o número de libertas e livres que exerciam, muitas vezes ao lado de escravas, a função de "criadas de servir". Segundo dados do Censo de 1872, 63,12% das mulheres classificadas na categoria "serviço doméstico", entre brasileiras e estrangeiras, eram livres.

Se havia certa autonomia, não faltavam problemas. As cidades do Império estavam cheias de pobres livres e libertas sujeitas à violência masculina – sobretudo se fossem sozinhas. E a violência era praticada por homens livres ou escravos – ou pelos segundos a mando dos primeiros. Em Rio de Contas, interior da Bahia, um auto de corpo de delito revela o furto de uma mulher parda, forra e prostituta de nome Lucinda. Ela foi recolhida por Manoel da Costa, junto a Eleutério Cavalcante e João de Tal, em um sítio distante da vila e obrigada a dizer que era cativa. Numa tentativa de ganhar dinheiro para garantir a sobrevivência, os amigos a venderam a Pedro Antônio de Alcântara, de vinte e oito anos, como se fosse escravizada. Ao contrário de tantas pardas, ex-concubinas ou esposas que geriam os próprios bens, inúmeras mulheres pobres integraram a massa de livres desclassificadas que faziam parte de vilas e cidades.

Em regiões de declínio da produção agrícola, como Pernambuco, depois que o preço do açúcar despencou no mercado internacional, os senhores de engenho conseguiram transformar a grande massa de mulheres livres e pobres em uma fonte abundante de mão de obra barata. No começo da década de 1870, os trabalhadores livres, inclusive mulheres, eram bem mais numerosos que os escravizados. Quando a Abolição se deu, em 1888, ocorreu sem transtornos e simplesmente marcou o fim de um longo processo que começara havia quase vinte anos. O mercado de prestação de serviços, como vimos, absorvia o trabalho feminino. Não foi o caso na Bahia, onde quem mais empobreceu foram as donas de engenho de açúcar. As que contavam com muitos escravos, no dia seguinte ao 13 de maio de 1888, perderam metade de seus bens.

O OUTONO DA ESCRAVIDÃO

A propósito, e as escravizadas? Essa foi uma época em que as lutas por direitos e justiça para viver como se de ventre livre nascera, ou seja, para libertar-se, foram muitas, como bem estudou a historiadora Solange Rocha. Ações impetradas por mulheres como Gertrudes Maria, Juliana ou Salústia demonstravam que elas tinham conhecimento da legislação da época e exploravam, em suas batalhas, todas as brechas possíveis para pleitear liberdade. A primeira, ao ver sua liberdade comprada por 100 mil-réis, ameaçada por dívidas de seus senhores, não esperou apática o desenrolar da ação jurídica. Imediatamente procurou advogados para garantir sua liberdade. A segunda comprou sua alforria numa época em que o valor dos escravos estava altíssimo e teve ajuda de um dos fundadores da "Sociedade Abolicionista" da capital da Paraíba, o padre João do Rego Moura. Não satisfeita, Juliana comprou a alforria da filha, Maria, enquanto sua mãe, Luísa, comprava a própria alforria. Três mulheres de uma mesma família se livraram do cativeiro. Por fim, Salústia foi alertada de que seu nome não constava do livro de matrícula de escravos e, então, conseguindo provar o fato na Justiça, poderia conseguir sua liberdade – o que de fato se deu. Seu senhor ainda foi acusado do "crime de reduzir à escravidão pessoa livre".

Se Gertrudes enfrentou a sociedade escravista numa época em que cativas não defendiam seus interesses, Salústia já procurou os tribunais em conjuntura mais favorável. Como se vê, foram várias as que lutaram por seus direitos nos tribunais. Senhores que mudavam de ideia depois de alforriar cativas ou as penhoravam quando já alforriadas levavam muitas às barras dos tribunais para obter legitimidade para sua condição: "Justiça para viver como se de ventre livre nascera", dizem claramente os processos. Prova de que as escravizadas conquistavam novos espaços de ação e participavam, com unhas e dentes, da barganha judiciária por liberdade, como bem lembrou o historiador João José Reis.

Solange Rocha estudou quem não almejava liberdade. Caso de Hilária, propriedade de dona Delfina Maria de Jesus, que declarou não querer se alforriar, pois "sua senhora lhe servia de mãe e não de senhora". Estranho? Não. Apenas o ser humano em sua complexidade. Houve até escravas que depois de forras, tendo herdado bens deixados pelos senhores, os multiplicaram e os devolveram. Foi o caso de Senhorinha Constância da Rocha, beneficiada no testamento de dona Antônia da Rocha, herdeira de uma morada de casas e uma escrava. Em Mariana, Minas Gerais, ela frequentava as missas vestida de capote, vestido e lenço de seda. Senhorinha multiplicou o número de cativos por procriação e, ao morrer, vinte e sete anos depois, sem filhos, deixou seus bens, inclusive mais escravos, para o futuro barão de Pontal.

A complexidade humana explica delações e traições que ocorreram na época. Guilhermina Rosa de Souza, ex-escrava e concubina do forro Domingos Fortunato, foi quem entregou às autoridades o levante dos negros malês, em Salvador, em 1835. Liderado por africanos de religião muçulmana, foi o maior entre os diversos levantes de escravos ocorridos na Bahia oitocentista. Durante a rebelião, foram mortas setenta pessoas e mais de quinhentos africanos foram presos, entre eles 31 mulheres. Uma delas era Luísa Mahin, nagô-jeje que se dizia princesa africana e autora de mensagens escritas em árabe para os revoltosos. Então grávida do futuro jornalista e abolicionista Luiz Gama, Luísa fugiu para o Rio de Janeiro, onde foi presa e possivelmente deportada para a África. Por que Guilhermina traiu seus irmãos de cor? O processo não elucida.

E o que dizer das fugas, algumas dignas de novelas? Quem conta esses episódios são os historiadores Ygor Olinto Cavalcante e Patrícia Melo Sampaio: encerrado o expediente de 21 de outubro de 1855, Joaquina, escrava de Antônio Lopes Braga, membro de uma família de comerciantes e militares, esperou cair a noite, pôs seu vestido de chita roxo e camisa de riscadinho cor-de-rosa e fugiu. Subiu a rua Brasileira, dobrou para o pequeno largo da Imperatriz, segurou firme sua lanterna e, em minutos, estava às margens de um pequeno braço do igarapé do Espírito Santo, em Manaus. Lá estava o índio José Maria com sua montaria, a pequena canoa adaptada aos rios amazônicos. Era comum fugir assim. José Maria também era um fugitivo, um desertor.

Meses depois de Joaquina foi a vez de Alexandrina fugir com seu companheiro, João Mulato, para o rio Negro. Os dois cativos de Antônio Carneiro saíram em plena madrugada da cidade de Belém e subiram o rio Amazonas com destino ao rio Negro. João Mulato conhecia bem os caminhos porque ali já tinha sido propriedade de outro senhor. Retornar ao rio Negro significava reencontrar antigas amizades, quem sabe familiares, reatar redes de solidariedade que lhes assegurariam as condições de existência adequadas a seus sonhos.

Anos antes, na cidade de Óbidos, enquanto a manhã do dia 11 de janeiro de 1854 não era completa, Raimunda, "vinte e quatro anos de idade, crioula, bem retinta, um tanto baixa, bem figurada, muito humilde", já estava fugida com seu companheiro José Moisés, "de vinte e seis anos de idade, cafuzo, bastante fornido do corpo, estatura regular, mal-encarado, olhos pequenos e fundos". Os dois fugiram com a ajuda do forro Antônio Maranhoto, natural do Maranhão e que tinha um dos "joelhos fora do lugar, efeito de uma balada quando foi marinheiro de embarcação de guerra". As experiências de escravidão, mar, guerra e liberdade em um só homem foram suficientes para fazer crer ao senhor de Raimunda e José que eles foram seduzidos pelo forro Antônio.

Em fevereiro de 1861, a escrava Benedita, "cafuza, natural de Óbidos, com falta de dentes na frente, cabelos cacheados, cheia de corpo, cara risonha", fugiu na companhia do soldado mulato Francisco Lima. Levou uma rede nova, um balaio e um baú de cedro contendo "um par de chinela, um fio de conta de ouro, uma camisa de chita amarela, uma saia de cambraia branca com três folhos e duas camisas brancas". Todas essas peças de roupa serviriam para compor não apenas uma bela indumentária, mas para distingui-la como mulher livre, do pescoço aos pés calçados.

Em abril do mesmo ano, a escrava Maria, crioula retinta, magra, alta, de olhos e beiços grandes, fugiu com Hipólito, crioulo retinto, barbado, sem dentes na parte superior. Maria e Hipólito fugiram pouco tempo depois do falecimento de seu senhor, Antônio Guerra, diretor de índios no rio Madeira. A viúva pedia sua captura e ainda oferecia 100 mil-réis de recompensa por escravo.

O falecimento do senhor sempre foi um momento de tensão para escravos e suas famílias. A iminência de serem apartados e vendidos para quitar dívidas ou satisfazer herdeiros em disputa foi um constante temor no mundo da escravidão. Para os escravos, a venda podia significar a desintegração dos laços com seus iguais, com seu mundo, sua historicidade, sua identidade social. Maria e Hipólito desejavam um destino diferente.

Como bem dizem Cavalcante e Sampaio, as fugas de Joaquina, Raimunda, Benedita e Maria, entre outras, revelam algo além da recusa ao cativeiro. A maioria dessas histórias demonstra uma preocupação comum: elas queriam ter laços familiares. Queriam autonomia para formar lar, criar filhos, escolher parceiros para compartilhar a vida. Para escravizadas, isso era a liberdade. Ao mesmo tempo, o "viver sobre si" no espaço urbano revelava o anseio de maior autonomia nas tarefas domésticas, nas atividades de ganho nas ruas, nas tabernas, nas vendas e nas casas de comércio. Amor e dinheiro, como qualquer uma de nós. As características de cada atriz ou ator dessas histórias revela o processo de mestiçagem que já marchava a galope no Brasil.

A ascensão social das mulatas também pode ser observada nos Compromissos de Irmandades em que elas ocupavam cargos importantes nos conselhos dirigentes. Em Goiás, construíram igrejas, como a de Nossa Senhora da Boa Morte ou Nossa Senhora da Conceição, e fizeram doações de ouro e cera para velas, doações aos pobres ou para festas dos santos protetores. Na Irmandade da Natividade, na mesma cidade, são inúmeras as "morenas" que aparecem em cargos altos, como "rainhas" ou "juízas", com suficientes recursos financeiros para exercer a função. A africana Joana Maria de Assunção fez tão grande doação à irmandade que ficou homenageada como "rainha perpétua".

Não foi à toa que o médico e botânico britânico George Gardner concluiu que poucos brasileiros eram "brancos". Graças a milhares de mulheres forras e escravizadas, a mestiçagem era fato, e a mobilidade social deu às famílias – e, sobretudo, aos filhos mulatos, pardos e mestiços – grande visibilidade. Elas os fizeram estudar e prosperar como faziam as sinhás da casa-grande com seus rebentos, que eram enviados a Coimbra. Eles se tornaram figuras ilustres: Antônio Pereira Rebouças, o visconde de Cairu, Teodoro Sampaio, Gonçalves Dias, o barão de Jequitinhonha, o barão de Cotegipe, o barão de Pedra Branca, o barão de Inhomirim, entre outros. Em seu clássico *Sobrados e mocambos* (1936), Gilberto Freyre foi dos primeiros a observar esse fenômeno.

Mulatos, mulatas, pardos e pardas vinham constituindo elemento de diferenciação da sociedade rural e patriarcal no universo urbano e individualista. E se integrando, ou melhor, se acomodando, entre os extremos: o senhor ou a senhora e o escravo ou a escrava. A urbanização do Império, a fragmentação das senzalas em quilombos, o aumento de alforrias e a inserção nos cargos públicos e na aristocracia de toga deram visibilidade a "morenos e morenas". Elas como comerciantes e professoras. Eles, "bacharéis formados", "doutores" e "senhores estudantes", que principiaram, desde o início do século XIX, a anunciar o novo poder daqueles que agiam e se expunham em becas escuras. Muitos deles e muitas delas se formaram graças "ao trabalho de uma mãe quitandeira ou lavadeira". Outros se casavam com moças ricas ou de famílias poderosas. A mestiçagem era visível em toda parte.

ABOLICIONISMO: SÓ PARA HOMENS?

Só se fala neles. No entanto, muitas mulheres participaram ativamente das campanhas abolicionistas que tiveram início em meados do século XIX. A pena, o piano e os periódicos foram seus aliados. Sociedades, clubes e associações eram lugar de homens que lutaram contra o fim da escravidão e também de protagonistas femininas que dividiram com eles a cena. Só ricas e membros da elite intelectual? Não. Nessas associações estavam presentes trabalhadoras das classes médias que deixaram suas assinaturas em livros de ouro e na organização de festas beneficentes cujo objetivo era arrecadar fundos para a compra de alforrias. As mulheres inovaram, ainda, publicando artigos em jornais e discursando em público – o que, até então, era visto como função masculina.

Uma das primeiras associações antiescravistas foi fundada na Bahia em 1869, já com sócias mulheres: trata-se da Sociedade Libertadora Sete de Setembro. Durante nove anos, libertou cerca de quinhentos escravos brasileiros e africanos. Em 1872, Augusta Generoso Estrella fundou o Clube Abolicionista do Recife. Médica e combativa abolicionista, ela era notícia frequente na imprensa da corte, de Pernambuco e da Bahia. Suas palavras ao abrir a sessão do Clube Abolicionista do Recife, logo depois que a Lei do Ventre Livre foi promulgada, foram as seguintes:

Meus senhores e minhas senhoras,
Convidada pelos ilustres membros do Clube Abolicionista para assistir à festa da liberdade de alguns escravos, sinto-me entusiasmada, porque ela simboliza o fervoroso amor à causa da salvação de uma parte da família brasileira, que se acha ainda

sob a lei cruel do cativeiro! Sim, meus senhores e minhas senhoras, meu coração estremece de infinita alegria por ver que a terra onde nasci em breve não será pisada por um pé escravo [...]. O dia de hoje exprime duas sublimes manifestações: a do governo e Câmara dos Deputados, que votou a lei da emancipação dos filhos de escravos, e da mocidade, que, sentindo pulsar-lhe o coração em prol da causa dos escravos, tem trabalhado com energia inexcedível para diminuir o número das vítimas de uma lei inumana e antissocial, que reduziu a criatura humana a cousa, não pessoa! Ah! Nada mais abjeto e vil do que separar de um todo útil uma parte para vilipendiá-la! Admira, certamente, como homens que estudaram o direito humano, que dizem acreditar em Deus; como os apóstolos de Cristo possuíssem ou possuam escravos. Esta festa é precursora de uma conquista da luz contra as trevas, da verdade contra a mentira, da liberdade contra a escravidão.

A bandeira libertadora também foi erguida pelas senhoras integrantes do grupo Ave Libertas, em Pernambuco. No folheto editado em comemoração ao primeiro aniversário, em 8 de setembro de 1885, elas apontavam as diferenças com suas contemporâneas escravocratas: "Esta festa é precursora de uma conquista da luz contra as trevas, da verdade contra a mentira, da liberdade contra a escravidão. O pêndulo eterno dos tempos marcou um ano de existência para a sociedade Ave Libertas. Apesar de tão pouco tempo de vida, ocupa esse pequeno, mas denodado, grupo de senhoras um lugar vantajosíssimo na galeria das glórias de nossa pátria [...], sem aceitarmos as injúrias e os ápodos, as implicações hidrofóbicas, os qualificativos de que se despem para emprestar-nos nossos admiráveis escravocratas, sugadores do sangue humano!".

Quem fundou um clube e conseguiu libertar duzentos escravizados? A modista e costureira Leonor Porto, membro do Clube do Cupim, desde 1880. Ao lado dela, Maria Amélia de Queirós e Inês Sabino. A primeira, poeta e professora pernambucana, moradora de casa modesta, destacou-se por entusiasmados artigos e discursos. Inês, soteropolitana, fez estudos na Inglaterra e, ao voltar ao Brasil, tornou-se discípula do intelectual Tobias Barreto. A partir de 1880, multiplicaram-se por aqui as sociedades contra a escravidão, que tinham como objetivo básico angariar fundos para comprar cartas de alforria. Em Pernambuco, havia mais de trinta dessas sociedades, as quais foram a gênese do Clube do Cupim, cujos sócios-fundadores já participavam ativamente de algumas delas.

O que foi o Cupim? Em 24 de março de 1884, o Ceará decretou a libertação de todos os escravos da província. Intensificou-se a campanha contra a escravidão em todo o país. João Ramos, maranhense que se mudou para o Recife aos catorze anos, idealizador e fundador do Clube do Cupim, sonhava em realizar, também em Pernambuco, aquilo que fizeram os cearenses. Passou a proteger escravos recomendados a ele, tornando-se conhecido dos negros que o procuravam pedindo ajuda para comprar cartas de alforria, prometendo pagá-las com seu trabalho.

Inspirado no Cupim, o Rio de Janeiro sediava sete clubes, alguns deles exclusivamente femininos, como o Clube Abolicionista José do Patrocínio e a Associação das Senhoras Abolicionistas. Suas associadas combatiam desde maus-tratos e torturas a escravizados até a inserção escolar deles. As teclas do piano foram solidárias ao movimento, e quem as batucou com vigor foi Chiquinha Gonzaga. Maestrina e compositora, participou de festivais que arrecadavam fundos para a Confederação Libertadora e vendeu composições de porta em porta – graças a elas libertou o escravo Zé da Flauta. Após a abolição, compôs um hino em homenagem à princesa Isabel.

Em Goiás, na capital, o piano era o grande atrativo na organização de concertos e peças de teatro que aconteciam no teatro São Joaquim. As entradas custeavam alforrias. Artistas famosos usavam o palco para declamar poemas ou cantar em favor da abolição. Em Minas Gerais, festas abolicionistas, organizadas por jovens, saudaram a lei do Ventre Livre, de 1871. E a fundação de sociedades como a Abolicionista Mineira contava com um grupo de distintas senhoras, como Margarida Pinheiro, Elisa Santos, Amintas de Lemos, entre outras, que organizavam bazares, tômbolas e festivais beneficentes. Chamavam atenção do público eventos como a *matinée musicale*, totalmente feminina, que João Clapp, abolicionista que mantinha um quilombo no Leblon, organizou no Rio de Janeiro, em 6 de fevereiro de 1881.

Às vésperas do 13 de maio de 1888, a princesa Isabel, incentivada por seu amigo e um dos maiores engenheiros de seu tempo André Rebouças, animou, sob a chuva de verão de Petrópolis, um passeio em carros enfeitados com flores, em prol da abolição. Também deu de comer a escravos fugidos, em seu palácio serrano. Passeatas ao som de bandas marciais, "*marches aux flambeaux*", balões coloridos nas mãos, tudo animava aquelas que ora eram acusadas de abandonar o lar para fazer política nas ruas, ora eram saudadas como "suaves amazonas", donas de alma divina e coração de ouro. A retórica da caridade, da proteção ao ventre livre e da abolição como dádiva cristã estava presente no discurso e na ação de abolicionistas mulheres.

Também apelidadas "petroleiras", codinome que lhes foi atribuído por causa das francesas que ateavam fogo com petróleo durante a Comuna de Paris, elas insistiam em proteger os grupos marginalizados, prometendo, por meios brandos, civilizar a pátria, graças ao fim da nefanda instituição. São exemplos: Maria e Carlota Villela, Maria Pinto, Odila Pompílio, Anna Paulino Bello, Pórcia de Mello, Carlota Alves, entre outras que, além acreditar no progresso da humanidade e sem renunciar ao papel de guardiãs do lar, tiveram o objetivo claro de profissionalizar os negros e torná-los verdadeiros cidadãos. A educação era uma das principais pautas, e muitos ex-cativos foram alfabetizados por senhoras de elite.

O letramento era compreendido como necessário, e não faltaram escravas que procuravam quem soubesse ler e escrever para fazê-lo por elas. Em São Paulo, em 1860, por exemplo, Teodora Dias da Cunha, africana natural do Congo e escrava doméstica, encomendou cinco cartas ao escravo pedreiro Claro, crioulo, buscando informações sobre seu marido e seu filho, cujo destino ela desconhecia. Teodora procurava recompor a unidade familiar. Nos conteúdos ditados ao escriba, a africana expressava uma visão de mundo profundamente religiosa e fazia promessas aos santos católicos e às entidades africanas em troca de liberdade.

Estudado pela historiadora Maria Cristina Cortez Wissenbach, o caso de Teodora revela o fascínio que a linguagem escrita exerceu sobre cativos e forros, enquanto as abolicionistas se empenhavam para que eles aprendessem a escrever e ler, permitindo-lhes, com isso, inserir-se no novo mercado de trabalho que se avizinhava com o fim do Império. Ignorando acusações, algumas abolicionistas aproveitavam os encontros para discutir a "deusa da liberdade", aderindo ao combate pela libertação política do país, ou seja, ao movimento republicano. Movimento cuja pauta, desde 1870, era o fim da escravidão e a promessa de liberdade de voto, liberdade de ensino, liberdade e autonomia das províncias e luta contra o atraso econômico e social do país.

As escravizadas acompanhavam de perto essa fervente movimentação. Cerimônias de libertação ocorriam no aniversário dos membros da família imperial. Algumas mulheres tiveram atuação direta nos pedidos, como Maria Rosa, que enviou uma carta à imperatriz Teresa Cristina solicitando a liberdade de sua filha Ludovina. A petição enfatizou que ela era uma pobre negra liberta, "mãe de uma infeliz criatura a qual está sempre enferma a ponto de botar sangue pela boca, e com três filhos menores ainda sob jugo do cativeiro". E subscrevia, fazendo "votos a fim de que este faustoso aniversário se repita ainda por longos anos".

Graças a um livro de ouro estabelecido pela Câmara Municipal do Rio de Janeiro, em 1884, senhores eram indenizados e cativos eram libertados. Segundo a historiadora Camillia Cowling, tais alforrias foram insignificantes. Apenas 3% da população escravizada da cidade entre 1884 e 1889, ou seja, 797 pessoas. As mulheres representavam 76% dos libertados. Cartas como a do casal de libertos Benedita Caetana e Manuel Caetano Alves de Oliveira, pedindo a liberdade da filha Paulina, são comoventes: "Que os vereadores tivessem comiseração e desespero de uma mãe desgraçada".

Muitos cativos ficavam sabendo do livro de ouro e contribuíam com seu próprio pecúlio. Foi o caso da crioula Josefa, que fez uma oferta aos vereadores:

ela contribuiria com 100 mil-réis se a Câmara inteirasse os 200 mil restantes. Depois de negociação, emancipou-se por 150 mil-réis, e dois terços do pagamento saíram de seu bolso.

Negras livres agiam diretamente em favor da abolição. Na cidade de Santos, São Paulo, Brandina fez parte dessa história, tornando-se figura querida da cidade. Dona de uma pensão na antiga rua Setentrional, atual praça da República, embora não tivesse posses, usava o dinheiro de seu trabalho para dar comida, fumo e remédio aos fugitivos que se abrigavam na baixada santista. Colaborou com cabos abolicionistas e com Santos Garrafão, líder de um dos maiores quilombos da região.

As mulheres livres participaram do movimento abolicionista de três formas: pela filantropia, pois cercadas de escravas e criadas para todo o serviço, sem carreira profissional, as senhoras de elite tinham tempo livre para se dedicar às causas cristãs e beneméritas. Daí o surgimento de associações dedicadas especificamente à libertação de crianças e de escravas. Esse foi o caso da Sociedade Redentora da Criança Escrava, fundada em São Paulo pela sra. Martim Francisco. Outra possibilidade foi entrar pelas mãos de marido, pai ou irmão abolicionista, atalho frequente com que os abolicionistas carregavam para a política as mulheres da família. Assim nasceu o Clube José do Patrocínio, liderado por sua esposa. Também marcou presença Alice Clapp, a jovem filha de João Clapp, abolicionista pioneiro em oferecer educação gratuita para ex-escravos. Alice, autora de um artigo tocante publicado na *Gazeta da Tarde*, de 1881, "Benefícios do cristianismo", denunciou a desonra de ser cristão e apoiar a escravidão. A terceira via foi a de artistas, escritoras e principalmente cantoras e atrizes, mulheres livres dos impedimentos da família tradicional e que entraram pela porta do teatro. Assim foi com Luiza Regadas, o "rouxinol abolicionista", e Chiquinha Gonzaga – as duas cantaram e tocaram pela causa.

Como bem explica a historiadora Angela Alonso, havia uma hierarquia entre os abolicionistas. Em uma sociedade tradicional, a distinção de gênero era crucial, e os homens eram prioridade. No entanto, eles permitiram uma politização da vida privada, cedendo a muitas esposas e filhas a possibilidade de participar de associações masculinas ou criar suas próprias. Pelo menos 26 sociedades abolicionistas femininas se formaram ao longo da campanha, situadas em dez das vinte províncias do Império – dezoito delas exclusivamente de mulheres.

MODOS DE MULHER

O Império assistiu a muitas mudanças na política e no âmbito social. Nas ruas, os sons, a velocidade, o novo. O barulho de cafés e de confeitarias e as vozes de quem circulava animavam a vida urbana. Novas modas no vestir e na diversão. É no Rio de Janeiro desses tempos que encontramos os "primeiros salões frequentados por damas", as quais lá se entretinham em serões e partidas noturnas de jogos, simples entretenimentos ou bailes e recepções. Alguns dos concertos em torno dos quais se reuniam eram animados pelo famoso músico mineiro padre José Maurício Nunes Garcia. As danças se aperfeiçoavam com mestres entendidos, responsáveis pela capacidade das alunas em exibir passos e passes, além de coreografias estudadas. A partir de meados do século XIX, a ideia de se divertir fora de casa ganhou novos contornos. Havia festas do calendário religioso ou agrícola, com momentos de procissão, música, animação e descontração excessiva. Sim, foi a época dos bailes. Quando não os havia, choviam queixas como as que se leem em *O Espelho*, de 25 de dezembro de 1859: "Não acham as leitoras que nem parece que estamos em dias de festas? Nenhum baile anima a cidade na monotonia em que jaz; nenhum divertimento a desperta desta sonolência em que há tanto adormece".

Outrora chamados "folias", os bailes eram marcados por dança. Em 1881, a palavra "baila" designava uma reunião festiva em que se bailava. "Bailada" era um baile popular; "bailado", sinônimo para fandango; "bailarico", uma festa familiar; e "baileco", um folguedo de má qualidade. As "partidas" ou reuniões noturnas, moda importada de Paris – onde recebeu o nome inglês de *rout* –, congregavam enormes levas de convidados, vestidos na última moda, para uma reunião mundana. Ali, copo à mão, todos conversavam, viam e eram vistos. "Fui passar a noite na casa de fulano" significava ter ido a uma partida. Quando reunia pouca gente, de forma menos tumultuosa, era a *soirée*. Na definição do padre e escritor J. I. Roquette, "divisão do tempo em que a maior parte da gente, tendo preenchido suas ocupações e deveres, busca desafogo e desenfado na conversação e trato de pessoas estimáveis".

É interessante observar que, nesse ambiente, as crianças eram comumente levadas aos bailes com os pais, engrossando um espaço de sociabilidade no qual antigas criadas e escravas conversavam com convidadas conhecidas. Na Bahia, o homem de negócios inglês Thomas Lindley observou, entre horrorizado e divertido, as mulheres de elite executando "danças de negros": sensuais e malevolentes lundus e fandangos. O francês Louis-François de Tollenare igualmente as viu bailar com animação durante a inauguração da praça do Comércio, no Recife.

Os hábitos antigos tinham que ser modificados. A minoria privilegiada que compunha a classe dominante no Brasil oitocentista deveria servir de exemplo em relação a hábitos e condutas para o restante do Império. Para impô-las, havia um cardápio sobre bons e maus modos: *Código do bom-tom*, adotado primeiro pelos franceses, depois em Portugal, em 1845, e então no Brasil. Logo ganhou leitoras, que seguiam suas concepções de bons hábitos de higiene, de conduta e moral que modelassem ações cotidianas.

Mais dedicado às mulheres que aos homens, o autor, J. I. Roquette, propunha que a vida fosse feita de polidez, cortesia, subserviência e dissimulação. Para ele, a boa conduta feminina em ambiente social deveria seguir as seguintes regras básicas: "Caso se calarem, cala-te também [...]; se te divertires, não mostres senão uma alegria moderada; se estiveres aborrecida, dissimula e não dês a conhecer [...]; nunca por tua vontade prolongues a conversação. Aceita e come o que te oferecem e, quando desejes outra coisa, não o digas. Não ostente em público suas prendas". Ainda segundo Roquette, numa convivência festiva deveriam ser servidas aos homens três taças de vinho, para evitar excessos, e para a mulher nenhuma, pois, assim, garantia-se uma conduta respeitosa e obediente por parte delas para com seus senhores, assegurando um comportamento feminino conveniente.

Tudo isso associado a uma educação devidamente diferenciada para meninos e meninas, cujas bases eram: para eles, uma educação voltada à construção de um cidadão pacífico, obediente às leis, respeitador da autoridade, da honra e do dever. Para elas, a polidez, a caridade, a fidelidade, ser paciente e benigna e seguir os princípios austeros da mulher forte, manter a fala suave e modesta.

Roquette classificava de "abandonadas" as senhoras desfavorecidas de beleza e de riqueza submetidas às regras que impunham aos homens a desagradável obrigação de tirá-las para dançar nas festas, mas garante que o gesto podia assegurar um "abrir de portas" para quem o fazia. E, para as belas, aconselhou: "Quanto a ti, minha filha, se fores convidada por diferentes cavalheiros para dançar, toma muito sentido em não confundires uns com outros; faze toda diligência para não esqueceres a ordem das contradanças prometidas, e bom será, se puderes, que as notes no leque ou numa carteirinha. [...] Não mostres preferência a nenhum dos que te convidarem: velho, feio, coxo, não há um só homem, que se presenta a dançar, que não presuma de si; pode-se lhes aplicar o ditado vulgar: 'Não há torto que se veja nem cego que se enxergue'".

Para frequentar bailes, as regras tinham que ser respeitadas. Ao convidar uma dama para dançar, os rapazes nunca deviam dizer "pode me dar o prazer desta dança?", mas "pode me dar a honra desta dança?". A palavra "prazer" revelaria segundas intenções! Nunca oferecer a palma da mão, e sim o dorso, porque a mão da senhora não devia assentar na do cavalheiro, mas repousar sobre ela. Para as moças, era obrigatório respeitar a ordem das contradanças, nunca passando qualquer cavalheiro à frente de outro. Que deixassem as apressadas começarem as quadrilhas, pois a "vaidade custa muito". E Roquette advertia: a música, as luzes e o contato com pessoas de diferente sexo podiam tornar a alegria ruidosa, descomedida. Isso, nunca! Conversar com um cavalheiro desconhecido durante a dança? Descartado. A dama devia apenas responder às perguntas, de modo grave. Evitar a todo custo maledicências e a companhia de "escarniçadeiras", ou fofoqueiras. As luvas só eram retiradas na hora de comer. Abraços e beijos, mesmo com as melhores amigas, eram malvistos. Falar sempre baixo e evitar qualquer defeito em si mesma era regra fundamental.

Na dança de salão, notadamente na valsa, confirmava-se outra regra social: era o homem quem, no privado ou no público, conduzia a mulher: "Esse enlevo inocente da dança entrega a mulher palpitante, inebriada, às tentações do cavalheiro, delicado, mas que ela sem querer está provocando com o casto requebro do seu talhe", pintava José de Alencar em seu romance *Senhora*. Já o cronista maranhense Joafnas, ou João Affonso do Nascimento, colaborador da *Folha do Norte*, explicava que, enquanto as polcas puladas, as mazurcas e o *schottish* desertavam das reuniões familiares, a chamada valsa inglesa, feita de velozes galopes e rodopios frenéticos, competia com a valsa americana, em que "os casais deslizavam maciamente em caprichosas evoluções, semelhantes às dos patinadores".

Ao reforçar o modelo patriarcal proposto pela Igreja, nos séculos anteriores, o *Código do bom-tom* apresentava um padrão para as inovações burguesas do Império: mulheres deviam ser modelos de esposas e mães. Segundo o código, suas atitudes deviam ser controladas em todas as esferas sociais: nas festas, na rua, no dia a dia – o importante era assegurar um comportamento adaptado às regras seguintes: a dama sempre composta, reservada e submissa; o cavalheiro sempre cortês, altivo, firme e imponente.

Desde 1866, surgiram os saraus para substituir os "serões", palavra abandonada, pois "andava na boca do vulgo". Neles, segundo Roquette, prevalecia a conversação de pessoas bem-criadas. Quando alguém falasse, os outros ouviam. Os assuntos deveriam ser sempre decentes e honestos. Nunca levantar a voz nem fazer gestos espalhafatosos. Querer ter razão levaria o interlocutor ao mortal aborrecimento.

Fora dos salões, crescia a moda de aproveitar a natureza, uma vez que os viajantes estrangeiros insistiram na oportunidade de gozar da beleza de nossas paisagens. Aproveitar dos momentos de fresca, como diria Jean-Baptiste Debret. José de Alencar mencionou várias vezes o passeio público, além de entusiasmar-se com passeios pelas frondosas cercanias da Tijuca, onde ambientou mais de um de seus romances. Sem mencionar outros recantos, como o Jardim Botânico, que, se por acaso não foi propriamente frequentado pelo literato, com certeza o foi por muitos de seus contemporâneos.

O piquenique é um bom exemplo dessas novas modas de comportamento associadas ao lazer, e o comerciante inglês John Luccock descreve um deles numa ilha próxima ao litoral do Rio de Janeiro, em 1816: levando um "farnel" e "uns tantos artigos de mesa", ele compartilhou com colegas a cena de ruidosa alegria e bom humor. Na sequência, "cada qual tratou de se divertir por sua conta e aos seus companheiros [...]. Desafiavam-se ambos os sexos em feitos de rapidez, agilidade ou força, com risos e alegrias sem limitações, dando largas à vivacidade de seus espíritos [...]. Quando o sol subiu demasiado para que ainda nos permitisse semelhantes exercícios contínuos, a conversa, os jogos de carta e a música preencheram o intervalo que se antepunha ao almoço".

Frente aos avanços da ciência e as ideias laicas, a influência da Igreja católica declinava, sobretudo nos grandes centros, substituída por formas modernas de lazer. Padre Miguel do Sacramento Lopes Gama, redator do jornal de crítica social *O Carapuceiro*, era nostálgico das procissões, das rogações e das ladainhas piedosas que reuniam os fiéis. Até então, eram comuns as festas "de bandeira" e novenas de santos no Nordeste, além de barulhentos eventos de São João, com fogos e busca-pés, quando se tiravam as "sortes". Agora – queixava-se –, tinham se tornado ocasião para "palhaçadas e indecências".

As devotas não mais compareciam para orar, mas para exibir madamismo, ou seja, para mostrar as melhores roupas e sufocar os presentes com cheiros: cheiro de água de lavanda, de essências de rosas e macassá! Das janelas em que outrora se persignavam compungidas, agora as moças, "com olhos giróvagos", comentavam a passagem dos rapazes. Eles não olhavam as imagens que seguiam nos andores, mas "as santinhas da terra... Os anjinhos [...]. Ferve o namoro por todas as ruas e de umas para outras varandas".

Para as camadas pobres não faltou controle, ainda que de outro modo. O historiador Eduardo Martins demonstrou que o Código Criminal de 1832, o qual produziu "termos de bem viver", obrigava uma mudança de condutas até então toleradas pela lei. A rua, outrora lugar de lazer das que não frequentavam bailes nem piqueniques, passou a ser policiada. Para começar, nada de barulho excessivo, gritaria, palavrões, mulheres vadiando, se prostituindo ou mendigando. Enfim, nada que molestasse a paz das famílias. Reprimir e tentar levar para o controle municipal as práticas lúdicas e festivas populares como capoeira, danças de negros, a festa do Rosário, as congadas, o jogo de búzios, a dança dos caiapós, a festa do Divino Espírito Santo, além de coibir o costume de reunião de ruas, nas tabernas ou nas vendas, ou seja, refrear uma costumeira convivência principalmente entre os segmentos populares, fez parte da ação autoritária e repressiva do Estado.

No Recife, houve juiz de paz que quis fechar todas as tabernas a partir das nove horas da noite, depois das badaladas do sino das igrejas. Lá mesmo, em janeiro de 1837, a preta Maria da Penha e o branco José Ignacio Coelho foram presos por terem sido encontrados em desordem, às sete e meia da noite, em uma taberna. Em Corumbá, a igreja policiava as moças que se juntavam aos rapazes nas festas religiosas, sendo a de São João a mais ruidosa, quando os pares se enlaçavam para dançar o cururu, baile seguido de banho coletivo no rio Paraguai, cujas águas, na noite de 24 de junho, tornavam-se "milagrosas".

Na Bahia, o desafio das autoridades era desafricanizar as ruas, ou seja, tirar delas as festas religiosas com batuques, comida e bebida. Nas fantasias modernizantes dos ilustrados baianos, as mulheres pobres, mais que qualquer outro segmento, encarnavam "chagas do passado colonial". Como construir uma sociedade com base em moldes civilizados numa terra em que as mulheres não se casavam civilmente, deitavam-se com vários homens e demonstravam pouco apreço por valores como virgindade? No Rio de Janeiro, festejos das realezas africanas ajudavam a manutenção de suas igrejas e era ocasião em que se coroavam imperatrizes, rainhas e princesas negras, todas belamente vestidas e enfeitadas e dispostas a saracotear depois das funções religiosas. O mesmo se dava entre irmãs e juízas das irmandades religiosas, responsáveis pela festa do padroeiro, na qual havia música, danças, comilança e muita bebida alcoólica.

Antes do Carnaval, mulheres cantavam e sambavam em estreita intimidade com os homens, embalando os múltiplos batuques que se espalhavam em todos os cantos das cidades. Ritmos como maxixe, samba, umbigada, com seus movimentos de cintura, nádegas e ventre, eram tidos como imorais. Como bem diz o historiador Alberto Heráclito Ferreira Filho, na elite, a "moça" e a "senhora" de família, como representantes de tipos femininos urbanos civilizados, opunham-se frontalmente aos modelos rurais da donzela analfabeta ou da sinhá enclausurada da casa-grande; maior contraponto elas estabeleceriam, contudo, em relação a prostitutas e trabalhadoras de rua, demarcando linhas bem definidas entre o projeto de civilização das elites e a barbárie de pobres brancos, pardos, mulatos, cafuzos e pretos.

SEIO NEGRO, SEIO BRANCO

No Ocidente cristão, leite e sangue sempre estiveram intimamente relacionados, e sua capacidade de provocar doenças ainda prevalece no imaginário popular: sangue ruim, leite ruim. Ao leite aguado corresponde o sangue "aguado", reflexo de constituições físicas doentias, fracas. A origem da ideia vem de Galeno, desde a Antiguidade: segundo ele, o leite materno era sangue embranquecido, e a lactação permitia transformar o sangue menstrual em leite; veias partindo da parte superior do útero levavam o fluido ao coração, onde ele "cozinhava", tornando-se branco, para não assustar o bebê nem a mãe.

Mães tinham o domínio sobre o aleitamento e se tornavam, nas comunidades, figuras de grande força, associadas à manutenção de pequenas vidas. E a amamentação também tinha valor simbólico. Aleitar trazia as marcas culturais da segurança, da recompensa e da conservação da prole presentes nas representações de Nossa Senhora do Leite, de grande devoção popular. A necessidade da criança satisfeita somada à contemplação profunda entre mãe e bebê configuravam o quadro do aleitamento como devia ser vivido: seio cheio junto ao rosto da criança satisfeita.

O mais importante é que, ao amamentar, a mulher saía do quadro passivo que lhe era imposto durante a gestação. Ela modelava a criança à própria imagem e semelhança, e a intimidade nascida do aleitamento forjava laços entre ela e seu rebento. Assim, desde o século XVI, a importância da lactação foi percebida por doutores e pela Igreja católica como dever moral. Louvava-se o prazer simultâneo de alimentar e acariciar a criança. No século seguinte, na Europa ocidental, teve início um ataque cerrado às amas de leite pelo gesto mercenário de alimentar a criança.

A amamentação tinha se tornado, para mulheres pobres, um meio de vida, enquanto as mulheres da elite, que tinham que garantir a multiplicação de filhos e, portanto, conceber, se revezavam em torno de fórmulas para conservar a beleza dos seios: cozimentos de malva, emplastros de farinha e ovo, suco de unha de vaca. Até um avançado instrumento de sustentação, avô do sutiã, era recomendado: um suspensório com panos, do tamanho do globo dos seios, untados com óleo de gólfão e cera.

À medida que os séculos avançavam, ganhava força a noção de que aleitamento era dever. Os seios não podiam ser vistos como um adorno erótico e, por tal pretensão, eram acidamente perseguidos por padres, confessores, pregadores e médicos. Eles seriam, sim, instrumento de trabalho de um sexo que devia recolher-se ao pudor e à castidade.

Resistir à amamentação, como fizeram milhares de burguesas e aristocratas do Antigo Regime, era, aos olhos de moralistas e médicos e até do consenso popular, ceder à incontinência. O médico holandês Guilherme Piso, que aqui esteve com Maurício de Nassau quando da presença flamenga em Pernambuco, foi um dos que criticaram as grávidas que oportunamente soltavam as rédeas do apetite, "levando um regime de vida desregrado", a ponto de abortar. A força do leite delas extinguia-se por causa do "sobredito gênero de vida", obrigando os recém-nascidos, quando sobreviviam, a ser alimentados pelo "salubérrimo leite de índias e pretas". O processo de adestramento dos prazeres femininos dentro do casamento católico incentivou o combate entre o seio-erótico e o seio-reservatório. O seio não deveria mais corresponder a qualquer tentação ou desejo.

A necessidade de sexo durante a amamentação era condenada e deixava a mulher sob a pecha de desnaturada. E sobre ela se abatiam todos os castigos da natureza: febre do leite, inflamações, abscessos, tumores maléficos. A campanha em favor do leite materno ganhou adeptos com médicos e moralistas. Afinal, já dizia santo Ambrósio: "Costumam amar mais os seus filhos aquelas que os criam a seus peitos".

No Brasil, segundo os trabalhos pioneiros da historiadora Miriam Moreira Leite, a amamentação foi, no século XIX, assunto de diários de viagem. Nesses textos, fica clara a preocupação em observar e indiretamente comparar hábitos da terra natal dos autores a costumes brasileiros, incluindo a existência aqui de amas de leite escravas e negras, pardas e mulatas – comentou-se, até, sobre as atenções com que eram tratadas e como eram obrigadas a relegar os próprios filhos. Não se percebia que era um modo de inserção de escravas, libertas ou brancas empobrecidas no mundo do trabalho urbano.

A historiadora Lorena Féres da Silva Telles sublinha que, em pinturas, na literatura de ficção e memórias, as amas de leite eram representadas como símbolos de carinho e devoção dos senhores no abrigo da escravidão doméstica, idealmente benevolente. Só que nem tudo era leite com açúcar. Longe das quitandeiras e das lavadeiras que circulavam livremente, a ama de leite prestava serviços pessoais, entre eles humilhações, caprichos e ataques por parte de donas. A crença na fragilidade das mães brancas e de seu leite aguado contrastava com o mito da robustez e da abundância do leite de mulheres negras, o que contribuiu para o crescimento da prática da amamentação mercenária nas fazendas e nas cidades, sobretudo durante o Império.

Tania Quintaneiro, outra conhecida historiadora, informa que, uma vez o rebento chegado, a maternidade não parecia interessar muito às classes dominantes brasileiras. O papel das senhoras se reduzia a parir um grande número de filhos e, em seguida, entregá-los a uma ama de bom leite que os amamentasse e criasse; depois, "assim que se tornam incômodas ao conforto da senhora, as crianças são despachadas para a escola", contaram os pastores, presbiteriano e metodista, Daniel Kidder e James Fletcher. Seria isso reflexo de uma fragilidade psicológica das mães muito jovens? Saúde precária da mãe, depressão pós-parto, desnutrição?

Nas zonas rurais onde havia grandes engenhos ou fazendas de café, as senhoras escolhiam uma das parturientes cativas para alimentar seus bebês, ficando disponíveis, assim, sem amamentar, para uma nova gravidez. A tarefa da "mãe negra" era delicada: mamadas dia e noite, banho, troca de fraldas. Por vezes, uma das crianças morria sufocada durante a mamada, pois a ama, exausta, adormecia. Punir era desaconselhado, pois qualquer castigo físico fazia mal ao leite. Entre as mulheres que contavam com amas de leite, sempre que nascia um bebê branco, um negro perdia a mãe, pois as dificuldades e as restrições impostas a essas mulheres as impossibilitava de cuidar dos próprios filhos.

Condenados à morte? Não necessariamente, pois cada escravo, ainda que pequenino, era um investimento; eram, sim, privados do leite materno. Podiam mamar em outra escrava ou ser alimentados, como qualquer criança que não tivesse ama, com papinhas feitas com farinha de mandioca e leite animal – ou mesmo com comida pré-mastigada na boca, depois enfiada com o dedo em gancho na boquinha faminta. O hábito vigorou entre livres e escravos, pobres e ricos, pois a preocupação era "arredondar" a criança, desde cedo.

Em cidades como Belém do Pará, Recife, Salvador e Rio de Janeiro, mulheres escravas, pardas e mulatas livres e brancas pobres que davam à luz integraram o lucrativo mercado de aluguel de leite e seus serviços. Como explica Lorena Silva Telles, a procura por uma ama de leite iniciava-se nos últimos meses de gravidez ou logo que nascesse o bebê. Quando a família não tinha uma escrava nutriz, recorria aos numerosos anúncios publicados nos jornais.

As amas negras eram tidas como notáveis no cuidado dos pequenos, além de terem físico robusto e rico leite. Elas levavam nos braços e amamentavam os bebês, mesmo filhos dos senhores. "É extraordinário ver como se encarinham rapidamente das pretas, que parecem ter uma verdadeira aptidão para cuidar das crianças", registrou James Wetherell, que morou em Salvador entre 1842 e 1857. Ele não parecia perceber a competição que havia entre bebês negros e brancos pelo acesso aos alimentos.

Reduzidas, muitas vezes, a anúncios de compra e venda nos jornais, as amas eram substitutas afetuosas das mães, ainda que inferiorizadas; e eram responsáveis pela educação de crianças brancas, pela dos próprios filhos e pela dos bastardos de seu senhor. Anúncios nos grandes periódicos da capital do Império, como o *Jornal do Commercio,* em 14 de abril de 1835, exibiam propostas: "Compra-se uma boa ama de leite parda, do primeiro ou segundo parto, mucama recolhida, que saiba coser e engomar perfeitamente, sem vícios, nem manchas nem moléstias".

Em famílias de poucas posses não era incomum que as mulheres livres se oferecessem para amamentar ou "vender" seu leite. Era uma forma de aumentar a renda, como se vê no mesmo *Jornal do Commercio*, datado de 4 de setembro de 1864: "Uma família moradora num arrabalde desta cidade, tendo uma parda com muito e bom leite, toma uma criança para criar". Ou na edição de 1º de março de 1857: "Uma senhora branca, parida há vinte e tantos dias, com muito e bom leite, recebe uma criança para criar, na rua da Carioca, 103".

Na metade do século XIX, a opinião dos viajantes estrangeiros sobre tal prática era divergente. Houve quem, como o escritor francês Charles Expilly, destacasse o fato de que tais cativas recebiam roupas novas, alimentação suplementar e até "luxo insolente", pois exprimiam a "prosperidade da casa". Ou como o viajante W. Heine, que sublinhava que tais amas sofriam ao amamentar seus filhos e os filhos de outrem. Dramas não faltaram. Amas sob cujos cuidados perdiam-se crianças eram acusadas, julgadas e muitas vezes presas e condenadas, conforme estudo da historiadora Maria Helena Machado.

Por vezes, a criança pequena tinha a própria babá, enquanto as mais crescidas contavam com amas-secas ou a companhia de "crias", ou seja, filhos de escravos da casa e outros criados domésticos, diz Tania Quintaneiro. E esses miniacompanhantes podiam ser alugados, como se vê num anúncio no *Jornal do Comercio*, de 21 de janeiro de 1835: "Precisa-se de uma negrinha para andar com uma criança, que esta seja carinhosa e não exceda o seu aluguel de 6 mil-réis mensais".

No fim do século, a situação mudou. Médicos passaram a condenar a presença da escrava no lar, fustigando a vaidade e a futilidade das mães que não queriam estragar os seios ao aleitar; e, além disso, a campanha abolicionista alimentou o combate às amas de aluguel.

Em 1867, então, surgiu na Europa a primeira fórmula industrializada de amamentação de recém-nascidos, novidade que logo chegou aqui. Discutia-se o emprego de leite de jumenta ou de vaca, fervido ou não, servido em "vasos" para nutrir o bebê. A ama de leite passou a ser indesejada e signo de atraso aos olhos de estudos "científicos". Em 1870, com a criação da cadeira de pediatria nas escolas de medicina, amamentar filhos virou parte de um projeto mais amplo de construção da nação por meio de famílias sólidas e filhos saudáveis. Louvavam-se os segredos da composição do leite materno. E, com isso, o discurso vigente entre médicos passou a ser o de que mulheres só se tornariam mães de verdade se amamentassem seus filhos. Era dever dela e direito deles.

Os filhos ilegítimos recebiam o mesmo tratamento afetivo que os legítimos, e, não raras vezes, os filhos de uma ama de leite alforriada eram criticados por se comportar como filhos mimados, sentindo-se ofendidos caso não recebessem as mesmas atenções. Muitos viajantes os viam metidos na privacidade de cômodos internos, exigentes de carinho e atenção.

MULHERES E LIVROS: ESCRITAS E LEITURAS FEMININAS

Sabe-se que, no século XIX, a precariedade dos centros educativos, a instrução primária de curta duração e sua má qualidade e a ignorância em que as mulheres eram aparentemente mantidas foram alvo de críticas de estrangeiros vindos de países onde a diferença de educação entre os gêneros quase não mais existia. A ênfase na vida doméstica e o escravismo só faziam agravar o ritmo lento e pouco imaginativo em que se desenrolava, segundo os estrangeiros, a vida das senhoras no Brasil. O mineralogista britânico John Mawe, por exemplo, acusava a falta de educação e de recursos de espírito, além de conhecimentos superficiais, das mulheres.

Segundo Mawe, elas ocupavam-se de trabalhos leves que nada tinham a ver com o que se aprendia na escola. Ao contrário, a instrução poderia colocar em risco o esquema de controle sobre esposas e filhas, cujo apetite intelectual deixava a desejar; elas não deveriam se dedicar à leitura nem precisavam escrever, porque poderiam fazer mau uso da arte. É muito provável que não tivessem um padrão de educação ideal, como já existia na Europa ou nos Estados Unidos, com múltiplas disciplinas e sem diferenças quanto à educação dada aos homens.

Apesar do retrato negativo de muitos viajantes, foi o momento em que as mulheres ocuparam outro espaço decisivo: o do texto, literário ou político, muitas vezes fazendo de suas canetas uma maneira de ganhar a vida. O exemplo de Nísia Floresta Brasileira Augusta, pseudônimo adotado pela nordestina Dionísia Gonçalves Pinto, é emblemático. Casada aos treze anos, em 1823, repudiada pela família por ter abandonado o marido um ano depois do matrimônio, sustentou mãe e irmãos com a remuneração proveniente do ensino em um colégio. Em

1832, publicou um libelo contra o preconceito da sociedade brasileira contra a mulher, "Direitos das mulheres e injustiça dos homens", no qual reivindicava igualdade de direitos e de educação para suas contemporâneas.

> Se cada homem, em particular, fosse obrigado a declarar o que sente a respeito de nosso sexo, encontraríamos todos de acordo em dizer que somos próprias, senão para procriar e nutrir nossos filhos na infância, reger uma casa, servir e obedecer e aprazer aos nossos amos, isto é, a eles homens [...]. Entretanto, eu não posso considerar esse raciocínio, senão como grandes palavras, expressões ridículas e empoladas, que é mais fácil dizer do que provar.

Não foi a única. Seguiu seu exemplo a porto-alegrense Ana Eurídice Eufrosina de Barandas, que, em *O ramalhete ou flores escolhidas no jardim da imaginação*, de 1845, advogava a participação política da mulher na luta separatista, ou Guerra dos Farrapos, que cindiu o Rio Grande do Sul. Na virada do século XIX, romances escritos por mulheres eram vendidos em anúncios de jornais. Foi o caso de *Úrsula*, emocionante história de amor entre a personagem que dá título ao livro e um bacharel em direito perseguidos por um vilão, da maranhense Maria Firmina dos Reis, jovem professora parda e filha ilegítima que tornou-se ativa colaboradora da imprensa local, tendo publicado outros livros e antologias, além de ter se tornado afamada compositora.

De Norte a Sul, nada impedia as mulheres de saber ler e escrever. De passagem por Recife, o viajante francês Louis-François de Tollenare, menos negativo que John Mawe, observou que os preconceitos sobre a educação feminina começavam a diminuir. Abertas às influências europeias – leiam-se, as modas e os modismos –, as jovens educadas por freiras não se contentavam mais em aprender só "a costurar".

No Rio de Janeiro, livros eram oferecidos em lojas frequentadas por mulheres, nas quais também se comerciava toda a sorte de quinquilharias: cartas de jogar, cera da Índia, tinta de escrever, estampas e desenhos, lustres, encerados e tapetes, vidros da Boêmia, imagens sacras e móveis europeus. Eram livros de pintura, de viagens, atlas, dicionários históricos, geográficos e mitológicos junto aos xales, leques e objetos de prata. É de imaginar que as compradoras de tais artigos tão femininos acabassem por manuseá-los. E o número 13 da *Gazeta do Rio de Janeiro* anunciava um produto irresistível: livros sobre magia, que leitoras interessadas poderiam achar "na loja da Gazeta". Entre outros, o *Breve tratado sobre as ações do demônio*, por 1$280.

Em sua viagem ao Rio de Janeiro, Maria Graham pôde travar contato com essas discretas mulheres leitoras. Uma delas, a jovem dona Carlota, filha do poderoso Brás Carneiro Leão e de dona Ana Francisca Rosa Maciel da Costa, baronesa de São Salvador de Campos de Goytacazes, por ter mais talento e cultura que suas companheiras, levou a viajante inglesa a conhecer a biblioteca do desembargador da Relação do Rio de Janeiro, composta por livros de direito, história e literatura geral, sobretudo inglesa e francesa.

Com a imperatriz dona Leopoldina, no dia dos anos de dom Pedro I, diz ter conversado "um bom pedaço [...] sobre autores ingleses e especialmente acerca das novelas escocesas", ou seja, os romances de Walter Scott. As demais componentes da família imperial também gostavam de ler. Embora dona de uma imensa biblioteca com obras de naturalistas e relatórios de viajantes, dona Teresa Cristina, esposa de dom Pedro II, era ávida consumidora dos romances de José de Alencar. As mulheres da família imperial liam e gostavam de livros. A jovem dona Francisca, irmã do imperador, em viagem à França em companhia do marido, o príncipe de Joinville, deliciando-se com as aventuras de *Dom Quixote*, confessava à baronesa de Langsdorff, sua acompanhante: "Gosto muito de ler, a senhora vê? Em São Cristóvão eu lia também".

As novelas eram o grande sucesso entre as mulheres da família imperial e outras leitoras. Novelas de grande merecimento, acabadas de sair à luz, galantes e divertidas, eram anunciadas por catálogos ou em periódicos. A crítica literária Marlyse Meyer informa que, a partir de 1816, pode-se falar em explosão de novelas. Narradas por autores, na grande maioria, anônimos, nelas cruzavam-se histórias variadas, sicilianas, inglesas, turcas, napolitanas, de ilustres aventureiros ou misteriosos desconhecidos. Virtudes e desgraças mil. Amores e traições. Que leitora não gostaria desses envolventes assuntos?

Segundo a historiadora Tania Quintaneiro, em algo a educação feminina e o hábito da leitura devem ter melhorado nos anos 1830, pois então viajantes falavam da existência de "internatos para moças dirigidos segundo os mesmos princípios de seus similares na Inglaterra". No Rio de Janeiro, capital e maior cidade do Império, a rede escolar compreendia, na década de 1860, 46 escolas primárias para ambos os sexos. Havia também escolas particulares que disputavam com governantas estrangeiras a educação das meninas brasileiras pertencentes às famílias de posses. Em 1855, estrangeiras como sra. Donovan, srta. Choulet, Matilde Keating e srta. Halbout instruíam-nas em casa até os dezessete ou dezoito anos; outros pais preferiam mandá-las para o exterior. Na segunda metade do século, ordens religiosas instaladas no Brasil em diversas capitais também receberam, sob o regime de internato, jovens de várias partes da província.

Havia, nessa época, educadoras nascidas aqui. A baiana Henriqueta Martins Catharino criou a Propaganda de Boas Leituras, uma espécie de biblioteca para empréstimo de livros. A mulata Balbina Gomes da Graça abriu o Colégio

Perseverança, com o marido, Antônio Cesarino, que era negro. Em março de 1860, na rua do Comércio da pujante cidade de Campinas, em São Paulo, o casal inaugurou o estabelecimento. Os conteúdos ali ministrados eram variados e impressionaram dom Pedro II, que a visitou. "É conceituado", anotou em seu diário sobre a instituição. Em 1865, já tinha 44 alunas, muitas delas, segundo documentos, "bem-nascidas". Vagas, porém, eram reservadas a estudantes pobres, órfãs e negras. As três filhas do casal eram lá professoras: Amância, Bernardina e Balbina. O sucesso do instituto foi tão grande que permitiu ao casal abrir uma loja de fazendas finas e grossas.

Luciana de Abreu também soube agir. Mestiça e abandonada na Roda dos Expostos de Porto Alegre, foi das primeiras a se matricular na escola normal. Nomeada professora, em 1872, mantinha uma bem-sucedida escola particular. Foi a primeira mulher a discursar em público, tendo subido à tribuna da Sociedade Partenon Literário para defender o direito das mulheres à emancipação. Ali discursou com vigor a respeito da condição em que a mulher era relegada. Reclamou o direito à instrução superior e a liberdade de exercer qualquer profissão para a qual tivesse aptidão, além da igualdade de oportunidades. Transformou-se em heroína da capital gaúcha.

O mesmo se pode dizer da poeta negra Auta de Souza. Nascida em 1876, no sertão do Seridó, Rio Grande do Norte, era a única filha de um próspero comerciante local e líder político do Partido Liberal. Órfã aos seis anos, foi criada pela avó materna, Dindinha, que a matriculou no Colégio São Vicente de Paulo, de freiras francesas. Culta, apreciava a leitura de clássicos como Bossuet, Fénelon e Chateaubriand, entre outros. Adolescente tuberculosa, peregrinou pelo Nordeste em busca de bons ares ao mesmo tempo que escrevia poesias. Colaborou com várias revistas de Natal e publicou *Horto*, seu único livro, prefaciado por um dos maiores poetas da época, Olavo Bilac. Auta morreu aos 24 anos.

Como se vê, vontade de aprender não faltava. A naturalista americana Elizabeth Agassiz comentou entusiasmada que, nos fins dos anos 1860, quando se franqueou às mulheres "o ensino popular", ensino que "admitia livremente todos quantos queiram escutar e aprender", houve imediata resposta das interessadas. Impressionada, ela explicava: "A princípio a presença de senhoras foi julgada impossível, como sendo demasiada inovação nos hábitos nacionais; mas esse preconceito foi logo vencido e as portas se abriram para todos, à moda da Nova Inglaterra".

E o que liam? Orientadas por maridos e padres confessores, elas passavam o tempo com os tradicionais livros de oração, tratados morais que, aos olhos de Elizabeth Agassiz, estavam cheios de "banalidades sentimentais e frases feitas". Mas não só. Nossas irmãs de então já devoravam romancistas franceses como

Balzac, Eugène Sue, Dumas, pai e filho, e George Sand. As leitoras eram tomadas pelas histórias. Elas viviam o texto, identificando-se com personagens e trama. Toda a sensibilidade estava engajada nessa nova forma de leitura intensiva, e raramente elas eram capazes de controlar emoções e lágrimas. Isso aconteceu quando as leitoras tiveram acesso, em 1844, à tradução portuguesa de *Os miseráveis*, de Victor Hugo, ou de *A moreninha*, de Joaquim Manuel de Macedo, à venda na inaugurada Livraria Garnier, estabelecimento carioca que chegava a instituir rifas para incrementar a leitura.

No Nordeste, contra as senhoras que liam romancezinhos inocentes, o padre Lopes Gama bradava como se elas fossem pecadoras terríveis. Para ele, a boa mãe de família não devia preocupar-se senão com a administração da casa. "O que estraga os costumes, o que perverte a moral, é, por exemplo, a leitura de tanta novela corruptora, na qual se ensina a filha a iludir a vigilância de seus pais para gozar de seu amante, à esposa a bigodear o esposo etc. etc. O que corrompe horrivelmente os costumes é a leitura dos folhetinhos, [...] e a praga de quadros com moças nuas, de Vênus saindo do banho, de Vênus e Adônis etc. etc., que todos os dias se despacham nas nossas alfândegas."

As mudanças de costumes na passagem do patriarcado rural para o urbano na mesma região refletiram as consequências de tais leituras entre as jovens: "Bem dizia, em 1885, dona Ana Ribeiro de Góis Bettencourt, ilustre colaboradora baiana do *Almanaque de lembranças luso-brasileiro*, alarmada com as tendências românticas das novas gerações – principalmente com as meninas fugindo de casa com os namorados –, que convinha aos pais evitar más influências junto às pobres mocinhas. O mau teatro. Os maus romances. As más leituras. Os romances de José de Alencar, com "certas cenas um pouco desnudadas" e "certos perfis de mulheres altivas e caprichosas [...], que podem seduzir a uma jovem inexperiente, levando-a a querer imitar esses tipos inconvenientes na vida real". Romances ainda mais dissolutos estavam aparecendo; autores ainda mais perigosos escreviam, chegando alguns livros a pretender que "a união dos sexos promovida somente pelo amor seja tão santa e pura como a que a religião e a sociedade consagram". E mais, santo Deus! A "desculparem o adultério da mulher"! Contra o que dona Ana Ribeiro recomendava os romances que ela própria escrevera: *A filha de Jehte* e *Anjo do perdão*.

A queixa de alguns viajantes, como a formulada por Elizabeth Agassiz ao manifestar seu desapontamento em relação à ausência de livros nas casas brasileiras, não significava que as mulheres fossem analfabetas. Na província acanhada de Rio Grande de São Pedro, Delfina Benigna da Cunha publicava, em 1834, *Poesias oferecidas às senhoras rio-grandenses*. Embora as opções de trabalho para o sexo feminino fossem pequenas, senhoras ofereciam-se em jornais como *O*

Mensageiro, para alfabetizar crianças. Outras, engajadas na política, defendiam o Império como jornalistas, caso de Maria Josefa Barreto, que fustigou os inimigos do governo imperial num jornal fundado por ela: *Belona irada contra os sectários de Momo*. Em 1837, Ana Eurídice Eufrosina de Barandas discutia com veemência a defesa da participação política feminina e denunciava a opressão masculina como causadora dos "defeitos da mulher".

A criação de *O Jornal das Senhoras*, em 1852, em muito pode ter colaborado para a leitura de informações úteis e editoriais sobre outros assuntos que começavam a despertar a atenção das mulheres. Atenção e também ação. Muitas delas, já letradas ou formadas por Escolas Normais, participariam diretamente da vida do país, colaborando ou escrevendo na imprensa. Foi o caso de Ana Aurora do Amaral Lisboa, abolicionista, republicana e federalista gaúcha, inflamada redatora da *Reforma*, jornal que fazia oposição ao político positivista Júlio de Castilho. Ou Andradina América de Andrada e Oliveira, feminista, autora do livro *Divórcio?*, obra na qual apontava a opressão das mulheres ao longo dos tempos. Ela reuniu várias cartas em que esposas e maridos contavam infortúnios do casamento, acrescentando-lhes duas cartas em que fazia o elogio do feminismo, capaz de abrir os olhos do sexo então considerado frágil. Entre fins do século XIX e as primeiras décadas do século XX, multiplicaram-se escritoras e textos de autoria feminina e feminista.

O surgimento de uma infinidade de jornais e revistas dedicados à mulher e à família dividiu com a leitura de romances e folhetins a esfera privada e íntima na qual vivia maior parte do público feminino. Alguns desses periódicos tentaram estabelecer um diálogo com as leitoras, abrindo as colunas à participação delas. É o caso de *Iracema*, periódico literário e recreativo dedicado ao belo sexo e publicado a partir de 1902. No artigo "Conversa com as moças", explicitava seu programa:

> Caras leitoras, [...] não viemos aqui para sermos jornalistas, mas, sim, por um fim mais nobre. Temos em mente cultivar as letras e a inteligência [...] Demos o título *Iracema* por ser dedicado a vós [...]. As nossas colunas acham-se à vossa disposição e esperamos que vós não as recusareis, honrando-nos com a vossa presença.

O *Correio das Modas*, em 1839, o *Espelho Fluminense*, em 1843, o *Recreio do Bello Sexo*, em 1856, a *Biblioteca das Famílias*, em 1874, *O Beijo*, em 1900, o *Jornal das Senhoras*, em 1904 – todos, embora redigidos por homens, estavam abertos à participação das leitoras. Em seu primeiro número, o *Sexo Feminino*, semanário fundado em 1873 por Francisca Senhorinha da Motta Diniz, transferido em 1875 para o Rio de Janeiro, afirmava:

O século XIX, Século das Luzes, não se fundará sem que os homens se convençam de que mais da metade dos males que os oprimem é devido ao descuido que eles têm tido na educação das mulheres e ao falso suposto de pensarem que a mulher não passa de um "traste da casa" [...]. Em vez de os pais de família mandarem ensinar suas filhas a coser, engomar, lavar, cozinhar, varrer a casa etc. etc., mandem-lhes ensinar a ler, escrever, contar, gramática da língua nacional...

A educação feminina era ainda tema de *A Família*, jornal literário dedicado à educação da mãe de família, fundado em São Paulo, em 1888, por Josephina Álvares de Azevedo e transferido para o Rio um ano depois. Em seu número-programa, dona Josephina criticava a falta de um ideal mais nobre que servisse de base à educação até então destinada às mulheres:

Tenhamos este princípio por base, que só ele é verdadeiro. Entre nós fala-se muito da educação da mulher, mas tudo sem discernimento. Referem-se a uma espécie de polimento de espada que não se destina a ferir, senão a brilhar ingloriosamente. E em que consiste essa tão decantada educação? No seguinte: saber mal o português, a aritmética, o francês, o canto e o desenho, e muito mal arrumar a casa. [...] O caso é que tal decantada educação não nos adianta se nós não tivermos um ideal mais nobre! Aquela que consegue romper esse acanhado círculo de ferro em que agimos, e pelo estudo e sabedoria chega ao conhecimento das coisas, essa só consegue uma coisa: envolver-se em uma atmosfera de descrença e de tédio, em um meio em que a sua individualidade, que ela mal começa a discernir, não tem objetivo digno de si.

Bem diz a historiadora Maria Fernanda Bicalho que o século XIX, Século das Luzes, na visão da imprensa feminina, marca o início de uma nova era, na qual os povos do mundo inteiro se libertaram dos grilhões do passado, lutando por sua afirmação como sociedade civilizada. Nitidamente influenciados pelos ideais de liberdade que se alastraram pelos países ocidentais, os jornais femininos ainda relacionavam a emancipação da mulher e o reconhecimento de seus direitos – base da igualdade entre os sexos – com a conquista da civilização e do progresso. Civilização e progresso não eram, no entanto, apanágios exclusivos das sociedades europeias. O Brasil recém-integrado, pela conquista de sua independência política, no conjunto das nações soberanas devia compartilhar com elas desses atributos. Entre outras modas.

LAR, DOCE LAR

Na primeira metade do século XIX, ainda se vivia como os antigos. Casas? Essas eram repugnantemente sujas, segundo a inglesa Maria Graham. Raramente o interior era limpo. Quando muito, varrido com uma vassoura de bambu. Água no chão? Nunca. As paredes das casas, apenas caiadas, amarelavam-se. A fim de tornar os quartos toleráveis e deles expulsar o mau cheiro, costumavam-se queimar plantas odoríferas. Tais odores também mantinham afastados mosquitos, baratas e outras imundícies. Os penicos estavam em toda parte, e seu conteúdo, sempre fresco, era jogado em ruas e praias. Acostumado aos "gabinetes à inglesa", John Luccock queixava-se de que, entre as piores inconveniências domésticas, havia certa "tina destinada a receber todas as imundícies da casa, que, nalguns casos, é levada e esvaziada diariamente, noutros, somente uma vez por semana, de acordo com o número de escravos, seu asseio relativo e pontualidade, porém sempre carregado, já sobremodo insuportável". Quartos? Os sobrados costumavam oferecer um para os pais e camarinhas apertadas para as moças. As janelas pouco se abriam e não se expunham ao sol as camas úmidas de suor. Na alcova havia mosquiteiro, colchão rijo, travesseiros redondos e excelentes lençóis. Sinal de que, apesar da sujeira, a roupa branca era valorizada.

Na Europa, as camas com baldaquino e cortinas fechadas ofereciam a possibilidade de isolamento. Aqui, elas só chegaram mais tarde. Chaves eram artefatos caríssimos, e as portas não se trancavam. Quando muito, eram seguras por tramelas. Respeitava-se a regra: ao trocar de roupa, ninguém olhava. Nas classes populares, dormia-se em redes ou esteiras. O programa das moças era catar piolho e pentear os longos cabelos, ao cair da tarde, antes de o sino tocar a ave-maria, às seis horas.

A sensibilidade olfativa dos colonos estava longe daquela que já se instalara na Europa, pois, mesmo para limpar, usavam-se produtos fétidos. Os tintureiros misturavam urina e vinagre para fixar as cores dos tecidos e dos couros. Lavava-se roupa com folhas saponáceas e passava-se nela bosta de cavalo para fixar as cores. A fim de tirar manchas, usava-se "fel de boi" ou cebola bem esfregada. Maus modos também eram notados. Defecar e urinar em público, expondo as partes íntimas, chocava. Que o diga o viajante inglês John Barrow, que registrou o hábito de mulheres urinarem descaradamente nas ruas do Rio. O certo era fazê-lo contra um muro, cobrindo o sexo, na tentativa de proteger-se de olhares alheios.

Ao fim de um dia de trabalho, mulheres reuniam-se para "fiar ao serão", velha tradição portuguesa que se valia do trabalho em torno das rocas, criando momentos de distração. Juntavam-se comadres para costurar, cada qual fornecendo um pouco de azeite para a candeia. Ao redor do fogo de lenha, caçarola na trempe, a família se reunia, conversando e rindo. Fatos do dia, lendas, contos e adivinhas eram aí desfiados. Entoar cantigas honestas, evitando as difamatórias, também era permitido. Nos sobrados urbanos ou nas fazendas, o entardecer era o momento em que mucamas e rapariguinhas ouviam, à volta da mesa de costura ou nas lides da cozinha, a mais velha lhes contar histórias extraídas da Bíblia Sagrada.

O Brasil mudou depois da Independência. Os anos 1840 e 1850 foram de transição. Modernizaram-se as técnicas de transporte. Palanquins e cadeirinhas tinham se tornado arcaísmo, substituídos por carruagens europeias em que as poderosas circulavam. Apesar das críticas aos comerciantes estrangeiros, senhoras mais chiques passaram a se pentear não mais à portuguesa, mas à francesa, e iam ao teatro ouvir óperas cantadas por italianas, a quem os estudantes ofereciam flores, sonetos e discursos. As donas de casa abandonavam o comércio do português, do "marinheiro" da venda, do botequim, da quitanda, onde se adquiriam bacalhau e carne seca. O chique era comer à francesa, à italiana, à inglesa.

A gente brasileira saía vagarosamente do campo para a cidade. Recusava o antigo, adotava o novo. Enquanto viajantes estrangeiros observavam o crescimento da influência francesa na importação de modas, artigos de fantasia e decoração, notavam também que, entre as 54 modistas francesas instaladas no Rio de Janeiro, em 1821, não eram poucas as negras livres que, graças a seu talento, trabalhavam com tais profissionais e conseguiam "imitar muito bem as maneiras francesas, trajando-se com rebuscamento e decência".

"Banhos de gato", esfregações com vinagre, lavar as mãos antes das refeições, roupas brancas limpas e perfumadas, cômodos defumados – tudo isso assegurava a autoestima e a sensação de frescor e limpeza. Ia caindo em desuso considerar-se o cheiro corporal como algo natural. Abandonava-se o banho de bacia e passava-se à banheira. O chuveiro se tornava, pouco a pouco e em toda parte, uma instituição. A cabeça, contudo, raramente merecia cuidados, ficando a cargo das mulheres catar os piolhos. Os longos cabelos femininos eram cantados em prosa e verso por poetas e dispostos em tranças ou outros penteados. Quem não tinha uma cabeça bem-composta comprava tranças de meninas mortas, vendidas em bandejas pelas ruas. Ou derramava sobre a sua o perfumado óleo de macassá.

Com a invasão da água, multiplicam-se os produtos de estética e higiene. Nas décadas que se seguiram à vinda da família real para o Brasil, a abertura dos portos às nações amigas trouxe dentistas, cabeleireiros, joalheiros, peruqueiros, perfumistas e costureiros estrangeiros, e logo produtos importados ganharam as prateleiras. Em 1817, o negociante francês Carlos Durand, por exemplo, informava os clientes das novidades: perfumes diversos, água de colônia, essências e vinagres para toucador e para mesa, sabão, leques de toda sorte, escovas e pentes de todas as qualidades, mesas e espelhos de todos os tipos. Palavras estrangeiras ganhavam espaço no diálogo cotidiano: "No salão do *maître-coiffeur*, se quiser cortar o cabelo, será conduzido a um gabinete de espelhos onde poderá fazer o corte à *française* ou à *anglaise*".

À mesma época surgiu o conceito de "lar, doce lar", ou "*home, sweet home*". A expressão chegou aqui com os ingleses, que trouxeram a ideia de fazer da casa própria um lugar agradável e acolhedor. Tudo se alterava. O desejo de consumir objetos novos se instalava, sobretudo, nas elites, para quem a exibição do que se tinha, caso fosse importado, era uma forma de poder simbólico. A casa era a prova da força pecuniária. A presença do supérfluo na decoração profusa, nos objetos de arte, nos animais de estimação, nos criados vestidos de libré e na biblioteca repleta de volumes confirmava o poder do dinheiro. No comando da casa, a esposa. O marido lhe delegava esse poder.

O crítico de arte Gonzaga Duque deu sua contribuição sobre o assunto. Sob o pseudônimo de Sylvinio Júnior, lançou, em 1894, *A dona de casa*, multiplicando informações sobre como confeccionar o lar ideal. A regra básica era: um lugar para cada coisa e cada coisa em seu lugar. Casa bem limpa dos pisos da sala aos objetos nos lugares apropriados, capricho na ornamentação e criatividade nos "arranjos", esse era o seu bordão. Mesmo casas modestas, segundo ele, podiam ter "tudo de tal maneira disposto, com tanta limpeza e bom gosto, que encantava"! Nada de grandes somas despendidas. Formas elegantes, graciosas e leves bastariam para transmitir uma imagem aprazível, até mesmo bela, do interior de uma residência.

Para Sylvinio Júnior, uma casa que abrigaria uma família composta de marido, mulher e dois filhos e duas empregadas deveria ter: duas salas, quatro quartos, copa, cozinha, despensa privada e banheiro. Com os aluguéis elevados da cidade do Rio de Janeiro, o autor chamava atenção da dona de casa para que verificasse as condições de abastecimento de água e higiene, a fim de não ser enganada.

Passadas algumas décadas, em *O lar doméstico – conselhos para boa direção de uma casa*, a autora Vera Cleser enumera em detalhes os acessórios dos cômodos de uma residência burguesa de porte mediano. Receber amigos e parentes ou fazer as refeições passou a ter um ritual com espaço próprio. A sala de jantar, colada à cozinha, devia ter aspecto de asseio inexcedível. Paredes altas, secas e lisas recobertas com uma porção de óleo de louro para espantar as moscas podiam ser revestidas de papel envernizado e cortinas cujos tecidos admitissem repetidas lavagens: a *étamine*, o nanzuque ou um algodão fino, próximo da cambraia, o damasco de linho.

Palavras associadas ao ambiente: elegância, durabilidade e utilidade. A mobília deveria ser sólida e de bom gosto. Mesas elásticas, ou seja, aquelas que cresciam graças à colocação de mais pedaços de madeira, acompanhadas de seis a doze cadeiras, um guarda-louça para tudo o que fosse de uso diário e uma *étagère* com tampo de mármore também eram obrigatórios. Para a sala de visitas, o mencionado manual de Vera Cleser insistia que a relação entre dinheiro e móveis faria diferença. A variável econômica era fundamental, caso a sala precisasse estar em "perfeita harmonia com a fortuna e a posição social" de quem a queria bem mobiliada. Um número infindável de novos móveis e acessórios surgia: tipos variados de cadeiras, otomanas, poltronas, pufes, banquetas, sofás de canto ou retos, espelhos, colunas, cachepôs, bibelôs bons e artísticos, jarros e vasos de flores com ramalhetes vivos, bronzes e mármores autênticos, mesinhas em diferentes tamanhos, sempre cobertas por toalhinhas de toda sorte: *guipure*, *frivolité*, tiras de pelúcia, renda irlandesa etc. Para as paredes, pintura a óleo ou decoração em *trompe-l'oeil* por pintores renomados, como se vê nas fazendas dos barões de café, no vale do Paraíba, em que sobressai o nome do catalão José Maria Villaronga. Tapetes eram obrigatórios, e as cortinas eram feitas em dezenas de tecidos. A sala era o lugar da exibição da riqueza familiar e, também, dos trabalhos manuais femininos que adornavam paninhos e centros de mesa em renda e crochê.

Como sublinha a historiadora Vânia Carneiro de Carvalho, ao deixar os bastidores da casa, a mulher passou a exercer sua feminilidade na sala de visitas, abrilhantando recepções, chás, jantares e almoços. Ela podia, então, discorrer com graça sobre temas de literatura, artes, viagens, romances e poesia. Propiciava boa música graças ao piano, indispensável instrumento de virtuosismo por meio do qual deixava romanticamente exprimir os sentimentos.

Nos quartos, sedas e dosséis cobriam as camas. O mosquiteiro, ou cortinado, era obrigatório para combater os malvados zunidores. O médico baiano José Lino Coutinho, em carta à filha Cora, sublinhava: "Não desprezeis a vossa cama, que, apesar de não dever ser patente a todo o mundo, contudo, por vossa própria satisfação e de vosso marido, ou em atenção a algumas pessoas de vossa intimidade, convém seja cômoda e honestamente arranjada". O quarto do casal, espaço onde se entrincheirava a sexualidade conjugal, devia ser um santuário. A cama, o altar onde se celebrava a reprodução. "Uma cama de casados", registrava o padre Lopes Gama, "era uma bisarma com tantos ramos entalhados, com tantos calungas, pássaros e anjos, que era um pasmar!" Por cima dela, velava, triste, um crucifixo. Humor, só no reclame de colchões: "Ora bolas... Camas, colchões! O amor tem fogo é o diabo. Atiça. Quem vê a espiga, logo a cobiça. Se as moças soubessem e as velhas pudessem... Boas e sólidas camas... ditas com medalhão ao centro (50$ e 60$)".

No gabinete de costura eram imperativas as mesas para trabalhar, cadeiras e secretárias para a dona de casa anotar compras, fazer contas e enviar correspondência. Por vezes, uma *chaise-longue* convidava ao descanso ou aos momentos de melancolia.

Até meados do século XIX, influenciados pelas mulheres, membros da corte solicitavam a cônsules e embaixadores mudas de espécies floríferas para ornamentar os jardins dos palacetes que se localizavam no bairro São Cristóvão, no Rio de Janeiro. Com isso chegaram ao Brasil algumas flores como agapantos, roseiras, copos-de-leite, dálias, jasmins, lírios, craveiros, ranúnculos, borboletas da Holanda, junquilhos, sécias dobradas, a verdadeira semente de couve-flor, entre outras. Não faltavam reclamos como o que se lia no *Diário de Pernambuco*, de 19 de fevereiro de 1856:

> Aos amadores de flores e árvores frutíferas. M. Arnol, membro da sociedade de horticultura de Paris, tem o prazer de participar ao público que acaba de trazer da França uma rica coleção de flores, árvores frutíferas de gostos diversos para ornamento de jardins, um sortimento de raízes de flores e batatas que vende por preços cômodos.

Algumas pessoas se esmeraram na cultura de orquídeas, tornando-se exemplo para brasileiros ricos e elegantes. Depois de casada, a princesa Isabel tinha, em sua casa em Botafogo, um orquidário do qual se encarregava pessoalmente. Os romances dos oitocentistas exploraram o cenário do jardim. Um repuxo, fontes gorgolejantes aproximavam namorados que, regador à mão, trocavam olhares ternos como os que vemos em *Senhora*, de José de Alencar. Tão forte foi a moda dos jardins que mesmo jornais, como *O Espelho*, e revistas de moda, literatura e artes publicavam artigos referentes a flores. "Flores eram os presentes mais doces", da infância à sepultura. Expressam aquilo que sentimos, têm linguagem própria ao alcance de todos. O articulista conhecia um grande escritor que, tal como conhecido autor francês, só criava tendo em frente uma jarra com flores! E acabava por recomendar, do canteiro à cabeça, além das flores naturais, aquelas que a chapeleira madame Hagué era capaz de fazer: "Há ali cravos, rosas, camélias, jasmins, flores de laranjeira, enfim, um completo sortimento"!

Como moravam as mulheres pobres? Nas cidades, com barro batido, mariscos, cipós, madeira e folhas, as pobres construíam suas casas, que pouco se diferenciavam das senzalas. Essas mulheres enfrentavam um grande desafio: os terrenos não ocupados eram raros ou estavam localizados em locais de difícil edificação. Restava ocupar áreas consideradas impróprias à edificação urbana, explica o historiador Renato Venâncio. Pardieiros, palhoças, casinholas e casa de pau a pique floresciam nesses insalubres territórios. Ao mesmo tempo, certos locais, apesar de localizados em áreas centrais do meio urbano, permaneceram durante décadas desocupados pela elite, servindo de moradia a pobres e negros. Os becos, particularmente, eram vistos como antros desse tipo de casa e às vezes espaço de domínio africano, como sugere a designação do beco do Sarará, no Rio de Janeiro.

Uma vez esgotada a possibilidade de ocupar terrenos urbanos, restavam às mulheres pobres os territórios nos arrabaldes da cidade. Tendo em vista a história contemporânea do Rio de Janeiro, a primeira opção seria a de ocupação dos morros cariocas. De fato, isso ocorreu, mas de forma restrita, pois áreas próximas à cidade, como o morro de Santa Teresa, eram dominadas por quilombolas, que tratavam de expulsar os recém-chegados. As áreas localizadas rumo ao interior eram quase todas ocupadas por chácaras ou fazendas açucareiras. A alternativa consistia, portanto, em se deslocar para as praias, consideradas "terras de ninguém", sendo possível identificar, por registros paroquiais, libertas que moravam nas imediações do Catete, em Laranjeiras, na Praia Vermelha e no Leme.

O antropólogo Antonio Risério lembra que havia a escolha entre o cortiço e o mocambo. Imigrantes portuguesas e outras, chegadas depois de 1850, prefeririam partilhar sobrados decadentes ou ocupar minúsculas casas de pedra e cal, como no cortiço de João Romão, do romance de Aluísio Azevedo. Casinhas que podiam ser bem menos sadias e mais desagradáveis que a cabana plantada no meio do mato ou da areia. E essa era a distinção básica: telha para as menos pobres e palha para as mais miseráveis. Via-se ali, Risério explica, a mesma existência promíscua e barulhenta de uma habitação grupal, com espírito de coletividade, fileiras de latrinas e tanques comunitários.

Em São Paulo, por causa da imigração, a saída foi o cortiço, uma moradia operária inspirada nas senzalas. Cômodos enfileirados, destinados cada um a uma família, sem importar o número de integrantes. Cada conjunto de cômodos iguais, com cloacas coletivas e imundas, edificados em terrenos baixos e baratos, eram verdadeiras cidadelas onde a polícia nem entrava. Mais tarde, vilas operárias construídas por industriais, destinadas à elite dos trabalhadores, ofereceriam às mulheres de seus empregados melhor condição de criar filhos.

As escravizadas podiam estar sob três tipos de teto, como estudou o historiador Robert Slenes, ao distinguir a vivenda escrava: "senzalas-pavilhão", edifício único com pequenos recintos ou cubículos separados para os escravos solteiros e casados, "senzalas-barracão", onde viveriam escravos e escravas solteiros em grandes recintos separados, e "senzalas-cabana", onde viveriam escravos casados ou solteiros de um único sexo. Ao se casarem, as escravizadas ganhavam certa privacidade, pois iam morar com o marido num espaço próprio, onde podiam fazer projetos e filhos e sonhar com a liberdade.

Procedentes em grande parte da zona congo-angolana da África central, esses cativos teriam recriado no Brasil técnicas de construção empregadas em seu continente de origem, como o uso de paus de forquilha para a sustentação da cobertura, a adoção de um formato retangular para as cabanas, com teto de duas águas e cômodos pequenos, e a ausência de janelas. Além dos elementos formais de construção, o sentido básico da moradia negra – "a definição de como se usavam espaços internos e externos" – teria permanecido na passagem da África para o Brasil: a cabana não era o local de moradia em um sentido burguês, mas local do sono ou do abrigo contra as variações do tempo; e o habitar se desenrolaria antes no entorno da cabana do que no interior dela.

Com o crescimento dos cafezais e, consequentemente, do número de escravos e de suas famílias, a partir de 1840 o vale do Paraíba adotou a senzala em quadra, e os senhores passaram a se preocupar com a saúde dos escravos. A senzala deveria ser erguida em uma só linha, num lugar sadio e enxuto, com quartos de 24 palmos quadrados e com uma varanda de oito palmos de largo em todo o comprimento; cada cubículo deveria acomodar quatro escravos solteiros, e, no caso dos casais, marido e mulher e eventualmente, se existissem, filhos. As portas dos cubículos estariam voltadas ao quadro da fazenda, que conformava uma espécie de pátio em torno do terreiro, sendo cada face ocupada respectivamente pela casa do senhor, por paiol, tulhas e cavalariças, engenhos de pilões e de mandioca e senzala. A moradia escrava, assim, permaneceria sempre sob a vista e o controle do senhor. Inspiradas nos barracões da costa africana, onde se prendiam os escravos para serem vendidos, lá também chamados de "barracões", as senzalas em quadra garantiam mais vigilância e impediam a comunicação de cativos com o mundo exterior, como explica o historiador Rafael Marchese.

PROSTITUTAS NO *FIN DE SIÈCLE*, INIMIGAS DA VIDA FAMILIAR

O romantismo, a vida burguesa e a dicotomia entre a vida pública e a privada tornou necessária a figura da prostituta. Avesso da mãe de família e responsável pelo sexo criativo e prazeroso, em oposição àquele comedido que se praticava em casa, votado à procriação, a mulher "da vida" acentuava a clivagem entre o público e o privado: ela na rua, a esposa em casa, preservada dos saberes eróticos. O adultério masculino era, nessa lógica, necessário ao bom funcionamento do sistema; e havia quem dissesse que os bordéis eram construídos com os tijolos da Igreja. As esposas se ocupavam dos filhos e da casa e rezavam; os homens bebiam, fumavam charutos e se divertiam com as prostitutas – conforme demonstrado em *Histórias da gente brasileira: Império* [livro lançado em 2016].

Quem eram essas mulheres, tantas inspiradas em Violetas e Muzetas, protagonistas das óperas de Verdi e Puccini? José de Alencar, em seu romance *Lucíola*, de 1862, nos mostra como identificá-las. A cena se passa no adro de uma igreja onde Paulo, recém-chegado à corte, é apresentado a Lúcia por um amigo comum, o Sá.

> Quem é esta senhora? Perguntei a Sá.
> A resposta foi um sorriso inexprimível, mistura de sarcasmo, de bonomia e de fatuidade, que desperta nos elegantes da corte a ignorância de um amigo, profano na difícil ciência das banalidades sociais.
> — Não é uma senhora, Paulo! É uma mulher bonita. Queres conhecê-la?
> Compreendi e corei de minha simplicidade provinciana que confundira a máscara hipócrita do vício com o modesto recato da inocência.

O diálogo reproduz com nitidez as discrepâncias do período. Ao afirmar que Lúcia não era uma senhora, Sá a desqualifica moral e socialmente; ao dizer que era uma mulher bonita, porém, sugeriu que a beleza, o erotismo e o prazer só se encontravam em cortesãs, mulheres perdidas. Prazer e casamento não podiam conviver nesse universo de convenções e repressões que se chamava "boa sociedade". A beleza vista na prostituta era a das mulheres dos salões, e isso reforçava o preconceito e o cinismo dos jovens burgueses: com moças pobres, canalizavam desejos, divertiam-se e davam escapadelas rápidas; com sinhás de salão, postavam-se de joelhos e recitavam versos de amor cortês e respeitoso, até que se consolidasse um bom casamento. A representação é típica de um período em que se coage a vida conjugal e se promove o bordel.

Como Lúcia, as estrangeiras, notadamente as francesas, representavam certa libertinagem, fossem desfrutáveis ou não. Na mentalidade da época, as chamadas "madames" faziam parte dos tais "maus hábitos" exportados para os trópicos. Trabalhadoras casadas, como a poeta Adèle Toussaint-Samson, professora de francês e italiano, não se davam conta de que, ao sair de casa desacompanhadas – o que era comum na Europa –, elas eram tratadas como "mulheres da rua". Eram bombardeadas por cumprimentos, olhadelas ou bilhetes amorosos: "Senhora, amo-a; pode receber-me em sua casa nesta noite?". Sem mais cerimônia! Foi o que contou a francesa, escandalizada.

> Aqueles senhores pensavam que bastava se apresentar e que, porque as francesas riam naturalmente e conversavam tanto com os homens quanto com as mulheres, sua conquista era das mais fáceis [...]. Os sul-americanos compreenderam, enfim, que há mulheres que, por ir a pé, sozinhas, ganhar a vida e ensinar sob aquele sol de fogo, não são por isso menos honradas, e começam a não dizer mais, com aquele ar de profundo desdém: "É uma madame".

Esse tipo de comportamento tinha relação direta com a realidade. No início do século XIX, o número de mulheres públicas aumentou. Em 1845, num estudo sobre a prostituição, em particular na cidade do Rio de Janeiro, o médico Lassance Cunha afirmava que a capital do Império tinha três classes de meretriz: as aristocráticas, ou de sobrado; as de "sobradinho", ou de rótula; e as da escória. As primeiras instalavam-se em bonitas casas, forradas de reposteiros e cortinas, espelhos e indefectível piano, símbolo da casa burguesa. Verdadeiras cortesãs, como Lúcia, não esperavam clientes sentadas no sofá de veludo vermelho da *maison close* ou do *rendez-vous*, mas eram mantidas por ricos políticos e fazendeiros. Uma cortesã famosa era signo de poder para quem a entretivesse. Conhecidas como *demi-mondaines* [mantidas por parisienses ricos], muitas delas estrangeiras, tinham arribado no Império brasileiro depois de fracassadas carreiras na Europa. As cidades portuárias mais importantes tornaram-se abrigo para cafetões internacionais, fundadores de bordéis e cabarés.

As francesas, sucedidas pelas polacas, começam a chegar com a inauguração do Alcazar Lyrique, em 1859. Elas trazem na bagagem a palavra *trottoir*. Na época em que estava em jogo a identificação com o mundo europeu, dormir com uma francesa era dormir com a própria França e se sentir o mais legítimo dos franceses, como explica a historiadora Beatriz Kushnir. Ou seja, havia as *cocottes* e as polacas. As primeiras representavam o luxo e a ostentação. As segundas substituíam mulatas e portuguesas, representavam a miséria. Ser francesa não significava necessariamente ter nascido na França, mas frequentar espaços e clientes ricos. Ser polaca significava ser produto de tráfico internacional do sexo que abastecia os prostíbulos das capitais importantes e... ser pobre. Entre as francesas, algumas se imortalizaram no Rio de Janeiro: Rabelotte, Suzi, Fonsecote, Marinette, Margot, Táti e Lyson, entre outras.

Dançarinas de cancã – as *cancaneuses* – animavam a vida noturna e exibiam-se com joias e presentes que valorizavam a generosidade de seus protetores. Deixavam-se retratar – por gente como Henrique Alvim Corrêa – com chapéus de plumas, ligas, meias, luvas e até mesmo nuas. Tal como em Paris, exibiam-se em quadros vivos, oferecendo aos homens o prazer de vê-las desnudas ou em cenas de safismo. Frequentá-las era sinônimo de poder e modernidade.

> Quando os teatros fecham, o movimento da praça referve. São as atrizes que chegam em cupês particulares e descem atravessando a sala do café que vai dar no restaurante, num halo de importância e de perfume; são as grandes *cocottes* que moram pela Richard ou pela Valéry – cafetinas –, acompanhadas de velhos abrilhantados, de polainas brancas e monóculos [...], são diretores de jornais, banqueiros, senadores e deputados, *brasseurs d'affaires* – homens de negócios. As gargalhadas das *cocottes* transbordam como champanhe em taças de cristal.

Graças aos prostíbulos, surge a noção de prazer sexual, e, nesse quesito, as francesas eram renomadas por introduzir homens maduros e adolescentes às sutilezas do amor, por revelar-lhes delicadezas eróticas. Contudo, ao frequentar o bordel, o homem corria o risco de aprender práticas que ele não poderia, de forma alguma, transmitir à legítima esposa. Afinal, uma mulher de princípios nada deveria saber sobre sexo. Pais endinheirados pagavam cortesãs para iniciar seus filhos nesse âmbito, e Mário de Andrade escreveu um belo romance sobre uma governanta alemã contratada para, entre outras coisas, ensinar aos jovens fazendeiros de café que a linguagem do amor era diferente da do sexo.

Como versão mundana, a polaca era vista como prostituta e considerada preguiçosa, dona de predestinação hereditária ao deboche. Nas capitais em que a burguesia começava a tomar forma, preguiça, luxo e prazer se opuseram a valores familiares de trabalho, poupança e felicidade.

Não faltavam críticas, como podemos conferir nas palavras do viajante austríaco Schlichthorst:

> Basta-me entrar num dos restaurantes franceses dos arredores do Paço Imperial, onde uma parisiense enfeitada – no Novo Mundo todas as francesas são parisienses – exibe joias falsas, cabelos e dentes postiços, a própria pessoa e tudo o que a cobre postiço e falso. [...] As artistas francesas que habitam a rua do Ouvidor sabem muito bem que no Brasil conseguem um grau de fama e riqueza que na Europa jamais atingiriam. Todos os anos, centenas delas vêm da França recomeçar na capital do imenso Império uma carreira na qual em Paris, Bordeaux, Marselha, há muito estavam aposentadas. Era o que se chamava *faire l'Amérique* ou *faire le Brésil*.

Com desprezo, ele identificava as heteras nos teatros da cidade, onde se apresentavam vestidas como condessas ou princesas.

> São tão exorbitantes os preços que se pagam por seus favores que tenho receio de me tacharem de mentiroso se os revelar. O verdadeiro brasileiro acha que os perigosos prazeres que lhe oferecem tais Circes não são demasiado caros a 40 mil-réis ou 50 mil-réis. [...] Na rua ninguém se envergonharia de cumprimentar uma cortesã. Excelências, generais e o próprio imperador em pessoa lhes atiram beijinhos na ponta dos dedos.

Por serem negativamente atraentes e uma ameaça à família, as mulheres públicas foram descritas com todos os vícios, pecados, excessos que se atribuem a uma profissão exercida e até explorada por algumas chefes de família. O viajante português Thomas Lino d'Assumpção, em seu livro *Narrativas do Brasil (1876--1880)*, concentrou impressões sobre o assunto:

> O último degrau vindo de cima é ocupado pela francesa, quase sempre atriz, cantora, no Alcazar. E digo o último, porque na escala da prostituição não sei quem tenha direito de figurar como primeiro termo da série – se a mulher do capitalista que tem casa nos subúrbios e se prostitui com o tenor por chique e com o ministro por um fornecimento importante para a firma da razão social do marido, se a desgraçada moradora na rua Senhor dos Passos dando entrada ao caixeiro da venda que lhe leva a meia quarta de toucinho. A francesa vive em casa própria, tem carro e

criados, insulta a polícia, desautoriza os magistrados, fica impune graças à proteção do conselheiro tal... do deputado F... ou do juiz P... É esta, via de regra, quem serve de protetora às outras, que vivem dispersas pelos hotéis explorando ceias, jantares, passeios de carro a Botafogo e os anéis de brilhantes dos fazendeiros incautos. Essa gente aparece sempre em todos os espetáculos, ocupando os melhores lugares. Frequentadoras assíduas de botequins, não é raro vê-las cercadas de homens casados, de deputados, senadores, advogados distintos e vadios de profissão. Desta vida descuidada, acorda-se uma bela manhã, o dono do hotel, obrigando-a a sair com a roupa do corpo e sem joias, que ficam penhoradas à conta de maior quantia. O Brasil, acostumado a importar todos os gêneros de primeira necessidade, aplica o mesmo processo à prostituição.

Na tradição cristã que vinha desde os tempos da colônia, a prostituta estava associada à sujeira, ao fedor, à doença, ao corpo putrefato – e era esse sistema de correlação que estruturava sua imagem, desenhava o destino da mulher votada à miséria e à morte precoce. Esse retrato colaborava para estigmatizar como venal tudo o que a sexualidade feminina tivesse de livre. Ou de orgíaco. A mulher que se deixasse conduzir por excessos, que se guiasse por suas necessidades, só podia terminar na sarjeta, espreitada pela doença e pela miséria profunda. Ameaça para os homens e mau exemplo para as esposas, a prostituta agia por dinheiro e, também por dinheiro, colocava em perigo as grandes fortunas, a honra das famílias. Enfim, francesas ou não, elas eram o inimigo ideal.

Na imprensa paulistana, pode-se acompanhar o surgimento de um personagem novo no cenário: o cafetão ou a cafetina, que organizava, explorava e detinha o lucro do trabalho das mulheres perdidas. No *Correio Paulistano* de 21 de março de 1881, a acusada era Maria de tal Lebre, que "nesta cidade tem um restaurante onde há bailes de prostitutas". Na rua do Comércio, "em frente a um funileiro", um cafetão "negociava com mulheres equívocas", denunciava o *Correio Paulistano* de janeiro do mesmo ano. Imigrantes italianos e poloneses participavam, igualmente, do ativo negócio das "casas de tolerância".

Com o bordel, criou-se outro grande problema: a sífilis. Há quem fale até em sifilização das grandes capitais. Multiplicaram-se os manuais de venereologia, e as descobertas feitas na primeira metade do século permitiram identificar os cancros simples dos infectantes. Descreviam-se obsessivamente os desdobramentos da doença nos rins, no fígado e no sistema nervoso, criando uma angústia surda em torno do assunto. Usava-se e abusava-se de mercúrio para sanar as chagas fétidas. Os jornais difundiam anúncios de remédios milagrosos, e não foram poucos os homens públicos, senadores e poetas que morreram desse mal. As observações sobre a hereditariedade da doença mal eram guiadas por observações clínicas.

A moral social – que dava todas as liberdades ao sexo masculino e nenhuma ao feminino – tornava difícil a confissão da mulher sifilítica. Exageravam-se as responsabilidades dos pais enquanto as mães gozavam de certa imunidade sobre a falta cometida. Inocentavam-se as esposas até prova em contrário. Os sintomas da sífilis primária, difíceis de reconhecer na gestante, aumentavam a culpa do homem. Além disso, a crença de que a mulher ficava durante muito tempo impregnada pelo sêmen do primeiro parceiro justificava segundos e terceiros filhos infectados. A doença desfigurava as pessoas, transformando belas em feras, homens em monstros.

O machismo era tanto que poucos cogitavam a infidelidade feminina. Embora os historiadores só falem nos sofrimentos da mulher, foi também um século de muito sofrimento para os homens. E, como foi dito, tratou-se de um tempo de educação sentimental, que ergueu muros entre o que se fazia em casa e o que se passava na rua. Modelos imaginários e práticas sociais se encarregaram de definir a existência de naturezas sexuais diversas: a da mãe e a da *demi-mondaine*. O sinete da aliança matrimonial configurava o anjo casto. No bordel, o burguês conhecia a feminilidade bestial e pecaminosa. O polo imaculado do lar se contrapunha à sujeira e ao risco da sífilis, contraída no lupanar e nas ruas. E os cafés, por fim, falam de uma sociabilidade eminentemente masculina – as confeitarias eram espaços femininos até as cinco horas da tarde; depois, mulher honesta não se achava nas ruas. Era nos cafés, em meio à fuligem dos charutos do *fumoir*, que se debatiam a política, a vida cultural, as ideias.

PELO BURACO DA FECHADURA

Como demonstrei em *História do amor no Brasil,* interditos sexuais, ditos e não ditos, regiam a vida de milhares de mulheres. Casadas, elas passavam a pertencer aos maridos – e só a eles. Era severamente punida qualquer interpretação equivocada de condutas reais ou supostas; e as mulheres não podiam sequer dar lugar às dúvidas infundadas, pois o peso da reputação era importantíssimo. Deixava-se de lado todo assunto ligado a sexo. E o sistema se autoalimentava: em casa, a mãe instruía à filha nesse mesmo espírito e depois a entregava a um homem. Centralizava-se o imaginário feminino na questão do pudor. As mulheres não deviam se olhar no espelho – nem mesmo na água das banheiras. Em compensação, os espelhos atapetavam as paredes dos bordéis.

As mulheres de família conheciam mal seu próprio corpo, e toda evocação da feminilidade era malvista – a escolha de roupas íntimas, por exemplo. O corpo devia estar sempre coberto, protegido por laços, nós, botões. No extremo oposto, ou seja, na rua, havia as *cocottes*, os livros pornográficos, os cafés e os bares. Os universos masculinos e femininos acentuavam diferenças, delimitavam espaços, criavam regras, e a aparência tinha muito a dizer sobre a sociedade nos tempos do Império. O homem tentava fazer da mulher uma criatura tão diferente dele quanto possível. Ele o sexo forte, ela o fraco; ele o sexo nobre, ela o belo.

O culto da mulher frágil reflete na etiqueta, na literatura e no erotismo de músicas açucaradas e de pinturas românticas; esse ideal foi, segundo Gilberto Freyre, um ideal narcisista de homem patriarcal, de sexo dominante que se servia do oprimido – dos pés, das mãos, das tranças, do pescoço, das ancas, das coxas, dos seios como alguma coisa quente e doce que lhe amaciasse, excitasse e aumentasse a voluptuosidade e o gozo. Nesse culto, então, o homem apreciava a fragilidade feminina para sentir-se mais forte, mais dominador.

Todo o jogo de aparências colaborava para acentuar a diferença: a mulher tinha que ter pés minúsculos. Seu cabelo devia ser longo e abundante, preso em penteados elaboradíssimos para fazer frente a bigodes e barbas igualmente hirsutos. Homem sem barba era maricas! A cintura feminina era esmagada ou triturada por poderosos espartilhos, acentuando os seios aprisionados nos decotes – o peito de pomba –, e o traseiro se via maior graças às anquinhas. Tal armadura era responsável, segundo os médicos mais esclarecidos, por problemas respiratórios e hemoptises, o que contribuiu, inclusive, para se desenhar a figura da heroína romântica, "a pálida virgem dos sonhos do poeta", doente do pulmão. Além disso, o pudor obsessivo e a complicação das roupas tinham outro efeito perverso: suscitavam um erotismo difuso que se fixava no couro das botinas, no vislumbre de uma panturrilha, num colo disfarçado sob rendas. Escapulários e medalhões serviam para destacar o busto.

A acentuada diferença nos papéis de gênero não escapava aos mais observadores, como à professora francesa Adèle Toussaint-Samson:

> Quando o brasileiro volta da rua, reencontra no lar uma esposa submissa, que ele trata como criança mimada, trazendo-lhe vestidos, joias e enfeites de toda espécie; mas essa mulher não é por ele associada nem aos seus negócios, nem às suas preocupações, nem aos seus pensamentos. É uma boneca, que ele enfeita eventualmente e que, na realidade, não passa da primeira escrava da casa, embora o brasileiro do Rio de Janeiro nunca seja brutal e exerça seu despotismo de maneira quase branda.

Partes do corpo sexualmente atrativas designavam, entre tantas jovens casadoiras, as mais desejadas. Do corpo inteiramente coberto da mulher, o que sobrava eram as extremidades; assim, mãos e pés eram os que mais atraíam olhares e atenções masculinas. Grandes romances do século XIX, como *A pata da gazela* ou *A mão e a luva*, mostram, em metáforas, o caráter erótico dessas partes do corpo. Mãos tinham que ser longas e com dedos finos, acabando em unhas arredondadas e transparentes. Não apenas os dedos eram alvo de interesse, mas seu toque ou os gestos deles derivados eram reveladores da pudicícia de uma mulher. O ideal era que os dedos femininos estivessem no limite do nojo ou da repugnância por qualquer contato físico.

Pequenos, os pés tinham que ser finos, terminando em ponta – a linha de mais alta tensão sensual –, e *faire petit pied* era uma exigência nos salões franceses; as carnes e os ossos dobrados e amoldados às dimensões do sapato deviam revelar determinado grupo social – pode-se dizer que as damas idealizadas pouco tinham em comum com escravas ou trabalhadoras do campo ou da cidade, donas de pés grandes e largos. Os pés pequenos, finos e de boa curvatura eram modelados pela vida de ócio, emblema de "uma raça", expressão anatômica do sangue puro, sem mancha de raça infecta, como se dizia no século XVIII.

Assim, circunscrita, cuidadosamente embrulhada no tecido do sapato, essa região significou, muitas vezes, o primeiro passo na conquista amorosa. Enquanto o príncipe do conto de fadas europeu curvava-se ao sapatinho de cristal da Gata Borralheira, entre nós os namoros começavam por uma "pisadela", forma de pressionar ou de deixar marcas em lugar tão ambicionado pelos homens. O imperador dom Pedro II demonstrava, com pisadelas, sua paixão pela condessa de Barral. Tirar gentilmente o chinelo ou descalçar a *mule* era o início de um ritual no qual o sedutor podia ter uma vista do longo percurso a conquistar.

O historiador pouco sabe sobre como se comportavam na cama homens e mulheres. Tudo indica, porém, que a noite de núpcias fosse uma prova, uma vez que era o rude momento da iniciação feminina por um marido que só conhecia a sexualidade venal. Daí a prática da viagem de lua de mel: poupar a família de um momento tão constrangedor. Os corpos estavam sempre cobertos, e há registros de camisolas e calçolas com furos na altura da vagina. A nudez completa só começou a ser praticada no início do século XX; antes, estava associada ao sexo no bordel.

Tudo era proibido. Fazia-se amor no escuro, sem que o homem se importasse com o prazer da mulher. Usava-se tanto a posição de missionário quanto a da mulher ajoelhada e de costas, recomendada para a procriação. Médicos aconselhavam aos homens o uso parcimonioso do esperma, de acordo com a idade dos cônjuges. A brevidade das relações sexuais deve ter sido uma constante, e dizia-se que favorecia as concepções. Qualquer dúvida sobre a matéria era esclarecida pelo livro *Felicidade do amor e himeneu*, do dr. Mayer, que dava conselhos sobre a arte de procriar filhos bonitos, sadios e espirituosos, além de dicas úteis para as relações sexuais.

Mulheres se queixando de falta de sexo? Nem pensar. E questionando como gozar? Na Europa, desenvolveu-se uma aritmética do coito: os homens contavam e anotavam em seus diários o número de vezes que faziam sexo com as esposas. Essa contabilidade – que pode ter chegado aqui como mais uma moda emprestada – tinha por objetivo evitar que a mulher se tornasse carente e também, segundo certo espírito burguês, que o homem pudesse contornar os riscos do desperdício de sêmen. Nada de excessos. O medo do fiasco era total. Não faltavam teóricos a quantificar a capacidade anual de intercursos entre homens e mulheres. E tudo se misturava à valorização da vida espiritual, que fazia do sexo, para muitas mulheres, um verdadeiro sacrifício.

O amor físico deveria ser sistematicamente combatido e valorizado; valia, apenas, o amor amizade. O primeiro "acharia seu túmulo no gozo do objeto amado" e era garantida "sua curta duração"; a amizade, mais "plácida e sossegada", teria vida longa e prometia doçura na vida conjugal. A valorização extrema da virgindade feminina, a iniciação sexual pelo homem experiente, a responsabilidade imposta pela medicina ao esposo, fazendo dele o responsável pela iniciação sexual da mulher, ao mesmo tempo sendo capaz de evitar excessos – tudo isso fazia parte do horizonte de ansiedade que os casais tinham que enfrentar. Do lado delas, havia ainda o risco de sofrer acusações: histérica, estéril, estar na menopausa, ninfomaníaca, lésbica! Não faltavam anátemas, também, para controlar o perigo da mulher não pacificada por uma gravidez.

O culto da pureza que idealizava as mulheres reforçava a distância entre os casais. Não se procurava ter prazer com a mãe dos próprios filhos, pois considerava-se que a familiaridade excessiva entre os pares provocava desprezo. A nudez era evitada a todo custo, mesmo entre casados. Esposas nem podiam sair à rua com cabelos soltos. Um sistema de ritos codificava a vida feminina e dissimulava o corpo da mulher. O resultado era que as mulheres se tornavam beatas ou pudicas azedas, cumpridoras de deveres, e os homens, bastiões de um respeitoso egoísmo, abstendo-se de toda e qualquer demonstração em relação às esposas.

A tradição religiosa acentuava a divisão de papéis. Para a Igreja, o marido tinha necessidades sexuais, e a mulher se submetia ao papel de reprodutora. Ideais, assim, eram casais que se inspirassem em Maria e José, vivendo na maior castidade. Uma vez realizada a concepção, a continência mútua era desejável. É provável que as mulheres não tivessem nenhuma educação sexual, apenas instrução à castidade, à piedade e à autorrepressão. E tão desejosas de passar de noivas a casadas e mães, elas submetiam-se a tais restrições.

No fim do século, pequenas mudanças! Devido a algumas práticas sociais, começa a circular certa ideia de casamento que fosse além do rasteiro negócio. Observa-se isso em pequenos artigos como o publicado no *Jornal do Commercio*, em 1888, "Os dez mandamentos da mulher": "1) Amar a vosso marido sobre todas as coisas... 2) Não lhes jureis falso... 3) Preparai-lhe dias de festa... 4) Amai-o mais do que a vosso pai e mãe... 9) Não desejeis mais do que um próximo e que esse seja teu marido...". Aos homens:

> 1) Uma boa mulher toma bem nota, quer ser tratada com juízo. Não abuses de seu coração flexível, pois objetos frágeis quebram-se facilmente. 2) Que as tuas ordens e teus desejos sejam brandos, pois o marido é senhor e não déspota. 3) Se alguém

te zangar na rua, não te vingues em tua mulher, não exijas tudo com a máxima exatidão; tu erras, por que não o fará a mulher? 4) Não namores outras mulheres, ama unicamente tua mulher, eis o teu dever. 5) Se a mulher te pedir dinheiro por precisar dele, não deves resmungar... 9) Ama sempre a tua mulher, não te deixes apossar do mal. 10) Caminha assim com ela de mãos dadas e serão felizes até a eternidade.

E o domínio da sexualidade feminina? Ah! Esse era sempre da "outra", da "mulher bonita", da cortesã ou da louca, da histérica. Os estudos sobre a doença mental e a criação da cadeira de clínica psiquiátrica nos cursos de medicina, desde 1879, acabaram por consagrar a ética do bom e do mau comportamento sexual. Eram tempos em que médicos importantes, como o dr. Vicente Maia, examinavam mulheres cujas infidelidades ou amores múltiplos se distanciavam da ordem e da higiene desejada pela burguesia que se instalara nos centros urbanos. Fichas médicas abundavam em informações sobre o ciclo menstrual, a vivacidade precoce, a linguagem livre de certas pacientes associando tais "sintomas" a distúrbios psiquiátricos. Distúrbios uterinos podiam ter relação com ataques epiléticos e até mesmo com crimes. Os médicos começaram a delinear o perfil do que chamavam "mulher histérica", tendo se tornado moda entre as de elite "ataques" quando saíam de um enterro ou recebiam uma notícia ruim.

A mulher tinha que ser naturalmente frágil, bonita, sedutora, boa mãe, submissa e doce. Aquela que revelasse atributos opostos seria considerada um ser antinatural. Partia-se do princípio de que, graças à natureza, o instinto materno anulava o instinto sexual, e, consequentemente, aquela que sentisse desejo ou prazer sexual seria anormal. Como mostrei em artigo anteriormente escrito, "O medo da mulher insaciável": "Aquilo que os homens sentiam", no entender do dr. Willian Acton, defensor da anestesia sexual feminina, só raras vezes atingiria as mulheres, transformando-as em ninfomaníacas. Ou, ainda, na opinião do renomado psiquiatra Esquirol, que tanto influenciou nossos doutores: "Toda a mulher é feita para sentir, e sentir é quase histeria". O destino de tais aberrações? O hospício!

Alienistas brasileiros associavam diretamente a sexualidade e a afetividade, explica a historiadora Magali Engel. O médico Rodrigo José Maurício Júnior, na primeira tese sobre o tema apresentada na Faculdade de Medicina do Rio de Janeiro, em 1838, não hesitava em afirmar: "As mulheres em que predominar uma superabundância vital, um sistema sanguíneo ou nervoso muito pronunciado, uma cor escura ou vermelha, olhos vivos e negros, lábios de um vermelho escarlate, boca grande, dentes alvos, abundância de pelos e de cor negra, desenvolvimento das partes sexuais, estão também sujeitas a sofrer desta neurose". E ele não estava só. Muitos mais pensavam que a histeria era decorrente do fato de que o cérebro feminino podia ser dominado pelo útero.

Júlio Ribeiro, em seu romance naturalista *A carne*, de 1888, põe na boca de um dos protagonistas, Barbosa, a certeza de que fora deixado por sua amante, Lenita, pois esta, dona de um cérebro fraco e escravizado pela carne, tornara-se histérica. Na versão de outro médico, o psiquiatra Henrique Roxo, a excessiva voluptuosidade da mulher era facilmente detectável por um sintoma óbvio: "Ser uma péssima dona de casa".

Das teses de medicina ao romance – e destes para as realidades nuas e cruas do Hospício Nacional de Alienados –, a verdade era uma só: a sexualidade feminina se apresentava como terreno perigosíssimo, e era de bom-tom não a confundir com sentimentos honestos. Menos ainda com amor. A iniciação a práticas sexuais seguidas do abandono do amante levava à degeneração. Acreditava-se que, uma vez conhecedora de atividades sexuais, as mulheres não podiam deixar de exercê-la – é o que vemos no romance de Aluísio Azevedo, *Casa de pensão*. Viúva, Nini passa a ter sintomas de histeria. A não satisfação do desejo sexual cobrava um preço alto, e a paixão por outros homens que não o marido – ou seja, o adultério – também aparecia aos olhos dos médicos como manifestação histérica.

Os remédios eram os mesmos havia duzentos anos: banho frio, exercícios, passeios a pé. Em casos extremos, recomendavam-se – pelo menos em tratados médicos – a ablação do clitóris e a cauterização da uretra. Perseguiam-se as histéricas e as ninfomaníacas. E foi assim, debruçados sobre a sexualidade feminina, examinando-a em detalhes, que os médicos terminaram por transformar seus tratados sobre a matéria no melhor da literatura pornográfica do período.

OPERÁRIAS E TRABALHADORAS

Como demonstrei em *Histórias da gente brasileira – República Velha*, nas primeiras décadas do século XX, o país ainda vivia à sombra dos cafezais – até porque esse era praticamente o único produto brasileiro de exportação. Então, atingidos pela crise de 1929, os cafeicultores buscaram alternativas produtivas, e, nesse processo, muitas das infraestruturas usadas no transporte do café, como portos e ferrovias, passaram a ser utilizadas para a produção industrial. De início, priorizaram-se produtos que empregavam pouca tecnologia, como alimentos, sabão e velas. Homens jovens e fortes manejavam com destreza as ferramentas, sob o olhar de outros, mais fracos, mais velhos, todos controlados pela vista do contramestre. Em fileiras, mulheres debruçavam rostos emaciados sobre outras tarefas.

A fábrica era uma experiência real de sons, luzes, gestos repetitivos e, para muita gente, de exploração e miséria. Em termos de trabalho feminino nesses ambientes, nas cidades industrializadas, crescia o número de operárias. Como demonstrou a historiadora Margareth Rago, nas primeiras décadas do século XX grande parte do proletariado era composto por mulheres. Em São Paulo, em 1876, elas constituíam 76% da mão de obra fabril. Em 1901, só na fiação e na tecelagem, perfaziam 67,62% da mão de obra. Tomando como base Minas Gerais, na Indústria Têxtil São Joanense, entre os anos 1897 e 1900, das cem pessoas que ali trabalhavam, 79 eram mulheres. De acordo com o Censo de 1920, as mulheres representavam 52,4% da força de trabalho nas fábricas de tecidos de algodão no Brasil.

Lentamente, o mundo fabril passou a dominar as principais capitais. As sirenes determinariam a passagem do tempo, substituindo os sinos e os relógios.

Na entrada e na saída das fábricas, rostos mestiços e estrangeiros. Além dos salários baixos, do assédio sexual de chefes e das instalações insalubres, as operárias tinham que enfrentar preconceito – e o enfrentavam também em casa, junto a companheiros que comparavam as fábricas a "lugares de perdição", a "lupanares". Entre teares e máquinas, perdia-se a virgindade, corneava-se o marido, vendia-se o corpo.

Quando as fábricas tinham operários de ambos os sexos, havia resistência de companheiros de trabalho que temiam a concorrência do baixo salário pago às mulheres. Para muitos, era uma "desleal competição". Afinal, poderiam facilmente ser substituídos por elas. Como praticamente não existiu legislação trabalhista até a década de 1930, o que imperava à época eram os regulamentos internos para controlar a produção e resolver possíveis questões e conflitos. Muito rígidos, estabeleciam total disciplina e impunham multas e castigos físicos a pequenas falhas ou atos julgados condenáveis cometidos no interior do espaço fabril. Os horários e o ritmo de trabalho eram duramente supervisionados, e às vezes erros ligeiros ou gestos sem importância implicavam penas que diminuíam ainda mais o ganho. Conversar, ler ou usar tamancos geravam multas de um a cinco meses de trabalho. Era proibido conversar com homens. O roubo de fios, tecidos ou qualquer outro material era gravemente sancionado. Havia trabalhadoras que chegavam a receber no fim do mês apenas dois terços do salário, segundo conta a historiadora Maria Auxiliadora Guzzo de Decca.

Patrícia Galvão, mais conhecida como Pagu, escritora feminista e comunista, em seu clássico *Parque industrial*, assim descreveu esses ambientes: "Na grande penitenciária social, os teares se elevam e marcham esgoelando [...]. O chefe da oficina se aproxima, vagaroso, carrancudo. – Eu já falei que não quero prosa aqui [...]. Bruna desperta. A moça abaixa a cabeça revoltada. É preciso calar a boca [...] em todos os setores proletários, todos os dias, todas as semanas, todos os anos!".

Horário de trabalho? Em geral das 6h30 às 22h ou 22h30. Portanto, treze horas. O risco de tuberculose em decorrência da insalubridade era grande. Abortos por excesso de trabalho e pelo fato de a gestante manter-se em pé o dia todo eram corriqueiros. O fato de terem contato com homens tornava as operárias alvos fáceis de xingamentos e insultos, sendo "meretriz" o mais comum deles. Os serões pagavam pouquíssimo. A proximidade das vilas operárias que pertenciam às fábricas permitia que a exploração do horário de trabalho se prolongasse. A insubordinação ao patrão podia levar ao despejo da casa na mesma vila, em 24 horas. Aliás, tais ameaças eram uma forma eficiente de controle da autoridade.

É preciso dizer que essas más condições perduraram. Entrevistadas, as operárias da fábrica São Braz, na Bahia, forneceram um retrato dos constrangimentos que, ainda em 1955, sofriam: "Existe aí um lugar que eles chamam de refeitório, mas é como se não existisse. Não tem água nas pias, não tem toalhas de mesa nem nada. Por isso mesmo é que nós comemos com o prato na mão, em qualquer canto... A privada é uma porcaria, não tem higiene nenhuma [...]. A água que nós bebemos é morna e ruim".

Ao mesmo tempo, não faltavam reações, como participações em greves, a exemplo das cigarreiras no Recife, em 1903, que promoveram um quebra-quebra e pararam o trabalho depois que o patrão "esbordoou" uma colega – episódio largamente noticiado. Houve até artigos em jornais anarquistas. Ernestina Lesina, fundadora da Associação das Costureiras de Sacos, em São Paulo, foi uma dessas vozes que, em 1905, trovejaram, visando a propagar ideais socialistas e a fortalecer a luta operária.

Algumas operárias desobedeciam claramente às regras disciplinares – e, para elas, as reações eram rigorosas, como se vê na carta do gerente da fábrica de São Sebastião, em Cedro, Minas Gerais, endereçada a seu superior à época: "Há aqui uma operária, filha de uma família de Montes Claros, que é moça atrevida e malandra e que não quer se sujeitar a ordem nem a ninguém da fábrica. Deixou o tear sem dar satisfação a pessoa alguma, e a mãe, que tem mais três filhas, quer mandá-la para o convento daí. [...] Peço-te para que, neste sentido, sejas ainda mais pontual para com o pedido dessa empregada insubordinada e não a aceites aí para que se torne mau exemplo para as irmãs que aqui ficam".

Os poderes públicos se preocupavam com o movimento operário e com a participação feminina. Quando se tratava de pedir aumento de salário ou protestar contra a elevação dos impostos e do custo de vida, as mulheres iam para as ruas. Em outubro de 1902, paralisaram fábricas de tecido no bairro do Bom Retiro, São Paulo, em um movimento grevista contra os maus-tratos que sofriam por parte de mestres de teares. As paralisações aconteciam, e o movimento por melhores condições de vida se alastrava.

Uma das soluções foi criar um discurso normativo que as tirasse das ruas e as fizesse voltar para a vida doméstica. Afinal, como cuidariam dos filhos? Pagu denunciava a situação perversa em que suas conterrâneas viviam. Na voz de uma personagem "revolucionária", fomentadora de greves, ela escreve: "Nós, à noite, nem força temos para acalentar nossas crianças, que ficam sozinhas e largadas o dia inteiro ou fechadas em quartos imundos, sem ter quem olhe por elas".

Para o movimento que forçava uma volta ao lar, os profissionais da saúde contribuíram. Um "concurso de robustez", que premiava a operária que amamentasse até o sexto mês, enchia as primeiras páginas dos jornais. Boletins de "conselhos às mães" eram gratuitamente distribuídos. A preocupação passou a ser convencer a mulher de que o amor materno era inato, puro e sagrado e que apenas por meio da maternidade e da educação dos filhos a mulher realizaria sua "vocação natural". Sanear a sociedade por intermédio das mulheres era a meta. Mas quais mulheres? Somente a esposa e a mãe.

"A mulher que contrai casamento deve ser convencida das leis naturais e morais que a obrigam a exercer o círculo completo das funções de mãe. Se a isso se recusar, é que há uma falsificação de sentimentos contrariando as manifestações naturais e sacrificando o dever que é sacrificar a si, a prole e a humanidade", acusava o médico Moncorvo Filho, que se especializou no cuidado às crianças.

Se no interior das fábricas a situação era árdua, a vida cotidiana não se mostrava menos sofrida. Mesmo em São Paulo e no Rio de Janeiro, importantes centros industriais, os salários operários nas primeiras décadas republicanas revelaram baixa capacidade aquisitiva, pouco poder de compra. Isso pode ser constatado pela manutenção de padrões alimentares deficientes e inadequados, e também pela precária qualidade habitacional, pelos precários níveis de saúde e higiene, pelo exíguo e modesto vestuário, pelas pequenas possibilidades de instrução, pelo escasso tempo de lazer. Tudo atestava a vida difícil da maioria. A mobilidade social, porém, garantiu o lugar privilegiado para algumas mulheres, e as tensões existiam em todos os grupos. A origem – imigrante ou não – não garantia solidariedade entre as pessoas. Ao contrário, rivalidades por colocações, postos de trabalho ou pela preferência de superiores provocava rixas entre as operárias.

Nos anos 1930, cresceu a interferência federal na regulamentação do trabalho. Em 1943, inseriu-se na CLT o item "Da proteção do trabalho da mulher". Por ele, estabeleceu-se a equiparação salarial entre homens e mulheres e coibiu-se a participação delas em tarefas inadequadas, que expusessem a saúde a qualquer risco. Médicos higienistas insistiam: lugar de mulher era em casa. Afinal, acreditava-se que o trabalho fora do lar destruiria a família, tornaria os laços parentais mais frouxos e debilitaria a raça. Crianças cresceriam mais soltas, longe da vigilância das mães. E muitas cresceram mesmo.

Os jornais de Porto Alegre se queixavam da presença, nas ruas, da "malta enorme de meninos rudes e turbulentos", na maioria italianos, abandonados pelas mães, que trabalhavam em fábricas têxteis ou de alimentos. E nesse âmbito havia outro fantasma: o do espaço de trabalho como lugar de sedução. A fábrica "corrompia", fazia esquecer as obrigações do lar. Considerada não profissional, mas presa fácil, a mulher estaria na mira de patrões ou colegas.

Esse cenário era visto nas fábricas, onde as relações de comando eram verticais, e nos escritórios também. O resultado? Traição e consequente difamação tanto de um como de outra. Outro risco: a mulher ganhar mais que o homem. Com dinheiro no bolso, ela daria mais ordens? Controlaria as despesas? A resposta se vê neste diálogo do escritor Humberto de Campos com a noiva de um dos filhos de Coelho Neto, também escritor, sobre o fim do noivado e as novas atitudes femininas:

— O que houve entre vocês?
— Como o senhor sabe, havia entre nós um desacordo completo no modo de encarar a vida depois de nosso casamento. Eu ganho, como funcionária do Ministério do Trabalho, ordenado superior ao de Paulo. O que ele ganha não daria absolutamente para sustentar a casa. Entretanto, ele queria que eu abandonasse o emprego antes de nosso casamento. Eu objetava a necessidade que tínhamos do dinheiro que ganho. Sem ele, seria a miséria na casa. Paulo alegava, porém, que as mulheres não querem deixar as repartições para continuar a namorar depois de casadas. Hoje, tivemos uma discussão mais violenta e ele insultou-me. Insultei-o, também, e devolvi a aliança... Ele saiu atrás de mim, até o ônibus, e gritou-me que havia de vingar-se, pois iria difamar-me por toda a parte.

Além dos maridos, muitos pais de família não podiam nem ouvir falar que as filhas fossem trabalhar fora de casa. Entre os imigrantes italianos, a resistência ao trabalho feminino era grande, até entre anarquistas e comunistas, como demonstrou Margareth Rago. Em sua autobiografia, Zélia Gattai, ao escrever sobre sua irmã, confirmou: "Um dia, cansada de ouvir papai falar em 'situação difícil', Wanda anunciou que estava disposta a procurar emprego; mesmo que ganhasse pouco, sempre daria para ajudar a família. A prima não trabalhava? Essa declaração da filha quase ofende seu Ernesto. Ele jamais consentiria que sua filha trabalhasse para ganhar dinheiro: 'Lugar de mulher é em casa, aprendendo a cozinhar'".

Entre áreas de conhecimento, não foi só a medicina, com seu discurso sobre a importância da maternidade, que tentou, cientificamente, "moralizar" a mulher. Durante o Estado Novo, Getúlio Vargas concedeu uma série de favores à Igreja, e um "pacto moral" selou novo acordo entre Estado e Igreja. Ela se tornaria uma grande aliada na consolidação de uma ética cristã baseada na valorização da família, do bom comportamento, do trabalho e da obediência ao Estado. Tal aliança se deu graças ao apoio do cardeal dom Sebastião Leme, apoiador da revolução de 1930, às preocupações varguistas com as classes trabalhadoras. E o operoso cardeal aproveitou para valorizar o sacramento do matrimônio entre a gente que vivia em ligações consensuais.

Desse esforço, havia que se multiplicar mães e esposas. Aquela que não preenchesse os requisitos estipulados pela "natureza" era identificada como "anormal", pecadora e criminosa. Não ser esposa nem mãe, não amamentar, significava desobedecer à ordem natural das coisas. E, não bastasse, punha em risco o futuro da nação, por não formar bons cidadãos. Como num passado remoto, a representação santificada da mãe-esposa-dona de casa ordeira e higiênica empurrava a sexualidade feminina para um único espaço: o da procriação. A ascensão da figura materna inibia a sexualidade conjugal, a mulher destinada à maternidade não podia procurar prazer, e a ideia do orgasmo materno se tornava escandalosa, ou até impensável. Além disso, o amor aos filhos deveria ser o principal fator de união dos casais. No casamento, prevalecia o caráter assimétrico: a mulher, reduzida ao papel de mãe e esposa; o pai, dedicado ao trabalho, à posse da mulher e à fiscalização dos filhos.

Quando as fábricas ou as empresas dispunham de vilas operárias ou casas para moradia dos trabalhadores nos arredores, havia também regulamentos para controle da vida fora dos muros: normas para a movimentação de pessoas, com horários fixos de entrada e saída, horário de silêncio, horário de dormir etc. Em troca de habitação melhores e mais estáveis, o operariado dessas vilas era submetido ainda mais diretamente ao controle dos industriais, até mesmo em seu tempo livre. A disciplina rigorosa do interior das fábricas era estendida a essas vilas, que constituíam um prolongamento do universo fabril, diz Maria Auxiliadora de Decca. A esposa acompanhava o marido operário nas regras impostas pelo sistema de trabalho.

Não faltaram empreendedoras naquela época, como Sophia Alves do Espírito Santo, que na foto de um calendário de seus negócios era exibida como uma dama elegantemente vestida, equilibrando enorme chapéu, sombrinha vermelha com franjas brancas e sapato negro bicudo com fivela dourada. No calendário estava escrito: "1917 – Boas festas, SOPHIA ALVES DO ESPÍRITO SANTO, NEGOCIANTE – Perfumarias, couros e molhados, praça da Boa Morte – telefone n. 4, Dores de Boa Esperança – Sul de Minas".

Dona Sophia era uma negociante de sucesso e sonhava em enriquecer. Nascida pobre, pôs-se a trabalhar com vontade de ferro e rica ficou. Tanto assim que podia se dar ao luxo de mandar imprimir o dito calendário a ser distribuído pelos fregueses como brinde de Natal. E, acima de tudo, tinha telefone. Ainda assim, a riqueza que o calendário de 1917 anunciava era nada comparada ao anúncio publicado no jornal *A Esperança*, em 20 de novembro de 1927. Na página 4, estampou-se a informação de que a firma de Sophia passara a correspondente dos bancos do Brasil e Comercial e também agente da Studebaker do Brasil.

Na outra ponta do país, em Belém do Pará, também não faltaram empresárias a integrar o saber fazer tradicional – desde os tempos de colônia – a uma nova forma de produção. Quem conta sobre isso é o jornalista e escritor paraense Leandro Tocantins:

Além da indústria caseira de doces, compotas e licores para o consumo doméstico, hábito que veio da antiga vida rural paraense, Belém apresenta uma linha de produção industrial na fábrica de São Vicente, a maior e mais importante do Norte, no gênero. Essa fábrica surgiu modestamente em 1910, graças à inteligência e à tenacidade de uma senhora paraense, dona Maria Rita Ferreira dos Santos, a popular e alegre dona Sinhá. No princípio, ela só utilizava tachos de onde saíam esplêndidas maçãs açucaradas que logo mereceram a preferência dos belenenses.

Os produtos de dona Maria Rita são fabricados, até hoje, por conterrâneas: doce de massa de bacuri, cupuaçu, goiaba, cacau. Compotas de bacuri, murici, mangaba, caju, ananás, carambola e frutas cristalizadas, como laranja, abiu, goiaba, banana, caju, abricó.

As brasileiras sempre trabalharam, e não foi diferente nessa época. O que mudou foi o enorme leque de atividades em que se envolviam – no setor de consumo coletivo, nos serviços públicos e no comércio ou em profissões reconhecidamente "femininas": enfermeiras, professoras, balconistas, telefonistas, secretárias, escriturárias, guarda-livros, com destaque para as datilógrafas, que se tornaram essenciais nos escritórios após a difusão da máquina de escrever.

No campo, no interior, mulheres também sabiam ganhar a vida: "A chácara de dona Delminda ficava na confluência do rio Botas com o corguinho da vila, cuja casa marcava o fim do povoado. Ali vivia minha madrinha [...], viúva duas vezes. Criou uma prole numerosa espalhada pelo Brasil afora [...], vivia quase só, com seus sessenta e tantos anos e dois netos, meninos criados por ela. Tirava seu sustento da venda dos produtos da chácara: frutas, legumes e leite e criava galinhas e porcos. Tinha seu gado. Dali provia suas necessidades e ainda guardava para as emergências [...], fazia questão de receber e pagar até os tostões quando devia e não os dispensava quando tinha a receber", conta o memorialista Otávio Gonçalves.

Dona Delminda era mulher de poucos recursos. No campo, mesmo quem os tinha em abundância trabalhava. Como aponta o diário de Cecília de Assis Brasil, filha de um dos estancieiros mais ricos do Rio Grande do Sul, ao descrever suas atividades em Pedras Altas:

> Fizemos enorme colheita de morangos e aspargos. Colhi muitos ovos e deitei uma galinha com vinte [...], de tarde ajudei mamãe a plantar um viveiro de várias verduras. Pegou-se um enxame de abelhas. Bordei durante todo o tempo que pude. Debulhamos favas. Fiz uma caixa de papelão para o ovo de socó e para um de bem-te-vi... Depois fomos courear o guaraxaim. Num momento tiramos o couro, que ficou estaqueado na porta do galpão. Antes do chá, agachei a bordar e a ensinar os pequenos do tio Diogo a falar inglês. De tarde fomos pescar lambaris no açude.

Cecília ainda menciona "fazer vestidos novos de vestidos velhos... tirar leite e fazer manteiga... fabricar rede para a quadra de tênis" e crava: "Minhas companheiras tentaram convencer-me de que São Paulo e Paris são melhores que Ibirapuitã. Quando for a esses lugares, saberei ao certo, mas por enquanto agarro-me a meu ideal: a vida no campo. Sou assim, e agora? Tenho plena confiança que meu amor ao campo nunca cessará de crescer".

Em Bom Jardim, vale do Paraíba, depois da crise do café nos anos 1930, na fazenda de cana de Júlia Novís, "máquinas de costura de última geração fabricavam enxovais completos. Na usina, ninguém nascia sem ganhar uma cesta com fraldas, camisinhas de pagão, cueiros e toucas. Também não havia noiva que não recebesse seu vestido e sua arca com lençóis e toalhas de mesa. Júlia coordenava e financiava a oficina".

Pelas mãos de mulheres, transferia-se para a zona rural a mentalidade paternalista que na indústria paulista buscava oferecer melhores condições de vida aos trabalhadores. Não só: mantinha-se a velha tradição de trabalho coletivo, datada de quinhentos anos! No passado, senhoras e escravas costuravam e cozinhavam juntas. Assim como o fazia a condessa de Barral, um dos muitos exemplos de trabalho comunitário que nos deixou a história das mulheres.

Júlias e Marias, entre tantas outras, foram trabalhadoras que ajudaram a construir o país nas primeiras décadas do século. Como bem diz Margareth Rago, nesse contexto foram definidos códigos sociais, conceitos morais, noções de certo e errado, assim como a legislação que regeu por décadas as relações de trabalho, com consequências na vida social e doméstica. Ao homem público, todas as honras. À mulher pública, opróbrios e xingamentos. Ainda assim, elas recusaram, alteraram e recriaram muitas das práticas que os homens lhes haviam imposto no mundo do trabalho.

VIOLÊNCIA? PRESENTE!

Historiadores vêm revelando inúmeros aspectos da violência contra as mulheres no decorrer do século XIX, época de mudanças, em que, graças à crescente urbanização de alguns centros, teve início a construção de uma imagem feminina: civilizada, civilizadora, identificada à pureza da Virgem Maria e a quem toda a imagem de violência era negada. No retrato polido e no indeferimento de sua violência sexual ou de outra natureza, médicos, juristas, imprensa e literatura constroem uma imagem a que a mulher devia corresponder: casada, mãe, piedosa. Fora desse ideal haveria as transgressoras, as violadas e as violentadas a quem perguntavam: "Seduziu ou foi seduzida?"; "Comprometeu a honestidade?"; "Provocou ou pediu para apanhar?". Não fosse santa, era puta. Nos tribunais, era a palavra da mulher e de suas testemunhas contra a do homem e as testemunhas dele.

Martha Abreu, numa obra que se tornou clássica, analisou a documentação jurídica e médica sobre casos de "deforamento" entre jovens e interpretou as reações da população feminina frente ao ocorrido. Os valores de quem julgava as "seduzidas e abandonadas", ou seja, juízes e advogados, nunca eram os mesmos das próprias "meninas perdidas". Os valores eram diferentes entre classe social e entre os sexos. "Moças e donzelas" pobres se tornavam "mulheres livres", muitas festejando o rompimento do hímen como conquista de liberdade – para horror dos severos juristas!

Magali Engel, em outro clássico, utilizou processos criminais, além de teses, artigos, memórias e pareceres jurídicos e médicos, para estudar crimes passionais. Entre os anos 1890 e 1930, nas páginas de jornais como *O Paiz*,

Jornal do Commercio e *A Noite*, dos 275 crimes mencionados, 69 vítimas fatais foram mulheres; outras 98, vítimas de tentativa de homicídios com ferimentos graves; 10, vítimas de ferimentos leves; e 103 não tiveram danos especificados. Desses casos, 89,09% dos agressores eram homens. As armas mais empregadas: facas, navalhas, canivetes, punhais, seguidas por armas de fogo. Quase 20% das vítimas foram espancadas antes de ser gravemente feridas ou mortas. As mulheres revidavam, como demonstra a historiadora, e não poucas usaram as mesmas armas para ferir os companheiros. A superioridade masculina não as atemorizava.

Em obra pioneira, Rachel Soihet desvendou o vaivém de violências conjugais na transição do Império para a República: surras, palavrões, órgãos sexuais machucados, bordoadas, assassinatos. Contra as mulheres, sobretudo as pobres, o juízo dos tribunais era sempre preconceituoso: "Eram do lar e mães? Cuidavam dos filhos, amamentavam? E do marido, cuidavam?". Esse policiamento não as impedia de se defender e, muitas vezes, contra-atacar. Ao contrário do que se pode pensar, mulheres agiam e reagiam de acordo com valores próprios a seu sexo, sua condição e sua classe social.

Para as mulheres de elite, vigorava a antiquíssima lei de "defesa da honra" masculina. No início do século XX, no Rio de Janeiro, um crime passional encheu as páginas dos jornais: o estudante de direito Luís de Faria Lacerda assassinou a tiros o médico João Ferreira de Moraes e feriu gravemente a jovem viúva, Clymene de Bezanilla. O já famoso advogado Evaristo de Moraes conseguiu, junto ao réu, cartas que comprometiam a honestidade de Clymene, e a partir disso o resultado se guiou pelos convencionalismos de época. O réu foi absolvido, considerando "a exacerbação amorosa elevada ao paroxismo", ou seja, sua alienação mental teria sido provocada pelo mau comportamento da viúva.

Entre um século e outro, o Brasil viveu uma ascensão da classe média e assistiu a um crescimento urbano e uma industrialização sem precedentes, processos que conduziram ao aumento das possibilidades educacionais e profissionais para as mulheres. As mudanças, porém, não tinham atingido as mentalidades. Distinções entre papéis femininos e masculinos continuavam nítidas; a moral sexual diferenciada permanecia forte; e o trabalho feito por mulheres, ainda que cada vez mais comum, era cercado de preconceitos e visto como subsidiário ao trabalho do "chefe da casa". Na prática, a moralidade favorecia as experiências sexuais masculinas, enquanto procurava restringir a sexualidade feminina aos parâmetros do casamento convencional. Fora dessa norma, as chances de o "pau comer" eram grandes. A violência masculina não tinha fim nem limites, sobretudo na intimidade, no seio da vida privada, em que os maus-tratos podiam ser silenciados. E, porque invisíveis, fechados entre quatro paredes, tornavam-se lícitos.

Como já se viu, as mulheres não ficavam atrás. Gian Carlo de Melo Silva, Jeannie da Silva Menezes e Suely Creusa Cordeiro de Almeida estudaram os chamados crimes hediondos cometidos por mães contra filhos e vice-versa. Segundo o dr. Azambuja, na gazeta *O Arquivo Médico Brasileiro*, a sede do Império era um local onde o infanticídio acontecia de forma tão frequente e era "tão fácil de executar" que podia ser facilmente comprovado pelas notícias publicadas nos jornais da época. Aliás, não só o Rio de Janeiro era visto assim, mas todo o Brasil.

Mães que foram consideradas pela imprensa portadoras de "corações de fera" usaram das mãos ou do peso do corpo para tirar a vida dos filhos. Perto da cidade de Curralinho, na Bahia, ocorreu um "repugnante crime de infanticídio", como noticiou o jornal *O Orbe*, em novembro de 1897.

Segundo relatos colhidos pelos historiadores Gian Carlo, Jeannie e Suely, habitava no local a sra. Anna Joaquina e sua filha Eufrosina de Jesus. Numa noite, Anna saiu em busca de uma vizinha chamada Idalina, pedindo-lhe algo para aliviar as dores da filha, que reclamava de "pontadas do lado". Retornando a mãe com a vizinha, foram informadas que Eufrosina saíra para os "matos". Anna e Idalina foram à procura dela, mas, ao chegar numa "barroca", depararam com um recém-nascido de bruços e com a mulher pressionando aquele pequeno corpo com o joelho. Correram para salvar a criança e identificaram Eufrosina, a filha "virgem" de Anna, que, "parida", tentava eliminar o próprio rebento. A criança não resistiu e morreu momentos depois.

No bairro do Bebedouro, em Maceió, na rua da estrada de ferro, outro exemplo de infanticídio, então noticiado por *O Gutemberg*, na época, o jornal de maior circulação no estado. A assassina não se deu ao trabalho de sair de casa para perpetrar o crime: aproveitando-se da longa ausência da mãe, Maria do Carmo da Conceição, jovem de quinze anos, ocultou sua gravidez. Ao dar à luz um menino, tratou logo de estrangulá-lo. Morto, o rebento foi enterrado debaixo da cama da avó. No sábado, 18 de março de 1911, Maria do Carmo confessou o crime e, doente, talvez sofrendo as consequências do parto ou o que para muitos seria um castigo divino, foi recolhida à casa de detenção.

Matricídios eram menos habituais que parricídios; ou seja, pais eram quatro vezes mais vitimados que mães – assunto bem estudado pelo trio de historiadores citado acima. Para ficar em um exemplo, em janeiro de 1914, um crime hediondo foi noticiado pelo jornal recifense *A Província*. A narrativa envolvia uma família composta pelos pais Francisco Lourenço e Filomena Olympia e seus dois filhos, Manoel Xavier e Antônio Xavier de Oliveira, mais conhecido como Antônio Doudo. Todos moravam no engenho Pedregulho, no munícipio de

Nazaré da Mata, localizado a algumas horas da capital. Com o passar dos anos, Francisco morreu, deixando filhos e esposa. Manoel permaneceu mais unido à mãe, enquanto Antônio passou a "desafeto de seu irmão e de sua própria genitora". Com isso, não demorou para, por qualquer motivo, ameaçar de morte a própria mãe. Era uma tragédia anunciada. No dia 9 de janeiro de 1914, na hora do jantar, quando todos estariam reunidos à mesa, Antônio tomou "assento", mas pôs, a seu lado, uma espingarda de dois canos pronta para ser usada. "Teria o Doudo planejado algo?", perguntava-se o jornal. Enquanto isso, Filomena, com Manoel, tinha ido até o quintal apartar uma briga entre dois galos e umas guinés. As aves eram de propriedade de Antônio. Enquanto tratavam os animais, tanto mãe como irmão foram surpreendidos por dois tiros disparados por Antônio. Um deles endereçado a Filomena, que morreu na hora. Ao errar o outro tiro, Doudo continuou em perseguição ao irmão. Graças à intervenção de terceiros, o assassino foi controlado. Sobrou Manoel para chorar a mãe morta.

NA REPÚBLICA VELHA, NOVIDADES

Em *Histórias da gente brasileira – memórias* [livro lançado em 2016], mostrei as mudanças no corpo das mulheres. O século XX imprimiu suas marcas na brasileira, que vivenciou diversas transformações: a higiene corporal passou a fazer parte da rotina; foram inventados o batom, em 1925, e o desodorante, nos anos 1950; os cabelos passaram a ter o corte *à la garçonne*, gesto sacrílego contra as bastas cabeleiras do século passado; os decotes maiores levaram à depilação; o espartilho, graças ao trabalho feminino nas fábricas, diminuiu e se transformou em sutiã, possibilitando maior movimentação dos braços; "manter a linha" tornou-se um culto, e a magreza ativa foi a resposta do século à gordura passiva da *belle époque*; além disso, com o desaparecimento da luva, essa capa sensual que funcionava ao mesmo tempo como freio e estímulo do desejo, o esmalte de unhas pôde finalmente ser visto.

A pergunta que as mulheres se faziam diante do espelho era: "Como dar um ar mais sedutor a esse rosto apagado?". Um produto seroso, feito à base de amêndoas doces e aromatizado com essência de rosas, garantia lábios pouco coloridos, porém apetitosos. Sombra e lápis, feitos com carvão, terra escura ou outros colorantes escuros, delineavam, sem exagero, os olhos. Os penteados ornamentais com ondas conseguidas graças aos ferros de frisar foram abandonados. O esporte, antes condenado, tornou-se indicativo de mudanças. A revolução dos trajes começou a subir as saias, que brigavam com as botinhas de cano alto – elas procuravam cobrir o pedaço da canela exposta.

A cintura de vespa, herdada do século anterior, o XIX, continuava aprisionada em espartilhos, embora eles tivessem melhorado um tanto. O dissimulado instrumento de tortura, feito de pano forte e varetas de barbatana de baleia, rígidas a ponto de sacrificar o fígado e os rins, mudou. Passou a ser feito de hastes flexíveis de aço inoxidável. A partir de 1918, ao fim da Primeira Guerra Mundial, as chamadas "exuberâncias adiposas" passaram a ser contidas não mais pelo terrível espartilho, causador de danos irreparáveis, mas pelo "corpinho" ou pela cinta elástica. Se o primeiro salientava os seios como pomos redondos, o corpinho os deixava mais livres e achatados.

"Artigos sanitários", antes desconhecidos e que atendiam pelos insólitos nomes de Kotex e Modess, anunciavam nas revistas femininas o fim do tabu da menstruação. Vendidos à dúzia, eram "toalhas higiênicas com franjas", *serviettes* esterilizadas, "calças sanitárias em borracha e *marquisette*, rematadas com debruns de borracha", "cintos para *serviettes*". Catálogos de roupas brancas, feitas por sofisticadas bordadeiras, revelavam que a vida no quarto de vestir e de dormir ganhava novos contornos. Contrariamente a suas antepassadas, capazes de passar os dias em roupão branco e desgrenhadas, a mulher dos anos 1920 parecia querer seguir à risca os conselhos da *Revista Feminina*, em que a articulista Henriette criticava:

> Como, então, há algumas leitoras que andem em casa sem meias? Há pelo menos 60% de senhoras casadas que até a hora do almoço ficam com o chinelo com que se levantam, o cabelo amarrado com uma fitinha e um roupão "saco" à vontade do corpo! [...] Devemos lembrar que nós, mulheres, fomos criadas para a fantasia. Todas as vezes que nos mostrarmos muito materiais, perdemos o encanto que nos acham os homens.

Ao deixar de lado o "corpinho" e as cintas, o corpo começava a se soltar. O famoso costureiro francês Paul Poiret rompia com o modelo de ancas majestosas e seios pesados. E assim teve início a moda da mulher magra. Não foi apenas uma moda, mas também o desabrochar de uma mística da magreza, uma mitologia da linha, uma obsessão pelo emagrecimento – tudo temperado com o uso de roupas fusiformes.

Da Europa, de onde saíam todas as modas, a entrada da mulher no mundo do exercício físico, do exercício sobre bicicletas, nas quadras de tênis, em piscinas e praias gerou a aprovação de corpos esbeltos, leves e delicados. Passou-se a perseguir o chamado *enbompoint* – os quilinhos a mais –, mesmo que discretamente. O estilo "tubo" valorizava curvas graciosas e bem lançadas. O esporte era recomendado até para combater adultérios.

A escritora Carolina Nabuco dava sua visão do que eram as normas:

Em moça, eu nunca ouvira falar em banho de sol. Não se admiravam as peles tostadas e, por isso, todas evitavam queimar-se. Também não era moda usar vidros escuros contra a excessiva claridade. Qualquer tipo de óculos era julgado desfigurante e posto de lado como apanágio das vovós e dos míopes. Nenhuma moça pensava em se enfear usando os que existiam então, sempre de vidro claro, com armação de metal. Nossa defesa contra o sol eram apenas as sombrinhas. Eu gostava especialmente de uma vermelha, porque roseava minha palidez e me servia de cosmético num tempo em que não se admitia rosto pintado.

Bonita ou feia, Carolina?
Ninguém me dizia se eu era bonita ou feia. Talvez não soubessem mesmo ou não pudessem julgar, pois a visão dos velhos sobre a geração de seus netos é alterada por uma névoa de encantamento... produzida pela mocidade. Lembro-me, por exemplo, de ter estranhado meu pai – que devia ser infalível em tudo – cometer um erro desse gênero, dizendo a uma senhora que ela parecia irmã de sua filha. Ouvi também esse tolo clichê aplicado a mim e a mamãe, nos meus dezessete anos, por um embaixador de barba branca. Soou aos meus ouvidos como o absurdo dos absurdos, ainda mais porque mamãe, nesse tempo, já começara a ganhar peso. Eu percebia bem a boa-fé que havia nesses desacertos. Mais de uma vez, por exemplo, ouvi pessoas de idade dizer a minha mãe, com aparente sinceridade, que ela não era gorda. Na minha idade de então, que só admitia talhes de sílfide, ignorar o alargamento da cintura com o passar dos anos parecia um erro grosseiro.

Alguns médicos se rebelavam contra a moda de tendência masculina, que associavam a ideias feministas ao desprezo pela maternidade. Os cabelos curtos, as pernas finas, os seios pequenos eram percebidos por muitos homens como negação da feminilidade. E eram endossados pela opinião das próprias mulheres. A renomada escritora Júlia Lopes de Almeida foi uma dessas.

Basta ver um jornal feminista para toparmos logo com muitos retratos de mulheres célebres, cujos paletós, coletes e colarinhos de homem parecem querer mostrar ao mundo que está ali dentro de um caráter viril e um espírito de atrevidos impulsos. Cabelos sacrificados à tesoura, lapelas (sem flor!), de casacos escuros, saias esguias e murchas, afeiam corpos que a natureza talhou para os altos destinos da graça e da beleza. Os colarinhos engomados, as camisas de peito chato, dão às mulheres uma linha pouco sinuosa e contrafeita, porque é disfarçada. Médicas, engenheiras, advogadas, farmacêuticas, escritoras, pintoras etc., por amarem e se devotarem às ciências e às artes, por que hão de desdenhar em absoluta a elegância feminina e procurar nos figurinos dos homens a expressão da sua individualidade?

Depois de Júlia, a folclorista Hildegardes Vianna confirmaria que a "masculinização do traje mostraria a sua força maior, anos mais tarde, quando a Escola Comercial Feminina começou a preparar moças para a luta pela própria sobrevivência".

> Casacos de corte masculino, blusa camisa de riscado, gravata de manto com nó de praxe e um chapéu-coco, daqueles usados por Rui Barbosa [...]. Telefonistas e costureiras (ajudantes de costureiras, aliás) podiam ser identificadas pelas saias de casimira azul-marinho e a blusa branca ao gosto de cada qual. O que fazia a diferença era o chapéu. As telefonistas, com melhor situação social, andavam enchapeladas, mesmo que o chapéu houvesse se transformado no que o vulgo chamava de cuscuzeiro ou masmorra. Os chapéus eram confeccionados com palha de metro pelas chapeleiras que modelavam a copa sobre uma forma de pau. A depender, com o uso, a aba entortava. Mas nenhuma abandonava o chapéu.
> Os chapéus! O chapéu feminino não era mera proteção para a cabeça ou para os cabelos. Era um cartão de identidade de procedência social. Uma mulher de chapéu era uma mulher de classe, uma mulher de trato [...]. As parteiras usavam uma blusinha de mangas curtas (pouco acima do cotovelo) sob o conjuntinho de casaca e saia em tom severo. As visitadoras sanitárias do Estado, lotadas em postos de saúde, indo de casa em casa vacinar, ensinando princípios profiláticos às mães de família, vestiam-se com vestido branco de linho, de mangas compridas, sempre bem engomado e reluzente, contrastando com a feia pasta de couro que carregavam. Também estas, de acordo com a situação, traziam chapéu ou não.

As estudantes de medicina aderiram ao uniforme para caracterizar sua posição acadêmica e também para justificar ao público sua permanência em meio à rapaziada. Adotaram saia e casaquinho verde com blusa branca; as de direito portavam uniforme vermelho, blusa creme e laço preto fechando o decote; e as da politécnica, farda azul.

O movimento, contudo, estava lançado. Regime e musculação começavam a modelar as compleições longilíneas que passavam a caracterizar a mulher moderna, desembaraçada do espartilho e, ao mesmo tempo, da gordura decorativa. Insidiosamente, a norma estética afinava, emagrecia, endurecia, masculinizava o corpo feminino, deixando a "ampulheta" no passado.

A despeito da presença de mulheres nas raias das piscinas ou nas quadras de tênis dos clubes privados, porém, o lugar onde elas, de fato, estavam presentes era o lar. Sua vida doméstica ganhava, contudo, valores de consumo nunca antes vistos no Brasil. Certos produtos de beleza começavam a ser industrializados. Quem podia cedia aos encantos do produto importado. Guerlain e Coty eram as marcas mais procuradas. Pequenas oficinas domésticas produziam cremes e pós para o rosto, perfumes, produtos para os olhos e maquiagem em geral, vendidos de porta em porta para consumidoras de camadas médias. O pó de arroz, "contra o qual antigamente alguns pais de família se insurgiam, é o único auxílio de que lançamos mão, mais ainda como um complemento de *toilette* que o uso torna indispensável [...], não só atenua o luzido da pele afogueada por uma temperatura quase sempre alta, como também suaviza, refresca e aromatiza", ensinava Júlia Lopes de Almeida. Ele seria "o véu benévolo para os rostos de quarenta anos". Proibido, porém, para donzelas.

No interior, então, pintura no rosto era coisa de mulher-dama, conta o escritor Gilberto Amado:

> Por que cara de mulher pintada me excitava mais do que cara sem pintura! É que era pecado, chocava a minha moral, que era "sã". O turvo prestígio que sobre a criança e o adolescente exerce o "pecado", ou o que e considera pecado, é responsável por isso. Em Itaporanga, nos dias de feira, para fazer suas compras semanais nos cargueiros já conhecidos que arriavam seus caçuás em nossa calçada, minha mãe vinha para a porta da casa acompanhada por nós, crianças, e pelos criados. A certa hora, dizia, com um ar triste, mas alto: "Meninos, para dentro!". Ela própria entrava a correr, e as criadas começavam a fechar as janelas. Eu ficava espiando como podia. Eram as mulheres-damas que passavam em fila, a caminho da feira, de charuto na mão ou na boca, rosa-palmeirão nos cabelos, esteira debaixo do braço, pintadas de fazer medo. Maria Jeroma, a mais impressionante, recorta-se no fundo da minha infância com algo de sobrenatural, como a expressão do "mal". Muitas das moças de Pernambuco se pintavam como Maria Jeroma: demais. Daí a sua atração para o adolescente que chegara de Itaporanga. Nas famílias "direitas" a pintura era discreta; só na gente falada, na interessante, que atraía a atenção, é o que o ruge dominava em tons ticianescos.

Além da maquiagem, a moda também se desenvolvia. As lojas de luxo importavam vestidos e moldes, e algumas chegavam a oferecer os serviços dos ateliês de costura para consertos e ajustes ou, ainda, para fazer roupas íntimas. Com a crescente imigração no entreguerras, costureiras e chapeleiras de origem estrangeira se instalaram por aqui com suas lojas. Vitrines e manequins enfeitavam grandes magazines, como o Mappin, em São Paulo, cujos produtos eram também vendidos por catálogos, encomendas por telefone e correio ou serviço de entregas. E nesse mercado muitas clientes eram do interior e viajavam às capitais para comprar – dessas, um exemplo foi a mãe do grande escritor Érico Veríssimo:

Minha mãe foi uma mulher bonita quando moça e tinha a dignidade das mães de família de sua época. Seus cabelos eram castanhos, olhos da mesma cor e tez clara. Vestia-se bem. Quando meu pai ia a São Paulo efetuar compras anualmente, ela o acompanhava e refazia seu guarda-roupa. Vaidosa como toda mulher, sabia apresentar-se. Talvez a mulher que melhor se vestia na vila.

Anúncios em francês visavam a atrair a clientela mais sofisticada, apregoando *robes d'après-midi et de soirées*, ou seja, vestidos sociais e de gala. A inovação de saldos e liquidações permitia às camadas urbanas médias adotar roupa de gente rica. Mais que consumir, com os olhos ou a bolsa, milhares de novos produtos expostos em vitrines, anúncios públicos e revistas femininas, as mulheres imbuíam-se, lentamente, de uma nova preocupação: sua apresentação, que as introduzia na vida urbana de maneira conveniente. A palavra de ordem, portanto, tornou-se beleza! A feiura devia ser banida.

O olhar masculino não perdoava, como se vê pelas palavras de Veríssimo: "Costumávamos dar alcunhas nem sempre lisonjeiras às moças da cidade. 'Viste a Gazela Desengonçada?', 'Lá vem vindo o Presunto da Colônia', 'Faz tempo que não vejo a Baixinha de Olho de Peixe'. Como uma das beldades locais tivesse cortado o cabelo *à la garçonne* e andasse com o pescoço raspado a navalha, passamos a chamá-la *mlle. Cou Rasé*, ou seja, pescoço rapado".

A preocupação de ser bela não era novidade, mas a percepção da beleza feminina transformava-se em algo mais palpável. Os concursos de beleza, recém-inventados, chancelavam essa preocupação, ao lado de centenas de imagens femininas que invadiam a imprensa, como "conselheiras de beleza". Todo tipo de melhora devia ser estimulado. O misto de beleza e elegância, antes apanágio do romantismo, começava a ceder às formas de exibição do corpo feminino. O discurso higienista, tão ativo entre os anos 1920 e 1930, estimulava a vida das mulheres, menos cobertas e mais fortificadas, ao ar livre. O hábito dos esportes, a fundação de clubes, a ênfase na dança, estimulada pela recém-surgida indústria fonográfica, instigavam a exposição dos corpos. Instalou-se a busca da aparência sã. A medicina passou a sublinhar a importância de exercícios e vida saudável para preservar a saúde e também o frescor da tez, a pele saudável, o corpo firme e jovem. Acreditava-se que as imperfeições físicas poderiam ser corrigidas – não à custa de toneladas de maquiagem ou qualquer outro artifício, mas por meios salutares, como a vida higiênica, disciplinada e moderada. Vejamos o conselho da *Revista Feminina* de outubro de 1920:

> As feias [...] não devem fingir-se de belas. Contentem-se em ser feias, tratem de educar seu espírito, de viver higienicamente para adquirir saúde, de nutrir-se

convenientemente, de ser simples, bem-educadas e meigas. A vida higiênica, a boa nutrição, os esportes garantir-lhes-ão a saúde, a boa pele, os bons dentes, a harmonia das formas, o desembaraço dos gestos e a graça das atitudes; a leitura sã, o cultivo do espírito, dar-lhe-ão inteligência e à fronte; a bondade, a simplicidade, a meiguice torná-la-ão perturbadoramente simpáticas. Deixarão, pois, de ser feias; ou, se continuam feias, valerão mais do que as belas, terão mais prestígio pessoal, impor-se-ão às simpatias gerais.

Nas primeiras décadas do século XX, todas as mulheres sabiam que a fotografia, o cinema e a imprensa divulgavam padrões a ser seguidos – tipos criados por Clara Bow, Alice White, Colleen Moore incentivavam imagens sobre garotas modernas, misto de alegria, mocidade, jazz e coquetéis! Um controle mais rígido sobre a apresentação pessoal da mulher passou a ser exigido até em empregos. A chamada "boa aparência" impôs-se; e os bons casamentos, sobretudo, dependiam disso. Olhos e boca, graças ao batom industrial, passavam a ser o centro das atenções. O aparato colocado a serviço da beleza corporal, feito de receitas de fabrico doméstico, de produtos farmacêuticos ou de artifícios de maquiagem, parecia prometer à mulher a possibilidade de tornar-se bela. Havia salvação para as feias! A propalada *coquetterie*, desdobrada em cursos de maquiagem, cuidados com a pele e o cabelo, massagens e tratamentos dos mais variados, cursos para aprender a caminhar e a gesticular, constituía um investimento. Feia? Só quem quisesse, explicava *A Cigarra*, em julho de 1920:

> A *coquetterie* é a qualidade mais admirável na mulher. Graças a ela muitas mulheres feias parecem bonitas, e as bonitas, encantadoras. É a *coquetterie* que acentua a graça aos cabelos que beijam a nuca ou sombreiam a fronte; é a *coquetterie* que imprime sorrisos de glória à linda curva do seio; por ela os olhos expressam languidez ou triunfo, os corpos, com trajes artísticos, fazem ressaltar a harmonia das formas. A *coquetteri*e rodeia a mulher como uma *allure* graciosa ou grave segundo correspondia o seu tipo; ela rege as modulações da voz e a harmonia do rosto.

Palavras francesas como *coquetterie*, "preocupação de se valorizar para agradar", e *allure*, "distinção de porte", somavam-se a outras em inglês, influência do cinema: *sex-appeal* e *it*. A segunda referia-se ao "quê" de sedutora que havia em cada mulher. "*It* é um dom de atração [...], uma qualidade passiva, que atrai a atenção e desperta o desejo. A mulher deve possuir *it* para atrair o homem", explicava o articulista da *Cinearte* em 1928. Já o *sex-appeal*, segundo o mesmo cronista, definia-se pelo físico "atraente e perfeito, pelas atitudes provocantes, o olhar liquefeito e perigoso, o andar lento e sensual, os lábios contornados e convidativos. As que têm (isso), os homens seus escravos são". A malícia, outro ingrediente indispensável ao sucesso feminino, era sugerida tacitamente na estética cinematográfica.

Ao aparecimento desses rostos na tela – rostos jovens, maliciosos e sensuais –, somaram-se outros fatores cruciais para a construção de um modelo de beleza. Data dessa época o banimento de cena da mulher mais idosa. Se até o século XIX matronas pesadas e vestidas de negro enfeitavam álbuns de família e retratos a óleo, nas salas de jantar das casas patrícias, no século XX, elas tendiam a desaparecer da vida pública.

Envelhecer começava a ser associado à perda de prestígio e ao afastamento do convívio social, e o autor de *A arte de envelhecer* aconselhava: não se devia ter por objetivo a arte de não parecer velha graças a "pincelinhos, camurças, óleos, tintas e esmaltes", mas, sim, de padecer com resignada calma as gradações da mudança. Identificava-se gordura a velhice; era a emergência da lipofobia. Não se associava mais o redondo das formas à saúde, ao prazer, à pacífica prosperidade burguesa que lhes permitia comer muito, do bom e do melhor. A obesidade tornou-se critério de feiura, representando o universo do vulgar, em oposição ao elegante, fino e raro. Esbelteza e juventude se sobrepunham: "É feio, é triste mesmo ver-se uma pessoa obesa, principalmente se se tratar de uma senhora; toca às vezes as raias da repugnância", advertia a *Revista Feminina*, em 1923. A gordura opunha-se aos novos tempos, que exigiam corpos ágeis e rápidos. A magreza tinha mesmo algo de libertário: leves, as mulheres moviam-se mais e mais rapidamente, cobriam-se menos, com vestidos cada vez mais curtos e estreitos, estavam nas ruas. O rosto rosado pelo ar livre, pela atividade, não se coadunava com o semblante amarelado das mulheres confinadas em casa.

"Mulheres velhas se vestiam como velhas", crava a antropóloga Miriam Sales. Proibiam-se a elas as cores fortes, as roupas da moda, os decotes, as saias curtas. O tecido tinha que ser pesado para durar. Cores: preto, cinza, marinho, marrom, branco. Vermelho nem pensar! Sapatos precisavam ser tipo botina de salto baixo. Os cabelos, presos em coque, sem sofisticação. Quem quisesse tinha direito ao fichu, mantilha comprida para cobrir o pescoço.

No combate contra magras e em favor da juventude, quem ganhava? Vitória da silhueta reta? Não! Ilustrações e charges dão pistas para o gosto masculino em relação às formas femininas. Elas seguiam arredondadas, valorizando quadris e nádegas, seios pequenos e pouco salientes. Resumindo: quatrocentos anos de morenas e mulatas sinuosas, da consagrada "morenidade" descrita por grandes pensadores como Gilberto Freyre, Darcy Ribeiro e Roberto DaMatta, resistiam com bravura aos modelos importados e aos avanços das beldades escandinavas, ditados por higienismo ou influência hollywoodiana.

RACHADURAS NO PATRIARCALISMO E A CHEGADA DO FEMINISMO

Em um ensaio brilhante, o historiador Durval Muniz de Albuquerque Júnior explica que o conceito de patriarcalismo, tal como o concebeu Gilberto Freyre, foi arquitetado num momento específico, os anos 1930, quando as relações entre homens e mulheres se alteraram profundamente, assustando os homens ligados ao passado rural e escravocrata. A sociedade se feminizava. "O patriarcalismo, sociedade do poder masculino, do império dos pais, assentada em relações paternalistas, de filhotismo e apadrinhamento, sociedade de parentelas, ia sendo modificado por um processo visto como de desvirilização, período de confusão entre as fronteiras de gênero, em que as mulheres começam a assumir lugares antes reservados aos homens", explica Albuquerque Júnior.

Até na passagem do Império para a República construiu-se uma ponte entre o simbolismo masculino e o feminino. "O movimento republicano seria o movimento de machos em busca da mulher ideal, insatisfeitos com um império e um imperador já sem energia, desvirilizado, senil", cravou Freyre, em *Ordem e progresso*. À luz do positivismo, a República cultuava a mulher santa, perfeita, sofredora. Fundava uma religião baseada no amor. Até os homens que fundaram a República, como Benjamin Constant, Martins Júnior e Pereira Barreto, eram marcados por um excesso de delicadeza que nascia de seu modo de fazer política. Sem violência. E os militares foram o marido protetor para a desprotegida República.

Desprotegida mas não fraca, pois o novo regime foi marcado, em suas primeiras décadas, pela participação política das mulheres. Não aquela de bastidores, feita de murmúrios ao pé do ouvido de maridos e amantes, mas a da cena pública. E elas fizeram de sua situação social uma causa. De conselheiras ou discretas aliadas, passaram a cidadãs com direitos em pé de igualdade com os dos homens. A emergência do movimento sufragista os assustou. Antes, a ousadia dos trajes, a emancipação econômica ou atividades sociais novidadeiras eram até aceitas como "evolução", se não esbarrassem no princípio das famílias e os deveres domésticos. Mas votar?

A inspiração para o movimento sufragista veio dos Estados Unidos e da Europa. O argumento era: se mulheres votavam lá, por que não votariam aqui? Em 1922, Carrie Chapman Catt, líder sufragista estadunidense, palestrou para suas congêneres brasileiras. O voto feminino era um movimento de classe média por direitos políticos, por uma reforma que garantisse o voto às mulheres que alcançassem as mesmas qualificações que os homens. Nunca foi uma tentativa de revolucionar o papel da mulher na sociedade ou mesmo de revolucionar a própria sociedade, como explica a historiadora June Hahner.

Não foi preciso vir uma americana para acordar as brasileiras. Em 1910, bem antes da passagem de Catt por aqui, a baiana Leolinda Daltro havia fundado o Partido Republicano Feminino a fim de possibilitar no Congresso um debate sobre o voto das mulheres. Trata-se de uma pioneira. Moradora do Rio de Janeiro, lá criou seus cinco filhos, separada do marido. Apaixonada pela ideia de incorporar os índios brasileiros à sociedade por meio da educação, tentou percorrer o interior do país promovendo a alfabetização, sem catequese. Rechaçada em algumas cidades, acusada até de ser "mulher do diabo", chegou a Goiás e às fronteiras do Maranhão e do Pará. De volta a sua terra e sendo amiga da esposa do presidente Hermes da Fonseca, Orsina, ajudou a criar a linha de tiro feminino, na qual as mulheres poderiam receber treinamento com armas de fogo. Por mais de uma década, Leolinda e a poeta Gilka Machado ocuparam a cena política, comparecendo a todos os eventos de repercussão na imprensa em prol do sufrágio universal e sob uma chuva de acusações de que teriam como objetivo "masculinizar o adorável sexo", explicam os historiadores Schuma Schumaher e Érico Vital Brazil.

Poeta simbolista, Gilka Machado discutia em seus versos o desejo feminino e a opressão da mulher. Depois de organizar com sucesso uma marcha pelas ruas do centro com noventa participantes, Leolinda lançou-se candidata à Intendência Municipal do Distrito Federal. Fracassou. Nos anos 1920, afastou-se da política e mergulhou na educação. Morreu num desastre de automóvel em 1935 e, à época, a revista *Mulher* saudou-a como percussora do feminismo, que havia lutado contra a mais cruel das armas: o ridículo.

A resistência às reivindicações das mulheres era forte, sobretudo entre autoridades e políticos. Até os trabalhos científicos respaldavam: o lugar das mulheres era a casa, uma vez que, frágeis, elas não tinham inteligência para as atividades públicas. Aliás, a reação de burguesas defendendo o pleno acesso à educação de qualidade, direito de voto e de elegibilidade refletia a necessidade de membros da classe média ultrapassarem barreiras impostas ao trabalho feminino remunerado.

Filha de um grande nome da medicina tropical, Adolfo Lutz, recém-chegada da Europa, onde estudara na França e na Inglaterra, Bertha Lutz classificou-se em primeiro lugar num concurso para o Museu Nacional do Rio de Janeiro. Depois de aglutinar um grupo de mulheres à volta, tornou-se referência nos meios feministas e, aos 24 anos, publicou na *Revista da Semana*, em dezembro de 1918, um artigo que teve grande impacto: "Somos filhos de tais mulheres". O texto não economizava palavras: "Todos os dias se leem nos jornais do Rio apreciações deprimentes para a mulher. Não há, talvez, cidade no mundo onde se respeite menos a mulher. Existem até sessões que se dedicam a corrompê-la ou injuriá-la. O que deve consolar a brasileira é que os homens que essas coisas escrevem são piores que a pior das mulheres. E esses são os seus mais severos juízes... Que importa que alguns jornalistas nos continuem a considerar os 'animais de cabelos compridos e ideias curtas' [...]. Por quanto tempo ainda continuaremos a ser um assunto, apenas, de debique e sátira?".

O movimento logo se institucionalizou. Em 1920, com Maria Lacerda de Moura, Bertha criou a Liga para a Emancipação Intelectual da Mulher, um grupo de estudos sobre os problemas básicos da mulher, não uma associação filantrópica, como se estava acostumado a ver.

Filha de uma modesta família mineira, Maria Lacerda de Moura escreveu desde cedo sobre as lutas femininas e o sofrimento da população. Em 1928, publicou *Em torno da educação*, obra que expressava o otimismo sobre o aprendizado feminino. No ano seguinte, aprofundou-se na questão e em *Renovação* propugnou a educação como forma de resgatar da exclusão o povo no processo político. Rompeu com Bertha ao se envolver intensamente com o movimento operário anarquista, sugerindo maneiras mais incisivas de atuar politicamente. Adepta do amor livre, Maria Lacerda de Moura aproveitou todas as oportunidades de manifestar-se a favor da educação sexual e contra a moral vigente. Criticava a relação da mulher com o próprio corpo, os homens, a família e o trabalho – questões mal discutidas dentro do movimento feminista. E considerava que o movimento, do jeito como era conduzido em favor do voto, só beneficiaria as mulheres de elite. Sua defesa do amor plural ganhou forma no livro *A mulher é uma degenerada?*, publicado em 1924. Maria morreu em 1945, depois de ter enfrentado a Igreja, instituição que ela acusava de fascista, e após ter morado na Colônia Anarquista de Guararema. Nos últimos anos de vida, dedicou-se a questões metafísicas, astrologia e ciências ocultas.

Em 4 de agosto de 1922 surgiu o Conselho Nacional de Mulheres do Brasil. No mesmo ano, Bertha sugeriu a criação de associações de classe para as diversas categorias profissionais; nessa linha, a fundação da Legião da Mulher Brasileira tinha o objetivo de interceder pela redução do horário de trabalho das comerciárias: de catorze para oito horas diárias. E, à época, outro pedido que só seria atendido nos anos 1930 também já estava posto: regulamentação e leis de previdência e assistência para trabalhadoras da indústria. Nesse panorama, a educação feminina, considerada essencial para a emancipação, foi um ponto na batalha das feministas que pleiteavam direitos idênticos aos dos homens, além de remuneração e meios de trabalho equiparados.

Bertha procurou criar laços com entidades internacionais, participando da I Conferência Interamericana de Mulheres, realizada em Baltimore. Em dezembro de 1922, dentro dos quadros de comemoração do centenário da Independência do Brasil, criou-se o I Congresso Internacional Feminista, seguido da fundação da Federação Brasileira pelo Progresso Feminino (FBPF); nele estavam presentes as sufragistas Jerônima Mesquita, Stella Guerra Duval, Maria Lacerda de Moura e alguns políticos que se solidarizavam com a causa. Vale dizer que foi no congresso nacional que teve início a luta pelo voto, que ganhou o apoio do senador Juvenal Lamartine de Faria.

Bertha Lutz e Carmen Portinho mergulharam de cabeça na eleição de Lamartine, que dizia contar com o apoio das mulheres do Rio Grande do Norte. Carmen foi outra personagem excepcional da cena feminista: nascida em Corumbá, mudou-se cedo para o Rio de Janeiro e aderiu entusiasticamente ao movimento sufragista. Vice-presidente da FBPF, chegou a sobrevoar a cidade lançando panfletos em defesa do sufrágio: "No tempo em que nem aviões decentes existiam", contou. Ela propunha que mulheres não mudassem de nome ao se casar, numa atitude de resistência e independência. Criou a Associação Brasileira de Engenheiras e Arquitetas, única entidade profissional de classe composta exclusivamente por mulheres. No último ano do curso, começou a dar aulas para o internato masculino do colégio Pedro II, algo considerado um escândalo: uma mulher numa sala de aula masculina.

Depois de formada, lutou em várias frentes para ter suas competências reconhecidas e enfrentou a má vontade de muitos superiores. Um deles a obrigou a escalar um telhado para vistoriar a instalação de um para-raios em um prédio da Prefeitura. Carmen, que pertencia ao Centro Excursionista Brasileiro e havia escalado todos os morros da cidade, ironizou e afirmou não ter dificuldade para completar a missão. Depois de um curso na Inglaterra, propôs a criação de um Departamento de Habitação Popular, tornando-se a introdutora desse conceito num país onde a moradia popular refletia as desigualdades sociais. Foi de sua responsabilidade a construção do conjunto residencial Pedregulho, em São Cristóvão, nos anos 1950. Também construiu o Museu de Arte Moderna e criou a Escola Superior de Desenho Industrial.

Finalmente, em 1930, começou a transitar no Senado o projeto que estendia às mulheres o direito ao voto, movimento interrompido pela revolução de 1930. Para dar maior legitimidade ao governo recém-instalado, Getúlio Vargas nomeou uma comissão responsável para cuidar da nova lei eleitoral. Em 1932, o Brasil ganhou um novo Código Eleitoral, estabelecendo o voto secreto e o voto feminino, tornando-se o segundo país da América Latina, depois apenas do Equador, a estender às mulheres o direito de votar. O princípio foi incorporado à Constituição em 1934.

À época, o presidente parecia não saber, mas tinha uma feminista dentro de casa: sua filha Alzirinha recusou-se a usar vestido de noiva no dia do casamento, num gesto franco de inconformismo com o papel que se esperava dela. Tornou-se, em pouco tempo, figura importante no tabuleiro político e, durante o governo do pai, foi a interlocutora informal dele com a sociedade.

Foram anos, também, em que a primeira deputada negra se elegeu no país. Antonieta de Barros, órfã de pai e criada pela mãe, nasceu em Florianópolis, em 11 de julho de 1901. Segundo a historiadora e feminista Maria Lúcia Mott, sua biógrafa, Antonieta teve que romper muitas barreiras para conquistar espaços que eram inusitados para a mulher e ainda mais para uma negra. Começou como jornalista, criando e dirigindo *A Semana*, entre 1922 e 1927, depois o periódico *Vida Ilhoa*, da mesma cidade. Como educadora, fundou o Curso Particular Antonieta de Barros, o qual dirigiu até sua morte. Manteve correspondência com Bertha Lutz e com a FBPF e, na primeira eleição em que brasileiras puderam votar, filiou-se ao Partido Liberal Catarinense, quando se elegeu deputada estadual, em 1935. Foi também a primeira mulher, e negra, a assumir uma cadeira na Assembleia Legislativa de Santa Catarina. Bem-sucedida, sua carreira política só terminou em 1951.

Antonieta não foi a única desse perfil, pois, em 1934, um panfleto apresentava uma "advogada consciente dos direitos das classes trabalhadoras, jornalista combativa e feminista de ação. Lutando pela independência econômica da mulher, pela garantia legal do trabalhador e pelo ensino obrigatório e gratuito de todos os brasileiros em todos os graus", a candidata não se elegeu, mas ficou na história. Tratava-se de Almerinda Farias Gama, órfã negra, alagoana, colaboradora do jornal *A Província*, de Belém do Pará, e depois sindicalista, presidente do Sindicato dos Datilógrafos e Taquígrafos; sua carreira política teve início quando, indignada, descobriu que o salário das mulheres na função era um terço menor que o dos homens. Até 1943, Almerinda participava da vida sindical como advogada e era membro da Associação dos Escreventes da Justiça do Distrito Federal.

Como resumiu a historiadora Maria Ligia Prado, embora a campanha sufragista não tenha se tornado um movimento de massas, caracterizou-se por uma excelente organização, o que fez com que o país fosse um dos primeiros a dar esse direito às mulheres. Embora representantes da elite, muitas militantes se preocupavam com as classes trabalhadoras.

A própria Bertha, em "Treze princípios básicos: sugestões ao anteprojeto da Constituição", enfatizou que a revolução de 1930 não podia ser apenas política, mas econômica e social. Ela desejava a instauração de um Estado de bem-estar social. Por isso, defendia a igualdade de homens e mulheres perante a lei, o direito de brasileiras casadas com estrangeiros votarem, manterem sua nacionalidade e transmiti-la aos filhos, a proibição da diferença salarial para um mesmo trabalho por motivo de idade, sexo, nacionalidade ou estado civil, a participação dos trabalhadores no estabelecimento da legislação trabalhista, além de segurança econômica, direito a lazer semanal, férias anuais e participação em reuniões e associações. Além disso, a Constituição reconheceu a maternidade como fonte de direitos, devendo ser amparada pelo Estado, e propôs que assuntos referentes a lar, infância, maternidade e trabalho feminino fossem tratados por mulheres habilitadas.

Diante da ação que parecia ameaçar o fantasma da mulher ideal que cercara a República em seus primórdios, a reação se fortaleceu. Um dos argumentos utilizados pelos homens para combater a participação política das mulheres – explica Durval Muniz de Albuquerque Júnior – era de que, à medida que reivindicavam direitos iguais, elas passariam a ter iguais deveres, perdendo a proteção que lhes era devida pelo sexo masculino. Um artifício para minar as forças inimigas era buscar apoio das feministas que faziam, por algum motivo, declarações que reforçavam o papel da mulher como dona de casa, esposa e mãe. O livro da "feminista" Berthe Borely, *A decadência do amor*, sucesso em outros países, advertia contra a intromissão de companheiras no mundo da política. O certo seria cooperar "ao lado do homem [...] com todas as suas energias para o engrandecimento universal". Divulgavam-se afirmações como esta: "A emancipação política da mulher seria incompatível com o estado de dependência natural feminina", pois esvaziava o papel de mãe. O individualismo feminista era contrário aos interesses da família. E por quê? Porque se a sociedade queria preservá-la, sem a preponderância e o reconhecimento do poder do pai e marido, ela não existiria. Afinal, em todas as sociedades até então existentes, o homem era o chefe.

A inversão de papéis seria inadmissível: "O que será da humanidade no dia em que ela, rasgando o *peignoir* de rendas [...] sair para a rua não mais com a sombrinha de seda, mas com o humilhante cacete do capanga eleitoral [...] desaparecerão o encanto dos salões, o amor do lar...", lamentava um cronista de *Careta*.

Então, o feminismo ainda era para poucas, como contou Zélia Gattai em suas memórias:

> Bertha Lutz, por essa época, conclamava as mulheres à luta pela emancipação feminina. Mamãe e Wanda haviam recebido uma visita de Maria Préstia, filha mais velha de uma família italiana numerosa, habitante antiga do bairro, convidando-as a tomar parte em manifestação feminista. Maria Préstia era exaltada discípula de Bertha Lutz, mas parece que não conseguiu nada lá em casa. Mamãe, por fora do assunto e de pé atrás com os movimentos feministas, pois não se julgava oprimida, não queria lutar contra o marido.

No fim dos anos 1940, outra organização nascia: a Federação de Mulheres do Brasil, para mulheres de várias tendências de esquerda com forte influência do Partido Comunista Brasileiro. As principais preocupações? Luta contra a carestia, pela paz mundial e pela proteção à infância. Em 1953, como resultado dessa mobilização, ocorreu uma passeata chamada Panela Vazia. Durante a Greve dos 300 Mil, que paralisou São Paulo, as militantes ocuparam espaços e instalaram departamentos femininos nos sindicatos. E, em decorrência dessas ações, nasceu a Superintendência Nacional de Abastecimento (Sunab), dando amplos poderes para autoridades públicas defenderem os interesses da população.

Segundo Durval Muniz de Albuquerque Júnior, outros discursos tentaram, ao longo do tempo, desqualificar o movimento feminista brasileiro, dizendo que, de acordo com os "imperativos da raça", ou seja, com as características culturais, ele seria mais de comemorações, de festas e reuniões, não de combate. O mais comum era considerar as mulheres que militavam no movimento feminista como mulheres-homens, causadoras de uma enorme confusão reinante entre os papéis a ser atribuídos a cada sexo e quase sempre incapazes de exercer os deveres concernentes a sua condição. Só faltava elas quererem ter barba, proclamava a revista *Fon-Fon* de 4 de março de 1908.

Como bem conclui Albuquerque Júnior, o medo de uma alteração nas relações de poder era incontestável. A tomada de poder pelas saias parecia iminente e seria uma das faces mais radicais e explícitas do processo de feminização pelo qual vinha passando a sociedade desde o advento da República. Via-se o declínio da vida rural e do modelo da família patriarcal que havia se sustentado até então. A vida urbana, afirma o mesmo autor, trazia como um de seus maiores males a vinda da mulher para a praça pública a fim de gritar em defesa de seus direitos de cidadã.

ELAS NO PALCO, NAS ONDAS DO RÁDIO E NAS TELAS

No dia 7 de setembro de 1922, durante as comemorações do centenário da Independência, uma voz ecoou por todo canto: a do presidente Epitácio Pessoa inaugurava, com seu discurso, a radiofonia com transmissão a distância e sem fios no país. O pai da ideia foi um médico-legista que pesquisava a radioeletricidade para fins fisiológicos, Edgard Roquette-Pinto. Entusiasmado com o avanço das comunicações, ele convenceu a Academia Brasileira de Ciências a patrocinar a criação da Rádio Sociedade do Rio de Janeiro, que começou a operar em 20 de abril de 1923, com um transmissor doado pela Casa Pekan, de Buenos Aires, instalado na Escola Politécnica da então capital. A partir daí, surgiram emissoras por todo o Brasil. As primeiras – segundo o pesquisador José de Almeida Castro – eram clubes ou sociedades de amigos, nascidas da união de curiosos encantados com a novidade e de donas de casa, pois para elas se multiplicaram programas específicos: "A hora do lar", "O programa das damas" ou "A voz da beleza", por exemplo.

O veículo ainda não havia se profissionalizado completamente e não existiam artistas de rádio de fato, mas existiam aqueles que também atuavam em rádio, conta Lia Calabre, historiadora. Era um tempo de experimentação, e a imprensa escrita se encarregava de noticiar todas as novidades que surgiam no meio radiofônico. Muitos dos jornais diários passaram a publicar uma coluna dedicada ao assunto. Surgiu a figura do cronista radiofônico, que comentava a programação, apresentava as novidades técnicas, sem deixar de fornecer informações sobre a vida e o trabalho das artistas preferidas do público ouvinte.

Havia ainda algumas revistas, como *Carioca* ou *Noite Ilustrada*, que, além de apresentar colunas especializadas, destinavam muitas de suas páginas a artistas de rádio. Famílias inteiras se postavam na frente do rádio para ouvir músicas ou esperadas novelas. Junto às canções, havia uma curiosidade enorme sobre as estrelas do rádio, pois delas os fãs só conheciam a voz. Para saciar tal curiosidade, surgiu a *Revista do Rádio*, que trazia a cobertura desse universo, sobretudo da vida amorosa dos ídolos. A separação dos cantores Herivelto Martins e Dalva de Oliveira prodigalizou um fogo cruzado entre dois gigantes da cultura popular que tinham desfeito uma união, antes, apaixonada. Foi um vaivém de músicas e de acusações. "Mexericos da Candinha", na mesma revista, era a coluna que se encarregava de lavar a roupa suja dos casais.

Na parte reservada a entrevistas, não faltavam elogios à vida familiar, à casa dos artistas, aos planos de casamento, valorizando o padrão moral mais burguês possível. A revista perguntou aos artistas qual seria a melhor profissão para a mulher. Joana d'Arc, da rádio Tupi, respondeu o seguinte: "A de esposa, porque é o mais belo cargo que a mulher pode exercer com facilidade e segurança". Saint-Clair Lopes, conhecidíssimo locutor e intérprete de novelas dramatizadas, disse: "Qualquer profissão serve para a mulher, desde que ela não abdique de seus direitos de dona do lar, dona da casa". Um moralismo difuso e conservador escapava nas entrelinhas. Em toda parte, o recado era sempre o mesmo: mulheres, em casa; homens, na rua. A cantora Nora Ney, que saía muito nos dias de folga e só regressava no dia seguinte, não apanhou do marido por não cuidar da filha vítima de bronquite asmática? Desaprovação dos fãs... Já Emilinha Borba era uma joia de comportamento: "Não gosto de boates. À noite prefiro ouvir discos e até dormir cedo". E Ângela Maria dizia não querer nada além da felicidade conjugal.

No geral, as fofocas tratavam dos gostos das estrelas, dos salários que recebiam, dos carros que haviam comprado ou recebido de presente ("De quem? De quem?"), da informação mais ou menos velada de que determinado radioator estava apaixonado por uma famosa radioatriz ("Por quem? Por quem?").

Cabiam às músicas, sobretudo as que o rádio ou a radiola RCA Victor derramavam sobre as pessoas, aproximar regiões do país e pessoas, além de contar como evoluíam as intimidades amorosas, o apelo dos sentidos: "No maxixe requebrado/ nada perde o maganão/ ou aperta a pobre moça/ ou maxixe requebrado/ nada perde o maganão/ ou aperta a pobre moça/ ou lhe arruma beliscão". Veja a letra deste baião, "batido à viola", do Ceará, conhecido até mesmo em São Paulo: "Um beijo em mulher medrosa/ dado escondido às escuras/ é a maior ventura/ que a alma do homem goza/ o beijo que é concedido/ com liberdade e franqueza/ parece uma sobremesa/ depois de um jantar sortido/ convém que o beijo se tome/ depois de renhida luta/ como se fosse uma fruta/ comida por quem tem fome/ o beijo de maior sabor/ é quando a mulher nos nega/ porque então a gente pega/ e beija seja onde for". Apesar das intimidades, é retrato do moralismo sempre presente e associado ao ideal da pureza feminina, viajando pelas ondas do rádio, ondas que as mulheres surfaram.

Abelim Maria da Cunha teve que vencer a resistência da família para se tornar cantora. Filha de pastor e operária numa tecelagem, cantava no coro das igrejas da Baixada Fluminense e sonhava em cantar no rádio; porém, muito religiosa, a família abominava a vida artística. Depois de participar de concursos de calouros às escondidas, Abelim passou a se chamar Ângela Maria, para não ser conhecida pelos parentes. No entanto, sua voz se tornou famosa em todo o Brasil.

Outra cantora que teve o mesmo berço religioso foi Aracy de Almeida, nascida na primeira década do século XX. Seu aprendizado se fez na Igreja batista, cantando hinos religiosos com o irmão, que era pastor; depois, convidada a cantar na rádio Tamoio, encantou Noel Rosa. Tornaram-se melhores amigos. Autora de sambas e músicas carnavalescas, Aracy era considerada pelos especialistas "o samba em pessoa".

Com outros acordes e em contato com a música do Norte e do Nordeste, a filha de repentistas Carmélia Alves, apesar de carioca, tornou-se "rainha do baião". Vicentina de Paula Oliveira também começou pequenina, acompanhando o conjunto do pai, Os Oito Batutas. Dos oito aos dezesseis anos, foi babá, cozinheira e faxineira, então se mudou de São Paulo para o Rio de Janeiro, onde trabalhou numa fábrica de chinelos. Foi quando a voz da operária chamou atenção de um dos proprietários da fábrica, que também era sócio da rádio Ipanema. Começou, assim, a carreira brilhante daquela que veio a chamar-se Dalva de Oliveira, a "rainha do rádio".

Criada em ambiente musical, aos oito anos de idade Elizeth Cardoso "cobrava" ingresso de dois mil-réis da garotada da vizinhança para ouvi-la cantar os sucessos da hora no quintal da casa. Nascia a divina, a enluarada Elizeth. Foram inúmeras as Emilinhas, as Marlenes, as Dircinhas, estrelas cujas histórias estão no *Dicionário mulheres do Brasil*, de Maria Aparecida Schumaher.

Muitas levaram a voz brasileira ao mundo. Balduína Sayão, dita Bidu, foi uma delas. Aos dez anos, intérprete de cançonetas, foi estudar canto; e, aos quinze, já era considerada o "pequeno rouxinol". Aperfeiçoou-se na França e de lá rodou a Europa e os Estados Unidos como cantora regular das maiores companhias de ópera. Já a portuguesa filha de barbeiro e dona de casa, chegada ao Brasil aos dois anos de idade, cantava na pensão dos pais – era Maria do Carmo Miranda da Cunha, "a pequena notável" que conquistou corações não pela voz, que às vezes desafinava, mas pela graça no palco, pelos requebrados e pelos olhares capazes de tirar do sério até os músicos que a acompanhavam. Com um cacho de bananas num turbante e o umbigo de fora, Carmen Miranda chegou a Hollywood.

Depois, havia os teatros que a escritora carioca Carolina Nabuco descreveu da seguinte maneira: "Os teatros nacionais eram somente os de revistas alegres, na praça Tiradentes. Sempre muito concorridos eram os espetáculos de companhias estrangeiras – francesas, espanholas, portuguesas – que nos visitavam amiúde. A temporada anual da ópera, com as companhias italianas, enchia o velho Teatro Lírico com uma assistência de casacas e decotes tão apta quanto a de qualquer país, a julgar e apreciar o valor dos artistas. [...] O ponto alto da vida social eram as noites das companhias francesas de teatro, apresentando anualmente de dez a doze récitas. Peças consagradas em Paris eram muitas vezes trazidas aqui pelos mesmos artistas que as havia lançado lá".

O jornalista e escritor Artur Azevedo já dizia ser o teatro gênero de primeira necessidade, cabendo no orçamento do rico ou do pobre. Herança do século XIX para o século XX, a comédia de costumes dominava os palcos. Muitos textos eram escritos para tal e qual intérprete querido do público. Ou simplesmente para encher a casa. Considerado "ligeiro", o teatro sofria, porém, com as críticas que o consideravam decadente. Por isso, multiplicaram-se as empresas que exploravam revistas, operetas, farsas e dramas de capa e espada. Assim nasceu a "comédia brasileira", alimentada pelo espírito nacionalista da época e confrontando os grandes espetáculos das companhias estrangeiras.

Mais tarde, espalhados pela cidade, grupos amadores organizavam-se em grêmios, clubes, palcos, teatrinhos e sociedades dramáticas, numa forma de expressão e diversão que envolvia muito mais gente que apenas seus sócios. Cabiam todos aqueles que gostassem do palco: do trabalhador à "madame" da alta sociedade. A historiadora Luciana Penha Franca explica que, no Rio de Janeiro, o teatro amador estava presente nos subúrbios distantes do centro, como Santa Cruz, Jacarepaguá, Realengo e Cascadura, e em alguns bairros mais nobres e com concentração de teatros, como São Cristóvão e Botafogo (sete em cada um) e Riachuelo (com cinco). Era significativa a concentração de grupos amadores na região central: mais de vinte deles disputavam plateias com variadas formas de teatro comercial. A julgar pelos comentários de intelectuais e críticos da época, a diversidade se estendia da "negrada", de "almas simples", aos "portugueses", aos "elementos da classe média", à "pequena burguesia", à "elite social".

Em São Paulo, o teatro anarquista, influenciado por imigrantes italianos, tinha público cativo entre os operários das inúmeras fábricas que despontavam. Grupos dramáticos expressavam suas filiações políticas e ideológicas nos nomes: Os Libertários, Pensamento e Ação, Germinal, Primeiro de Maio, Cultura Social. O regulamento do grupo dramático Teatro Social, fundado em 1906, determinava que sua composição seria de "operários e operárias que pertençam às suas associações de classe e estejam quites com as mesmas". Entre seus fins estava a propaganda das modernas doutrinas sociais por meio de espetáculos teatrais e a mobilização da comunidade trabalhadora para incrementar sua participação nas entidades associativas de socorro mútuo, recreativas, desportivas e dramáticas. Havia comédias, mas eram encenados principalmente dramas que tratavam de temas diversos: de lutas proletárias e condições de trabalho a preceitos morais e valores familiares. O "teatrinho" não tinha bilheteria nem pagava salários, e seus membros amadores encenavam por lazer ou pelo ideal de difundir valores ou comportamentos.

Na Pauliceia, a escritora Laura Rodrigo Octávio frequentava "o Polytheama, velho teatro que vi muitas vezes funcionar como circo de cavalinhos. Foi lá que ouvi pela primeira vez *Madama Butterfly*. Meu Deus, como chorei! Nessa época, os *bonds* esperavam enfileirados a saída dos espectadores. Então, para cada bairro, partiam as famílias e, conversando, comentavam o bom e o mau do espetáculo... Em geral funcionava o teatro como 'variedades', 'café concerto', e aos domingos havia *matinée* familiar: cômicos ingleses, cachorrinhos ensinados, bailarinas, mágicos, acrobatas, ciclistas e cançonetistas. Estas usavam, em geral, vestidos sem alça, muito ajustados no corpo, a saia abria em ampla roda; tudo bordado de lantejoulas sobre uma quantidade de saias de gaze de cor com muitos folhos e babados, dando movimento ao traje. Como os decotes eram vastos, a polícia exigia decoro em tais funções, e lá vinha o cabeção de renda para velar o decote. Esse cabeção passava de uma para outra e não combinava nada com aquelas indumentárias de vidrilhos. Uma das cançonetistas de maior sucesso foi Angiolina Sin, napolitana, jovem, miúda, bonita, com cabelos cortados como os de Polaire – atriz francesa precursora dos cabelos curtos – e cantando com graça infinita".

Com ou sem decote e cabelos curtos, o fascínio do palco iluminou várias atrizes. Em 1923, Alda Garrido foi uma das pioneiras do teatro de variedades, e seu sucesso se devia a engraçadíssimas interpretações e a um carisma pessoal que enchia os teatros com sua personagem dona Xepa. Aracy Cortes deu início à carreira aos dezesseis anos dançando maxixe no Circo Democrático da praça da Bandeira, Rio de Janeiro; depois, pulou para revistas de Ary Barroso, também na praça Tiradentes. Sucesso dos anos 1930. O público masculino adorava as chamadas revistas carnavalescas em que o corpo balançava de forma diferenciada embalado por marchinhas destinadas à folia do Carnaval. A cadência acentuava o movimento das cadeiras no rebolado feminino.

Abigail Izquierdo Ferreira começou mais cedo ainda: aos três anos. Descendente de uma família de artistas e filha do grande ator Procópio Ferreira, virou a atriz Bibi e, coberta de prêmios, foi consagrada pelo público. Um pouquinho mais tarde, aos oito anos, foi que se deu a estreia de Cordélia Ferreira, também filha de atores que viajavam pelo Brasil. Em 1936, na rádio Mayrink Veiga,

Cordélia inaugurou o radioteatro no país, encenando peças como "A dama das camélias" ou "A ré misteriosa", sempre dirigida pelo marido, Plácido Ferreira. A veia cômica fez o sucesso de Dolores Gonçalves Costa, nascida em 1907, em Santa Maria Madalena, Rio de Janeiro, filha de uma lavadeira e um alfaiate. Do circo, onde fazia imitações dos grandes astros da época, Dercy Gonçalves passou a vedete do teatro de revista numa trajetória brilhante e sempre marcada por seu jeito debochado de contar histórias e piadas.

A presença de companhias estrangeiras em turnê pelo Brasil – como a francesa de Madame Rasimi e a espanhola Velasco – valorizou em cena mulheres sedutoras, com braços e seios de fora, sem meias cor de carne. A fronteira entre a cena e os espectadores diminuiu. E, com a revista, muita coisa mudou. No início do século, as fotografias exibiam coristas gordinhas, envoltas em indumentária farfalhante, que pipocavam na introdução ou na conclusão da peça emoldurando o desempenho de astros e estrelas. As gorduchinhas simbolizavam o corpo feminino desejado, longe da estética de magreza que viria depois. Vestidas? Sim, pois um corpo sem roupa ainda representava mais anseio que prazer. Eis por que se mostravam apenas algumas partes nuas: tais partes despertavam desejos ocultos e aceleravam a imaginação – o corpo da corista era vestido exclusivamente para ser despido pelo olhar do espectador.

O teatro de revista antecipou o corpo que apareceria com sua vestimenta original: a pele. O silêncio que antes recobria a sexualidade, rotulada como coisa suja e pecaminosa, foi quebrado. As revistas assumiram, a partir de 1920, um ritmo carnavalesco, adotando marchinhas e músicas da folia; nesse processo, o maxixe invadiu os palcos com requebrados que colavam as coxas das mulheres às dos homens. De acordo com o historiador T. Gomes, peças de teatro ligeiro, sem uma "mulata" ou uma "baiana", eram inusitadas. Explorava-se uma transformação visível da silhueta. Pelas posturas e pelos adereços, as coristas manifestavam um profissionalismo antes inexistente. Maquiagem, penteado e unhas vermelhas anunciavam a chegada de um novo corpo sexualizado, sem nada a ver com o charme ou a sedução de senhoras casadas e burguesas que, certamente, não frequentavam tais ambientes.

Apesar do tom de brincadeira, nada mais se improvisava. Coreógrafos e artistas estrangeiros passaram a ensinar as coristas a dançar, e vedetes como Margarida Max, Aracy Cortes e outras *girls*, inclusive as sedutoras *black girls* Otília Amorim e Júlia Martins, abandonavam as gorduras e mostravam corpos trabalhados pela dança, enchendo os olhos gulosos do público. Em meio a nuvens de fumaça e cascatas d'água, os homens amontoavam-se em frente a elas. Propagava-se um imaginário influenciado pela modernidade: pernas de fora, jogos de sedução em cada gesto ou olhar – quebras de tabus que anunciavam a mulher moderna.

Segundo a historiadora Nirlene Nepomuceno, até por volta de 1950 as revistas negras foram bastante atuantes e deram espaço a artistas negros em todas as esferas: dançarinas, músicos, cantoras, comediantes, produtores etc. Dessas companhias, três se destacam: Companhia Negra de Revistas (1926), Companhia Bataclan Negra (1927), Companhia Mulata Brasileira (1930). A mais célebre é a Companhia Negra de Revistas, criada no Rio de Janeiro, em 1926, pelo músico De Chocolat, ou João Candido Ferreira, e pelo empresário Jaime Silva.

Esse espaço dado ao negro, contudo, não representou exatamente uma mudança de mentalidade: atendia muito mais a uma estratégia comercial que a qualquer avanço no que diz respeito à reedificação do negro e sua cultura nos palcos. A mulata servia para alimentar a ideia da bem-sucedida mestiçagem brasileira e, ao mesmo tempo, era apresentada como uma "produção" tipicamente brasileira, cujos atributos eram a sensualidade latente e a beleza animal. Ainda assim, ao mesmo tempo que fortaleceu o estereótipo da mulata, boa de rebolado e produto de exportação, abriu espaço para atuação de artistas negros.

Passando dos palcos às telas, pode-se dizer que, nos anos 1920, o cinema tornou-se assunto obrigatório e que foram lançadas algumas revistas exclusivamente para tratar do assunto. *Cinearte* foi uma delas. Tal como na *Revista do Rádio*, matérias sobre a vida de atores e atrizes, comentários sobre filmes em cartaz e fotografias dos ídolos preferidos movimentavam a indústria gráfica. Theda Bara e Greta Garbo arrasavam com uma malícia singular, simbolizando a mulher-mistério. Todos se apaixonavam por tais musas, até o poeta Carlos Drummond de Andrade, que a Greta Garbo dedicou um poema: "Um dia, não importa em sonho, imaginei, maquiei, vesti, amei Greta Garbo. E esse dia durou quinze anos". Já os homens tinham que se mirar em Rodolfo Valentino, Clark Gable – o rei de Hollywood – ou Humphrey Bogart e sua fala arrevesada.

Lotados, os cinemas influenciavam o imaginário amoroso. Nos musicais, centrados em pares, o casal amoroso se tornava uma entidade autônoma, existindo num contexto autorreferido, em que tudo o que acontecia ao redor só tinha sentido em virtude de sua relação cômico-dramática-amorosa, disse o historiador Nicolau Sevcenko. Era como se eles vivessem à parte da sociedade, tendo como única explicação para seu comportamento e o das outras pessoas que orbitassem à volta sua ligação apaixonada. Assim, eles se indispunham sucessivamente com seus pais e familiares, seus amigos e circunstantes, hierarquias e convenções sociais, enfim, eles se batiam contra tudo o que pudesse interferir em tal relação amorosa. O par amoroso só se realizava voltado a si mesmo e contra a sociedade. Paradoxalmente, lembrou o historiador, o amor se tornava um fermento antissocial, sugerindo a emancipação das cadeias tradicionais de autoridade.

Assim, a "máquina de difusão do amor" que foi o cinema proporcionou uma espécie de valorização do casal num mundo em transformação. Eles dançavam, cantavam, sapateavam, se abraçavam, pulavam, flutuavam no ar enquanto os problemas desvaneciam. O público chorava, cantava junto, saía do cinema e comprava o disco do musical para ouvir em casa.

Boa parte das salas era acessível, assim como o preço de entrada. Os assentos eram apertados, e o ar, irrespirável, mas era uma diversão barata. Existiam exibições noturnas para as quais os espectadores levavam as próprias cadeiras. De início, as fitas tinham vinte minutos, duração que aumentou ao longo do tempo; e os filmes em preto e branco e mudos tinham música ao vivo como acompanhamento. Os filmes sonoros só começaram a ser produzidos no fim dos anos 1920, e os coloridos, a partir de 1930. A popularização do cinema foi intensa nessa época, esclarece a mestre em antropologia Verena Alberti.

E, segundo a escritora Carolina Nabuco, "o cinema começou a ser um recurso apreciável, funcionando a toda hora com entrada a dois mil-réis. Os filmes que nos ofereciam antes da Primeira Guerra Mundial não prenunciavam a arte de nossos dias, mas já eram historinhas com enredo. Sempre de pouca metragem, em geral de duas partes, cópias muito arranhadas e sujeitas a se romper apresentavam pastelões e episódios de filmes – os primeiros *westerns* eram estrelados por Tom Mix. Os filmes policiais eram franceses, da Gaumont ou da Pathé. Os Estados Unidos ofereciam caos sentimentais em que mocinhas do tipo *sweetheart*, precursoras de Mary Pickford, cercavam o belo Wallace Reid, hoje completamente esquecido. Rodolfo Valentino, dançador de tango, enfeitiçou o mundo feminino em que Theda Bara estilizava os papéis de mulher fatal e Pola Negri, os de paixão violenta".

Graças ao cinema norte-americano, novas imagens femininas se multiplicavam. A moda, diz a historiadora Fernanda Bicalho, foi uma das principais articuladoras do novo ideal estético imposto pela indústria cinematográfica norte-americana. Não era mais Paris que a ditava, mas os estúdios de Hollywood. Nas páginas de revistas como *Cinearte*, encontravam-se, às dezenas, artigos com títulos sugestivos, como "O que as estrelas vestem?", "Cabelos curtos ou compridos?", "A volta das saias compridas", "A mulher e a moda, segundo a opinião de Esther Ralston", "As moças devem ou não usar meias? Falam algumas estrelas de Hollywood", "Por que as estrelas fumam?" etc.

Na matéria "Não se vistam como nós", o articulista constata com certa ironia que, após a exibição de um filme com "uma mulher perigosa, toda vestida de cetim [...] voluptuosa e tentadora", é inevitável que, "dias depois, nos escritórios das cidades [...] as datilógrafas entrem, perfeitamente vestidas de cetim, com imensos brincos, com o penteado daquela artista. E, quando possível, imitando-a, terrivelmente".

O que estava em jogo era a transformação do corpo feminino em objeto de desejo fetichista. Se por um lado a estética cinematográfica representava a mentalidade moderna e um domínio em meio ao qual a mulher podia tomar iniciativas, por outro a sensualidade que emanava de sua representação a transformava em objeto passivo de consumo. Mais: a indumentária utilizada pelas atrizes, e copiada no mundo inteiro, não fazia mais que traduzir metaforicamente a personalidade feminina. Ora, o poder de sedução de estrelas marcou toda uma geração de mulheres, servindo de modelo para a imagem que elas almejavam para si.

Também houve pioneiras por trás das câmeras, sobretudo com obras de produções domésticas, que incluíam a participação de filhos e maridos e eram realizadas com recursos familiares e precários. Um exemplo é o primeiro filme dirigido por mulher, produzido em 1930: *O mistério do dominó negro*, de Cléo de Berberena, atriz que vendeu joias e propriedades para financiar sua única experiência de direção. A atriz Georgina Marchiani, em depoimento, contou que as mulheres não apenas dirigiam e representavam, como também filmavam. Georgina teria rodado várias sequências de *O guarani*, em São Paulo, em 1916, época em que não existia *cameraman*. Almery Steves e Rilda Fernandes, além de grandes estrelas, foram sócias da Aurora Filmes, principal produtora do chamado ciclo do Recife, entre 1925 e 1931. E foi pela revista *Cinearte* que o público tomou conhecimento e se apaixonou por Carmen Santos, na década de 1920. Os três filmes dela como atriz, porém, jamais foram exibidos – *Urutau*, de 1919; *A carne*, de 1924; e *Mademoiselle Cinema*, de 1925. O produtor do primeiro filme sumiu com os negativos, e os outros dois teriam se incendiado.

Aficionada pelo cinema, Carmen financiou parte de *Sangue mineiro*, do conhecido diretor Humberto Mauro, a fim de garantir a realização do filme que protagonizou, em 1929. No mesmo ano, estrelou e produziu *Lábios sem beijos*, mas como não pôde continuar as filmagens, o diretor Humberto Mauro finalizou o projeto, lançado em novembro de 1930. Nesse ano, Carmen estrelou *Limite*, de Mário Peixoto, que, como dizem, é "o filme menos visto e mais elogiado do cinema brasileiro". E talvez tenha sido a dificuldade de participar mais ativamente do cinema que a tenha levado a criar, em 1933, uma produtora, a Brasil Vita Filme, no Rio de Janeiro. Carmen é lembrada também por ser responsável pela produção dos filmes mais significativos de Humberto Mauro: *Cidade mulher*, *Favela dos meus amores* e *Argila*. Ela produziu, ainda, *Onde a terra acaba*, de Otávio Gabus Mendes, e *Inocência* e *O rei do samba*, de Luiz de Barros.

Em 1948, Carmen dirigiu apenas *Inconfidência Mineira*, filme que levou sete anos para ser finalizado. Nessa película, ocupou-se como produtora e diretora, e também como roteirista e intérprete. O sucesso foi reduzido, e, hoje, só restam fragmentos. Mais apaixonada por cinema que mulher de negócios, ao morrer, em 1952, proibiu em testamento a demolição de seus estúdios.

Gilda de Abreu, que, com o marido Vicente Celestino, tinha uma companhia que encenava operetas de teatro, foi a primeira mulher brasileira a fazer sucesso como diretora de cinema. Senhora de muitas atividades, além de cantora e atriz de rádio, teatro e cinema – veja-se seu *Bonequinha de seda*, de 1936 –, Gilda escreveu e adaptou livros, peças e músicas. Seu primeiro filme como diretora reproduziu, no cinema, uma peça de sucesso de seu marido em uma de suas músicas: *O ébrio*. Lançado em 1946, foi um sucesso de bilheteria. A seguir, Gilda escreveu o roteiro de *Pinguinho de gente*, o qual ela dirigiu no ano seguinte, mas sem o mesmo sucesso. Em 1951, fundou sua própria companhia, a Pró-Arte, a fim de fazer *Coração materno*.

Segundo suas próprias palavras, fazer cinema nos anos 1940 era extremamente difícil: os técnicos não aceitavam que mulher desse ordens, pois desconfiavam de suas habilidades e de sua capacidade de direção. Gilda comparecia aos *sets* de filmagem com calças compridas para se "igualar" a eles. Mas nem o sucesso de seu primeiro filme facilitou a vida. Foi somente ao produzir *Coração materno* que ela conseguiu mais atenção da equipe – mesmo sendo a dona da companhia. Gilda afastou-se do cinema devido às dificuldades de encenar, atuar e produzir, e também, segundo ela, porque "a época do romantismo no cinema terminara".

Entre 1940 e 1960, cresceu o número de mulheres em cargos como o de *script-girl* e o de coreógrafa, ao mesmo tempo que eram poucas as montadoras e as assistentes de fotografia e produção e muito raras as diretoras. Foi a fase em que o cinema brasileiro extrapolava a criação familiar, passando a ser produzido em ambiciosos estúdios, como Atlântida e Vera Cruz, com grandes equipes e cujos produtos eram, respectivamente, as chanchadas e os melodramas com acentuado sotaque italiano. O sotaque se explicava pela importação, no começo dos anos 1950, de vários técnicos e diretores italianos para formar a equipe da Vera Cruz. Entre eles, Maria Basaglia e Carla Civelli.

As representações sobre as mulheres reproduziam situações conhecidas e repletas do moralismo conservador da época. As personagens femininas, principais ou secundárias, heroínas ou vilãs, só existiam em função de suas relações com os homens. Sua condição era a de simples parceiras amorosas. Quando não exerciam esse papel, eram crianças, adolescentes, mulheres de terceira idade ou empregadas domésticas. Ao contrário dos personagens masculinos, a maioria delas não tinha atividade profissional. Feias e velhas ganhavam sempre papéis caricaturais. Ser rainha da beleza e eternamente jovem era condição essencial à mulher. Só as belas tinham direito à felicidade – ou melhor, a uma idealização da felicidade que encontrava na relação amorosa seu ponto de partida e no casamento seu clímax.

Nessa época, o triângulo amoroso era outra representação constante. Uma punição regulava as más ações e normatizava a felicidade dos pares. Quando as mulheres competiam entre si, elas o faziam invariavelmente pelo amor de um homem. Também nas telas, cabia à mulher assegurar o bom funcionamento do lar e concretizar a vocação da maternidade. Cozinhar e zelar pelos filhos não era considerado um trabalho produtivo, mas uma atividade natural cujas recompensas resultavam na sensação de segurança que o casamento proporcionava. Até nesse universo, o papel reservado à mulher valia o que valia seu corpo, sua beleza. Nas telas, assim como na vida real, beleza e juventude eram valiosas mercadorias. Pensar, trabalhar e estudar? Não. Bastava ser bonita. Se, além de bela, fosse virgem, melhor ainda, pois competia ao homem conquistá-la, seduzi-la e iniciá-la nos mistérios do sexo.

No cinema e na vida real das classes médias, o trabalho doméstico era atribuição da empregada. Ela, como a escrava, era sempre negra ou mulata, na maioria das vezes em idade mais avançada. Quando as mulheres faziam tal serviço, como a personagem Ana no filme *O pão que o diabo amassou*, eram identificadas de forma detrativa. Ou seja, o trabalho, que aparecia para personagens masculinos como dignificante, não se traduzia em gratificação para a mulher. Elas o exerciam, na maior parte das vezes, por necessidade financeira – caso das empregadas domésticas – e deixavam de exercê-lo assim que encontravam uma relação estável.

Anjos e demônios também invadiram o imaginário das telas de cinema. Embora as representações, sobretudo femininas, convidassem a novos padrões de comportamento, inclusive amorosos, elas se chocavam com a mentalidade patriarcal que via nas vamps, ou vampiras, o avesso da mulher ideal. A diva fatal, envolta na fumaça da cigarrilha, com turbante e pijama de seda, exótica e perturbadora, enchia, graças à técnica do *close-up*, a tela e a imaginação. Ademais, vamps eram sempre donas de curvas avantajadas e insinuantes, enquanto as ingênuas eram frágeis, delicadas como *biscuits*, magras e de feições angelicais.

De uma dessas mulheres-anjo, Tamar Moema, protagonista do filme *Lábios sem beijos*, um articulista da revista *Cinearte* deixou um retrato: "Tamarzinha é assim. Pequenina. Morena. Mais simples do que o lírio. Mais suave do que um beijo de amor. Humilde. Fala pouco. É para a alma. Não para o sangue. Ela é um lar. Uma aliança novinha num dedo bonito. A grinalda de noiva. O verdadeiro amor!". E, assim, o cinema e seus subprodutos – revistas, clubes de fãs e coleção de fotos – ajudavam a formatar a ideia de que existiam dois tipos de mulheres: as boas e as más. As primeiras, identificadas com o casamento e a felicidade. As outras serviriam para "usar e jogar fora".

MULHERES DOS SERTÕES

Como se fosse outro Brasil, diverso daquele das capitais, sem cinema ou diversões, havia o sertão. Durante séculos, o interior foi conhecido como "sertão", palavra que, ainda hoje, designa região agreste afastada dos núcleos urbanos e das terras cultivadas. Pois esses foram os tempos de adentrá-los: era a "marcha para o oeste", expressão que enfatizava o movimento, a força e a coragem já presentes nas conquistas coloniais e que tiveram início em 1938. Buscava-se o "sentido da brasilidade", uma solução para os infortúnios da nação.

A historiadora Ângela de Castro Gomes lembra que do Estado brasileiro dependia a organização da nação. Dele dependiam o estudo e o planejamento do que se queria do povo brasileiro. O interior do Brasil sofria, porém, de abandono. Nem saúde nem educação chegavam lá, onde a população parecia preguiçosa quando, roída por vermes, estava apenas muito doente. Então, no início do século XX, multiplicaram-se expedições com médicos, engenheiros, militares e educadores que pudessem modernizar o sertão. Entre 1911 e 1912, enviados pelo Instituto Oswaldo Cruz, sanitaristas como Carlos Chagas e Arthur Neiva visitaram o interior do Nordeste e a região amazônica. O escritor Euclides da Cunha descobriu, em Canudos, na Bahia, a força do sertanejo que arrancava das pedras sua sobrevivência e imortalizou-a em sua obra *Os sertões*.

Foi Cândido Mariano Rondon, encarregado de instalar linhas telegráficas pelo país, que chamou atenção das autoridades para a indigência em que viviam os outrora "Brasis". Rondon os filmou e fotografou, e as imagens foram projetadas até nos Estados Unidos, quando o ex-presidente estadunidense Theodore Roosevelt, que tinha gosto por aventuras e expedições, resolveu vir ao Brasil acompanhar Rondon, já escolado sertanista, numa de suas viagens. Dessa experiência nasceu o livro lançado em inglês, em 1914, *Nas selvas do Brasil*. "Morrer se preciso for. Matar nunca", lema de Rondon, passou a sensibilizar a sociedade para a situação de nossos avós. Contudo, os índios não estavam tão longe no espaço nem no sangue. Sobre isso, a voz do escritor Antônio Olinto contou:

> Uma vez tia Júlia ficara muito séria, segurara a cabeça do menino nas mãos, olhara-o bem nos olhos e dissera:
> — Você é índio.
> O contato das mãos dela com o rosto era gostoso. A tia explicara:
> — Não estou brincando, não. Você é índio por parte de mãe. Já reparou na Maria?
> — Mamãe?
> — É. Olha bem e vê se ela não é índia.
> Olhara. Não vira nada de mais. Era a mãe de sempre, tomando conta dele, ajudando-o a calçar os sapatos, a escovar os dentes. A conversa continuara outro dia.
> — Olhou?
> — Olhei.
> — Não é?
> Como ele tivesse ficado quieto, a voz da tia voltara:
> — Acho que os avós de sua mãe eram índios daqui.
> O largo saltou de novo à frente dele, cheio de índios.
> — Se não foi daqui, foi de perto. Naquele tempo, quando dom Pedro II era imperador, tudo isso aqui andava cheio de índios.
> — Para onde é que eles foram?
> — Não foram. Estão aqui ainda. Como você. Você está aqui.
> — E os outros?
> — Os outros morreram, se casaram com brancos ou foram expulsos.
> O menino levantou a cabeça na direção da janela, pensou um pouco e perguntou:
> — A senhora é índia?
> — Eu, não.
> — Por quê?
> — Porque não sou. Você é índio por parte de sua mãe. Eu sou irmã de seu pai, somos descendentes de portugueses.
> Um silêncio.
> — Português não é índio?
> — Não.

Já demonstrei em *Histórias da gente brasileira – memórias* que o momento para tais explicações familiares não podia ser melhor. Como esclareceu o historiador

Seth Garfield, em agosto de 1940, o presidente Getúlio Vargas visitou a aldeia dos índios carajá na ilha do Bananal, no Brasil central. Foi o primeiro presidente brasileiro a visitar uma área indígena ou o Oeste da nação. Três anos antes, ele proclamara um Estado Novo compromissado com o desenvolvimento e a integração nacional. Como parte de seu projeto de construção de um Brasil novo, mais independente economicamente, mais integrado politicamente e mais unificado socialmente, Vargas voltou-se para o valor simbólico dos aborígenes. Diferentemente do liberalismo econômico e do marxismo, que o regime autoritário nacionalista procurou extirpar do solo brasileiro mediante repressão política, censura e intervenção federal em assuntos regionais, os índios seriam defendidos por Vargas por conterem as verdadeiras "raízes da brasilidade".

Segundo Azelene Kaingáng, socióloga e líder indígena caingangue, muitos povos no Sudeste, no Sul e no Nordeste sofreram com tal "desbravamento". Nas décadas de 1940 e 1950, os territórios indígenas passaram a diminuir e a ser explorados pelo governo. Somaram-se a isso o abuso de recursos naturais e o arrendamento de terras para famílias não indígenas, o que desestabilizou a forma de vida coletiva. Novas preocupações surgiram, sendo as mais graves o alcoolismo, a prostituição e as doenças. A violência doméstica se intensificou. Se ela já datava dos conflitos com os brancos, a partir de então atingiu as famílias. Multiplicaram-se as agressões e o cárcere privado de mulheres.

Azelene confirma o que já foi dito: os povos indígenas têm a liderança política tradicional exercida pelos homens nas aldeias, e, desde sempre, as mulheres enfrentaram problemas relacionados à saúde, alimentação e educação dos filhos. Embora a autoridade estivesse centrada no cacique, desde sempre elas se fizeram ouvir na intimidade. Os problemas eram discutidos com as esposas, e questões que atingissem a comunidade encontravam soluções na voz delas. Nas aldeias, o papel da mãe era – e é – fundamental. Para alimentar ou cuidar de filhos doentes, a figura materna saía em campo. Ela nunca comia antes de dar de comer. E também era responsável pela aprendizagem e pela transmissão das primeiras noções de identidade – tradição que foi mudando à medida que as comunidades indígenas passaram a se relacionar de forma amistosa ou conflituosa com vilarejos e centros urbanos. Temas como controle de natalidade e aborto não eram discutidos – só entraram na agenda recentemente. E, ao que tudo indica, o infanticídio seguia sendo praticado.

Os rituais de casamentos variavam segundo os povos. Entre os caingangue era, e é, comum a moça fugir com o namorado, e, no dia seguinte, ambos se apresentarem às lideranças e depois se casarem. Festejos sempre existiram e, em caso de separações, as lideranças tentavam manter as uniões. Filhos ficavam sempre com as mães.

Para aquelas que deixavam as aldeias, algumas consequências: a adoção de hábitos que fugissem ao tradicional e, em alguns casos, até vergonha de suas origens. Algumas se enraizavam no mundo exterior; outras voltavam para casa, comprometidas com valores indígenas e empenhadas em transmiti-los às futuras gerações.

Entre os anos 1930 e 1940, no entanto, falava-se em sertões para designar outra realidade: a do cangaço. O cangaço foi um fenômeno do banditismo brasileiro ocorrido no Nordeste, no qual os membros do grupo vagavam pelas cidades em busca de justiça e vingança, movidos pela falta de emprego, alimento e cidadania. Causavam desordens na rotina de camponeses pobres, já sofridos por causa da rivalidade política entre famílias de fazendeiros poderosos. Estupravam mulheres, roubavam a criação de animais, destruíam roças. Do centro da Bahia ao sul do Rio Grande do Norte, bandos de cangaceiros deram trabalho às autoridades, enquanto os feitos de homens como Jesuíno Brilhante, Lampião e Virgínio, vulgo Moderno, eram cantados nas feiras, em poesias de cordel. O cangaceiro virou herói do povo – e ao lado dele havia sempre uma heroína.

Segundo a historiadora Ana Paula Saraiva de Freitas, as mulheres que acompanhavam os bandos do sertão eram vistas como criminosas. Enquanto algumas ingressavam nos bandos voluntariamente, outras foram coagidas e privadas de convívio familiar. Se algumas tinham o sonho de viver em liberdade, a realidade era distinta: embates violentos com forças policiais, falta de água e comida, jornadas exaustivas sob sol inclemente e chuvas torrenciais. A faixa etária das cangaceiras variava de 14 a 26 anos, e suas origens socioeconômicas eram muito diversas. Entre elas, havia moças de famílias abastadas, que viam no cangaço a oportunidade de romper padrões, conquistando espaços fora da vida doméstica, e de escolher parceiros sem interferência dos pais.

Ainda segundo Ana Paula Freitas, uma vez integrada ao bando, a jovem não tinha chance de mudar de vida. Fugas eram punidas tanto pelos cangaceiros como pelos volantes, grupos policiais que os perseguiam. Abusos sexuais, sentença de morte em caso de adultério, humilhações e violências faziam parte da rotina das que não se comportassem. E, dentro do bando, os papéis sociais eram os mesmos dos que se viam na sociedade: ao homem cabia zelar pela segurança e pelo sustento; à mulher, ser companheira e esposa. Durante a gestação, muitas ficavam escondidas. Depois do parto, entregavam os filhos a familiares ou amigos e retornavam ao cangaço. Amigas entre si? Difícil. A concorrência era feroz. Elas se mediam por suas posses: joias, roupas, perfumes, animais. A mais combativa ou melhor atiradora também ganhava projeção.

Sérgia Ribeiro da Silva, a Dadá, chegou a assumir o comando do grupo quando seu companheiro, Corisco, conhecido como Diabo Louro, esteve ferido.

Conta o historiador Antônio Amaury Corrêa de Araújo que Dadá era morena cor de canela, cabelos pretos e forte estatura, com 1,70 metro de altura. Valente e desconfiada, era tão admirada pelos companheiros que um chefe de grupo disse certa vez: "Dadá vale mais que muito cangaceiro". Foi a primeira mulher a portar fuzil. Quando da morte de Corisco, em maio de 1940, foi ferida no pé direito, que depois precisou ser amputado.

Maria Gomes de Oliveira, conhecida como Maria Bonita, mulher do temido Lampião, foi a primeira mulher a ingressar no cangaço, nos idos de 1930. Conhecida como dona Maria e Maria do Capitão, embora portasse uma arma curta, que lhe dava aparência de guerreira, não participava de embates. Aliás, as mulheres do bando ficavam na retaguarda durantes os conflitos armados. Morreu degolada viva quando o bando foi surpreendido em Grota do Angico, em Sergipe, em 1938. Com ela, morreu, da mesma forma, a ama-seca do filho do casal Lampião e Maria Bonita, Enedina do Nascimento. Era companheira de Cajazeira, cangaceiro do grupo.

Sobreviveram Sila, Maria dos Santos e Dulce, companheiras de outros cangaceiros mortos. Sila contou que, por medo de represálias à família, teria sido praticamente obrigada a acompanhar Zé Sereno, cangaceiro que gostara dela numa passagem do grupo pela fazenda de seu irmão. Depois de algum tempo, porém, conformou-se e foi capaz de demonstrar fidelidade ao marido. "Naquele tempo, marido era um só."

As cangaceiras eram notícia de jornal – e notícia depreciativa. Chamadas de bandoleiras, megeras e amantes, eram descritas como masculinizadas, belicosas e objetos de satisfação sexual – imagens muito diversas daquelas captadas pelas lentes do fotógrafo sírio-libanês Benjamim Abrahão Boto, que revelam, em detalhes, a feminilidade dessas mulheres. Os cuidados com o corpo, a postura, a beleza das joias e dos trajes, além dos cuidados com os cabelos, se evidenciam em retratos posados, como se elas estivessem em estúdios urbanos. Algumas se faziam retratar com jornais e revistas da época, entre as mãos, no desejo de serem apresentadas como letradas. A maioria dos folhetos de cordel, explica Ana Paula Freitas, ao contrário da imprensa das grandes cidades, as descreve como misto de heroínas e bandidas. Elas não tiveram um único perfil, e, quando o cangaço chegou ao fim, cada uma teve que reconstruir sua vida. Largaram as armas, deixaram para trás a fama de criminosas e assumiram os papéis dos quais haviam fugido: dona de casa, mães e, em alguns casos, trabalhadoras fora do lar.

MOBILIDADE, CIRCULAÇÃO E RACISMO

Livres da escravidão, ex-cativas estiveram com seus companheiros na migração das fazendas para a cidade. E, nesses tempos, foram pilares de suas famílias e suas comunidades. Muitas levaram com elas o adestramento nos trabalhos domésticos. E, no período inicial de liberdade, quando nenhuma das promessas da campanha abolicionista foi cumprida, arcaram com a subsistência da família. Em vez de "sinhás", tinham patroas. De escravas passaram a "criadas de servir". A elas se juntaram imigrantes, sobretudo portuguesas, que não eram absorvidas no trabalho agrícola por causa das crises do café. A antiga estabilidade da escravidão foi substituída por enorme rotatividade – daí a imposição de certa regulamentação, pois as que não eram "submissas e eficientes" podiam ser criminosas. Furtos nos domicílios eram sistematicamente denunciados pela imprensa.

O vereador Alcântara Machado propôs um projeto para regulamentar a profissão – com carteira, atestado de saúde e de bons antecedentes – que mais protegia os patrões que os empregados. Em 1913, criou-se a Associação de Proteção e Formação de Criadas de Servir. Muitas mulheres trabalhavam em casa de família para complementar a baixa remuneração paga aos maridos na indústria nascente. Salários aviltados, rotina doméstica que começava na madrugada, quartos minúsculos e sem ventilação, patroas exigentes – enfim, as criadas não tinham hora vaga.

Nos anos 1920, ampliaram-se a distribuição de água encanada e o uso do fogão a gás, e elas deixaram de ser obrigadas a rachar lenha para atiçar o fogão ou carregar água do poço para limpeza da louça. No entanto, se tais novidades eram capazes de proporcionar conforto e tempo livre, a obsessão pela higiene e pela rentabilidade as obrigava a lavar não só mais roupa, mas a casa inteira. O asseio era o instrumento na luta contra as epidemias que varriam as grandes cidades. Nas grandes residências, o trabalho doméstico ainda podia incluir os cuidados com a horta, o pomar e o galinheiro.

Com a chegada da eletricidade, alguns equipamentos eletrônicos foram introduzidos no trabalho doméstico. Eram importados, mas estavam ao alcance do comprador nas grandes lojas: torradeiras, ferros de passar, ventiladores, máquina de lavar, aspirador de pó, entre outros de "utilidade indiscutível", dizia um anúncio de jornal. Os penosos movimentos das mãos eram gradativamente substituídos por motores. Aumentava a velocidade na execução das tarefas, e as cozinheiras e as empregadas começaram a ser educadas para utilizá-los.

A Primeira Guerra Mundial acelerou o desenvolvimento da indústria nacional. O saber tradicional sobre a cozinha – tempo de cozimento dos alimentos, ponto dos doces, manutenção do fogão a lenha – foi aos poucos substituído pela "arte culinária". Copiava-se a moda dos Estados Unidos, onde as donas de casa tinham deixado as tarefas domésticas para entrar no mercado de trabalho, porém aqui vivia-se uma realidade diferente. A empregada ainda era artigo de primeira necessidade, e o papel da dona de casa era o de gerenciar seu trabalho. Mesmo porque, no começo do século XX, as criadas passaram a ter especializações: cozinheiras, passadeiras, arrumadeiras, copeiras, pajens. Como um maestro, a patroa apenas regia a orquestra. Nas famílias de operários e de classe média, usavam-se meninas carentes, órfãs ou não, para auxiliar nas tarefas do lar.

Sobre o destino de ex-escravos pós-abolição, pesquisas recentes revelam comportamentos distintos daqueles descritos até pouco tempo atrás. "Dejetos", "miseráveis pelas ruas", "falta de habilidade para integrar o novo sistema econômico", vítimas de racismo? Não. Ex-escravos não foram varridos de cena por causa da chegada de imigrantes ou de trabalhadores brancos, como, por muito tempo, afirmou-se.

O historiador Carlos Eduardo Coutinho da Costa explica que, longe de representarem os responsáveis pela formação de favelas e guetos, de representarem as mazelas ou a herança maldita do tempo da escravidão, muitos ex-escravos optaram por circular pelos estados. Aliás, quando a Lei Áurea foi assinada, 95% dos descendentes de africanos já eram livres e estavam, bem ou mal, integrados à economia.

Nas entrevistas realizadas com descendentes diretos de ex-escravizados, a historiadora Ana Maria Lugão Rios encontrou três tipos de trajetória de vida após a promulgação da Lei Áurea. Na primeira, histórias de extrema estabilidade. Nos últimos anos da escravidão no Brasil, na região do vale do Paraíba, vários proprietários conseguiram manter os libertos nas fazendas, alforriando-os em massa. Tentavam, assim, construir "laços de gratidão" com os trabalhadores, no intuito de organizar um verdadeiro exército de trabalhadores negros. O conde russo Maurice Haritoff, por exemplo, negociou com seus ex-cativos os salários que doravante seriam pagos pelo trabalho na lavoura da fazenda Bela Aliança, no vale do Paraíba. Muitos desses grupos conseguiram permanecer nas fazendas por muitos anos e formaram o que hoje a Fundação Palmares reconhece como comunidades remanescentes de quilombolas, encontradas na região do vale do Paraíba.

Além disso, havia os que de alguma forma compraram pequenas propriedades e ali se estabeleceram, trabalhando como meeiros, parceiros de empreitada, obtendo parte de sua subsistência nas pequenas roças. Foi o caso de Regina, ex-escrava angolana da região de Juiz de Fora, Minas Gerais, que iniciou, em 1888, a compra em prestações de terras, nas quais existia uma senzala construída e para onde se mudou com os cinco filhos e suas respectivas famílias no ano em que a escravidão acabou para todos.

Em segundo lugar, Ana Maria Lugão Rios encontrou a trajetória daqueles que não conquistaram estabilidade: migravam de fazenda em fazenda em busca de trabalhos temporários e raramente obtinham mobilidade social. Essas histórias são marcadas por violência, instabilidade, pobreza e falta de laços parentais extensos.

Por fim, havia os que migravam definitivamente para os centros em ascensão. Esse último grupo, formado na maioria por filhos e netos, descendentes diretos de ex-escravizados, apenas migrou na década de 1920, quando não era mais possível reproduzir a condição social e financeira de seus pais. Carlos Eduardo Coutinho da Costa ainda sublinha que, ao longo da década de 1920, os jornais passaram a exercer um papel de incentivadores da migração do campo para a cidade. Com a diminuição da imigração europeia, em parte por causa da Primeira Guerra Mundial, houve um aumento na necessidade de mão de obra na capital e nas periferias, e logo os jornais passariam a auxiliar na divulgação de informações das oportunidades de emprego na cidade do Rio de Janeiro e arredores.

Para além do aumento da oferta de serviços, regiões no entorno da cidade ampliaram suas produções, em parte direcionadas ao mercado de abastecimento da cidade, em parte para o mercado externo – como foi o caso dos laranjais em Nova Iguaçu, Campo Grande, Madureira e Cascadura –, além das indústrias, com destaque para as fábricas de Bangu, no Rio de Janeiro. A fim de nutrir tais empreendimentos de mão de obra, os jornais podem ter exercido papel preponderante na divulgação de informações sobre essas regiões. Para além das informações em material impresso, as pessoas que residiam no vale do Paraíba recebiam notícias da capital por parentes e amigos migrantes. A prática de troca de informações, principalmente relacionadas a novos ofícios e terras livres, era bastante usual entre camponeses.

Coutinho da Costa lembra que pouca, ou quase nenhuma, atenção foi dada às características sociais e culturais desse processo. Em primeiro lugar, nada deve ter incentivado mais a migração que o desejo de muitos ex-escravos de reunir famílias separadas havia tempos pelo flagelo da época da escravidão. Um segundo fator a incentivar a migração pode também ter sido a busca de maior e melhor acesso à educação.

Desde o período da escravidão, muitos cativos deixaram, nas cartas de alforria, o desejo de trocar o cativeiro por longos anos de serviço obrigatório em troca de o patrão lhe assistir em caso de doença e, principalmente, dar educação a seus filhos. Por enquanto, pouco se estudou sobre o acesso da população preta e parda às escolas de ensino básico no vale do Paraíba; no entanto, nas regiões periféricas, como a Baixada Fluminense, já existem estudos que demonstram a entrada de professores e alunos negros nas escolas. É bem possível que boa parte dos jovens tenha optado por migrar em busca de maior acesso à educação, afinal, via-se aí uma possibilidade de mobilidade social.

A história que conta a memorialista Laura Rodrigo Octávio confirma que a mobilidade social era possível para netos de escravos e ex-escravos que conseguissem estudar:

> Vou falar na ama-seca (termo paulista para babá) que mamãe levara para a Europa para olhar pelo Eduardo; era uma mulher gorda e bonita, Rachel. Meninota, foi entregue a vovó pelo juiz e pela vida afora esteve na família, com períodos de ausência. Muito jovem, numa experiência desastrada, teve um filho, Otávio, que ainda há pouco surgiu na Nitro-Química quando Eduardo lá estava como engenheiro-chefe. Num momento da vida, tirou a sorte grande, foi para "Bonos Aires", como dizia, junto a uma amiga. Depois montou casa; tenho lembrança que até usou chapéu! Por fim, acabado o dinheiro, voltou à sua cozinha, onde era senhora do assunto... Otávio era um mecânico perito... Elevou-se estudando sua especialidade depois de ter aprendido inglês para desenvolver os conhecimentos em curso norte-americano por correspondência.

Apesar de haver oportunidades variadas nos grandes centros urbanos, a maior parte dos migrantes descendentes diretos ou indiretos de ex-escravizados parece ter ocupado regiões periféricas. Na Bahia, o historiador Walter Fraga Filho acompanhou uma migração de libertos para a região metropolitana de Salvador. Em outras regiões, como o Paraná, de acordo com o historiador Leonardo Marques, os ex-escravos migraram para as cidades que ainda eram marcadas por um misto de área rural e avanço de urbanização. A primeira geração de migrantes estabilizou-se socialmente nas regiões do entorno, uma vez que ali estavam as lavouras e as áreas de criação de animais, destinadas ao abastecimento alimentar da cidade. Conhecedores do trabalho braçal no campo provavelmente encontraram ali seus primeiros empregos.

Houve quem fosse mais longe. A história de Romana da Conceição é exemplar. Embarcada em Salvador, em 1889, ainda menina de dez anos, com o avô entre outros hauçás e nagôs, no patacho *Aliança*, atravessou o Atlântico. Enfrentaram epidemias, mortes e tiveram que fazer quarentena em Lagos. "Em meio aos sofrimentos, prometi a Nossa Senhora Aparecida que, se chegasse viva à terra de meu avô, um dia retornaria ao Brasil para agradecer-lhe." Sessenta e quatro anos depois, de pano da costa ao ombro, chinelo arrebitado, blusa de renda e turbante, veio rever o Brasil e pagar a promessa. Contou sua história ao antropólogo e frequentador de candomblés Raimundo Nina Rodrigues.

Sobre as mulheres, especificamente, faltam pesquisas por agrupamentos profissionais. Elas tiveram, como bem diz a historiadora Silvia Lara, de construir a vida enfrentando uma arena social que se transformava cada vez mais depressa e na qual as "regras" eram diferentes daquelas em que haviam aprendido a lutar.

O que sabemos, por exemplo, é que, no "recôncavo mandioqueiro", parte da província da Bahia que teve, durante todo o século XIX, grande inserção econômica por se tratar de um importante polo de produção de gêneros de primeira necessidade para a capital, a historiadora Virgínia Barreto encontrou mulheres que se tornaram donas do chão em que plantavam. No Recife, driblando a mentalidade escravista e inseridas no mundo do trabalho livre, ex-cativas cobravam salários atrasados na Justiça. E sobreviviam atividades e prestadoras de serviço, em domicílio, que existiram desde sempre. Veja-se o exemplo reportado por Érico Veríssimo, no interior do Rio Grande do Sul:

> Outra figura que aparecia com frequência no Sobrado era a Arcanja, preta gorda e papuda, que vinha com uma trouxa de roupa sobre a cabeça e pendente do braço um cesto cheio de bergamotas e laranjas, se era inverno, e de pêssegos e uvas, se era verão. Andava sempre com um pequeno galho de arruda especado entre a orelha e a carapinha. Um pano colorido lhe cobria o crânio. Macumbeira, conhecia simpatias, bem como as propriedades curativas de certas ervas e raízes.

Longe de teses batidas, Carlos Eduardo Coutinho da Costa demonstra que a migração em massa não ocorreu logo após a abolição. De acordo com a análise dos registros civis de nascimento, a maior parte dos migrantes chegou ao fim da década de 1930, e a migração definitiva do vale do Paraíba para a região metropolitana da cidade do Rio de Janeiro ocorreu entre as décadas de 1920 e 1940 e foi empreendida por jovens nascidos nos anos posteriores à abolição, na maioria homens e solteiros. Eles tomaram a migração como estratégia ativa de melhora de vida, não como um resultado da desestruturação familiar, e a Baixada Fluminense era, então, uma região em ascensão, onde era possível aliar o trabalho na lavoura com outros setores importantes para a mobilidade social, como as escolas.

O historiador revela que o desenvolvimento dos subúrbios e da Baixada Fluminense não foi resultado direto da reforma urbanística do engenheiro Francisco Pereira Passos e da consequente expulsão da população pobre do centro da capital federal, mas, sim, do crescimento dessas regiões e das oportunidades de trabalho que ofereciam: o bairro de Madureira, por exemplo, desde sempre atraía pessoas por causa de seu amplo comércio, enquanto Bangu crescia demograficamente em virtude da característica fabril. É possível que o mesmo, em ritmos diferentes, tenha acontecido no restante do país.

A tese de Coutinho da Costa encontra respaldo em estudos que confirmam a lenta e gradual, porém inexorável, ascensão social de negros e mulatos desde o século XVIII. Observe-se, por exemplo, em Salvador, a mobilidade captada pelo jornalista e escritor José Lemos de Sant'Ana, que dizia encarnar um "racismo às avessas":

> Minha avó paterna era penteada pela manhã por tia Lili, cuidadosa e mansamente, desfazendo, com óleo de luz ou de coco e um pente, as pequenas ondas e cachos de sua grisalha cabeleira. Embora alguns irmãos meus possuíssem cabelos lisos, eu e outros éramos portadores de cabelos cacheados. Casa de família numerosa, mamãe não poderia sozinha estar atenta a tanto menino. Por isso dava o braço forte a sinhá Maria, cabocla, de cabelos, com cuidado e óleo, penteáveis, e mais a outras eventuais ajudantes de sinhá Maria, quase sempre pretas ou mestiças. De modo que, desde cedo, em minha mente, vi a autoridade a ser obedecida, plantada também na cor escura e nos cabelos enrolados. Na primeira escola a que fui enviado, encontrei, logo pela frente, a enérgica e eficiente mestiça professora Dudu e ao seu lado outra mestiça, a professora Argentina. Como era essa escola para o sexo feminino, só me foi consentido aí permanecer algumas semanas, pois, logo que o grupo escolar masculino se instalou vizinho a nossa casa, fui transferido para o mesmo. Foi onde conheci a figura impávida e eficiente do professor Camargo, mulato escuro respeitado por toda a vila e de quem só a presença aquietava ânimos e silenciava classes. [...] Com efeito, se ainda faltasse algum fato para me gravar o subconsciente com este reflexo, tendo em 1933 sido transferido para o Ginásio da Bahia, por não poder o velho arcar com colégios particulares, lá fui encontrar sumidades mestiças que estudavam e davam curso a colegas da própria turma, com o que se sustentavam, pois, de outro modo, alguns deles não poderiam sobreviver. Entre os que estudavam

e ensinavam, citarei Alberto Guerreiro Ramos, Osvaldo Souza e Edgard Enock da Costa, os três estudiosos, preparados, excelentes alunos e professores particulares. Muitos filhos de rico terminaram o ginásio com proficiência graças aos cursos particulares tomados com mulatos colegas da mesma turma.

Assim fiquei conhecido como um racista às avessas, o que não sou, mas pareço ser, pelo fato de ostentar o meu antirracismo com tal desassombramento que parece estranho e exagerado a muitos que ainda conservam algum ranço de preconceito de cor.

Um antirracismo que Sant'Ana não perdia tempo em demonstrar, fustigando a intolerância:

> Certa vez, entrando em uma das nossas filiais, ouvi um freguês, naquele instante de costas para mim, perguntando alto à gerente, em tom de debique: por que é que seu patrão "só emprega preta"? Passei por ele, entrei no balcão e me virando perguntei-lhe:
> — O senhor é formado?
> — Não, senhor — respondeu.
> — Mas certamente tem o curso de ginásio.
> — Não, só tenho o primário.
> — Pois esta preta aqui na sua frente é professora.
> E era mesmo. Ele embatucou e foi saindo fininho sob o riso dos circunstantes.

Sem estudo, as possibilidades para negras, brancas ou pardas pobres ficavam bem reduzidas. E o estudo começava a se estender na direção dos afrodescendentes, com variações em todo o Brasil: em São Paulo, seu acesso foi difícil, segundo a historiadora Surya de Barros. Em Minas Gerais, desde o século XIX, mais de 50% dos alunos que frequentavam escolas eram pardos e negros, segundo o historiador Marcus Vinicius Fonseca. No Nordeste, memórias como as de Alberto Costa e Silva ou Geraldo de Holanda Cavalcanti, diplomatas e membros da Academia Brasileira de Letras, revelam que, entre os anos 1920 e 1930, na escola, eles se sentavam lado a lado com meninas e meninos negros e mulatos.

Nos primeiros anos da República, no Rio de Janeiro, 76% das mulheres em atividades remuneradas eram "criadas". Para muitas daquelas que não estudaram, o trabalho doméstico seguiu como emprego mais viável, que permitia a mais fácil inserção no meio urbano. Como bem resume a historiadora Maria Aparecida Sanchez, era uma forma de sobrevivência pouco prestigiada socialmente, impregnada da mentalidade escravista. A violência e o paternalismo no trato com os empregados domésticos seriam constantes, pautados sempre sobre referenciais de fidelidade e gratidão, numa sociedade para a qual o trabalho doméstico jamais constitui uma atividade profissional. A empregada doméstica estava no meio do caminho do processo que transformaria as relações de trabalho escravo em assalariado, sofrendo todas as agruras e as violências do trabalho servil, apesar de ser uma trabalhadora livre.

Com umas ou outras, mantinham-se práticas do tempo da escravidão: não havia contrato formal nem regulamentação da jornada de trabalho, tampouco direitos como férias e 13º salário, que só seriam implantados muito mais tarde, em 1962. As relações com as domésticas misturavam hierarquia e paternalismo: eram consideradas da família, mas eram subordinadas. Esperava-se que obedecessem.

José Lins do Rego não escondeu a pior herança do tempo da escravidão. A que permitia ao patrão cometer toda sorte de violências contra um subordinado indefeso: "A tia parecia atuada de raiva. No dia seguinte amanheceu gritando com Virgínia e, com pouco mais, a chinela cantava na carne da pobre. — Limpa as cadeiras da sala, pamonha!".

MUDANÇAS E PERMANÊNCIAS

Como demonstrei em *História do amor no Brasil*, no fim dos anos 1930 e 1940, a urbanização e a industrialização traziam novidades. Novidades impostas de forma desigual em todo o país, somadas ao êxodo campo-cidade e que acabavam por diluir as tradicionais redes de sociabilidade, democratizando as relações afetivas. O crítico literário Antonio Candido soube resumi-las:

> Impondo-se a participação da mulher no trabalho da fábrica, da loja, do escritório, a urbanização rompe o isolamento tradicional da família brasileira, rica ou pobre, e altera de maneira decisiva o status da mulher, trazendo-o cada vez mais para perto dos homens. As consequências imediatas podem ver-se nos novos tipos de recreação e de namoro que atualmente implicam contato muito mais frequente e direto entre rapazes e moças, tanto entre gente comum quanto na burguesia. O hábito de ir a danças, ao cinema, e o costume universal do *footing* estão destruindo (pela substituição por processos mais íntimos) a organização tradicional do namoro com bilhetes, palavras bonitas, serenatas, *chaperons*. E acima de tudo estão modificando a iniciativa para o casamento, transferindo-a dos pais para as próprias partes interessadas, uma vez que, com a dissolução do sistema de parentesco, está se tornando cada vez mais uma questão individual e não de grupo.

Os meios rurais não ficaram atrás. A convivência aumentava em toda a parte. O namoro pulou a janela. Fora da porta para a rua. O contato físico se estreitava. No cinema e nas revistas, multiplicavam-se fotos de artistas com olhos nos olhos, perdidos de "paixão". Nas telas, os beijos eram sinônimo de *happy end*. Beijos se tornaram mais demorados, uma verdadeira arte da sucção bucal se instalou, e todos a imitavam. O de Regis Toomey e Jane Wyman, em *Pode ser... ou está difícil?*, de 1941, demorou três minutos e cinco segundos: um recorde. Beijar também passou a ser sinônimo de namorar. O carro tornou-se um substituto para os hotéis, onde o casal só entrava exibindo atestado matrimonial.

Mesmo nos círculos mais modernos, permaneciam certas diferenças: a do namoro sério, que vislumbrasse casamento, e aquele em que a satisfação imediata era o objetivo. Mudanças? Sim. As pessoas começaram a beijar-se, a tocar-se e a acariciar-se por cima das roupas. A anágua e a combinação eram obrigatórias para dificultar o toque direto na pele. Ainda assim, tudo o que parecia pôr um fim à sexualidade culpada convivia, infelizmente, com conveniências hipócritas, com a vergonha do próprio corpo.

Os homens continuavam presos aos tradicionais modelos: aqueles que achavam muita facilidade por parte de suas escolhidas se desencantavam. No século da velocidade, lembra o antropólogo Thales de Azevedo, as mulheres muito "dadas", pensando que, a dar muito, muito agradavam, acabavam sem atrativos nem mistérios: "Quanto amor desperdiçado, que desilusão tremenda! Tudo gasto no noivado, não resta nem um bocado, que nos atraia ou nos prenda". A longa espera, as dificuldades e a recusa em nome da pureza eram ingredientes que atraíam o sexo masculino.

Depois da Segunda Guerra Mundial, o país viveu um momento de ascensão da classe média. Ampliavam-se, sobretudo para as populações urbanas, as possibilidades de acesso a informação, lazer e consumo. O carro se popularizou, assim como piscinas de clubes, cinemas e excursões. Jovens podiam passar mais tempo juntos, e a guarda dos pais, baixou. Filmes estadunidenses seduziam brasileiros, e não foram poucos os que aprenderam a namorar vendo Humphrey Bogart e Lauren Bacall, casal de amantes na vida real. As revistas femininas tinham, nessa época, um papel modelar no que dizia respeito à vida amorosa. Revistas como *Querida*, *Vida Doméstica*, *Você*, *Jornal das Moças* ou sessões femininas em *O Cruzeiro* tinham impacto como formadoras de opinião. Um exemplo do que publicavam?

Teste do Bom Senso
Suponhamos que você venha a saber que seu marido a engana, mas tudo não passa de uma aventura banal, como tantas na vida dos homens. Que faria você?
Uma violenta cena de ciúme.
Fingiria ignorar tudo e esmerar-se-ia no cuidado pessoal para atraí-lo?
Deixaria a casa imediatamente?

Resposta:
A primeira resposta revela um temperamento incontrolado e com isso se arrisca a perder o marido, que, após uma dessas pequenas infidelidades, volta mais carinhoso e com certo senso de remorso.

A segunda resposta é a mais acertada. Com isso atrairia novamente seu marido e tudo se solucionaria mais inteligentemente.

A terceira é a mais insensata. Qual mulher inteligente deixa o marido só porque sabe de uma infidelidade? O temperamento poligâmico do homem é uma verdade; portanto, é inútil combatê-lo. Trata-se de um fato biológico que para ele não tem importância.

Em meados do século XX, continuava-se a acreditar que ser mãe e dona de casa era o destino natural das mulheres, enquanto a iniciativa, a participação no mercado de trabalho, a força e o espírito de aventura definiriam a masculinidade. Quanto às formas de aproximação e compromisso, o flerte – então aportuguesado – continuava como o primeiro passo de um namoro mais sério. Regras mínimas para os encontros eram bem conhecidas, segundo a historiadora Carla Pinsky. O rapaz devia buscar a moça em casa e depois levá-la de volta – no entanto, se ela morasse sozinha, ele não poderia entrar; o homem sempre pagava a conta; moças de família não abusavam de bebida alcoólica – aliás, de preferência, não bebiam; conversas ou piadas picantes eram consideradas impróprias; avanços masculinos, abraços e beijos deviam ser firme e cordialmente evitados; a moça tinha que impor respeito.

Não importavam os desejos nem a vontade de agir espontaneamente, o que contava ainda eram as aparências e as regras, pois, segundo conselho das tais revistas, "mesmo se ele se divertir, não gostará que você fuja dos padrões, julgará você leviana e fará fofoca a seu respeito na roda de amigos". Durante os chamados anos dourados, aquelas que permitissem liberdades "que jamais deveriam ser consentidas por alguém que se preze em sua dignidade" acabavam sendo dispensadas e esquecidas, pois "o rapaz não se lembrará da moça a não ser pelas liberdades concedidas".

A duração do namoro seguia alguns padrões: não devia – ao menos no início do século – durar muito, levantando suspeitas sobre as verdadeiras intenções do rapaz, tampouco devia precipitar decisões sérias e definitivas. Além disso, o namoro muito longo comprometia a reputação da moça, que se tornava alvo de fofocas maldosas. A opinião do grupo era tão importante quanto a do namorado ou da namorada. E a cobrança da sociedade para que os pombinhos se decidissem também contava.

"O homem que não pensa em casar-se [...] não merece outra coisa a não ser o respeito e a indiferença das mulheres, principalmente daquela que foi enganada em seus sentimentos mais puros [...]. Se ela o despede não faz mais que adiar um rompimento inevitável [...]. A atitude que toda a mulher deve tomar diante deste homem é de repúdio imediato e enérgico", alertava o *Jornal das Moças* em 10 de fevereiro de 1955.

O noivado já era o compromisso formal com o matrimônio, um período de preparativos mais efetivos para a vida em comum. Sobre o ritual ideal: deviam-se usar coroa, véu, grinalda e cauda quilométrica, como Grace Kelly, cujo casamento circulou o mundo graças à fotografia. Tratava-se, também, de um período em que o casal, mais próximo do casamento, poderia tentar avançar nas intimidades; nesse processo, cabia à jovem refrear a ansiedade do rapaz, conservando-se virgem para entrar de branco na igreja.

"Evite a todo custo ficar com seu noivo a sós [...]; quando deixam-se levar pela onda dos instintos para lastimarem mais tarde, pela vida toda [...], vocês cometem o crime de roubar ao casamento sensações que lhe pertencem, correndo o risco de frustrar a vida matrimonial", sublinhou *O Cruzeiro*, no mesmo ano. Mesmo com intimidades, era terminantemente proibido ter relações sexuais. Quer por confiar no noivo, quer por temer que ele fosse se "satisfazer nos braços de mercenárias", o resultado era sempre ruim: "Do romance tão auspiciosamente começado restarão pessoas desiludidas e infelizes".

Nas mesmas páginas de revistas estudadas por Carla Pinsky, liam-se críticas às liberdades do cinema, do rock'n'roll, dos bailes de Carnaval e das danças que permitiam que se abusasse das moças inexperientes. Valorizavam-se as fitas que ressaltavam bons costumes e personagens bem-comportados circulando em lugares bem frequentados. Em alta: "A juventude saudável que sabe se divertir – sem escandalizar – e a brotolândia que dá exemplo de amor aos estudos e à família". No mundo adulto, perseguiam-se as transformações juvenis e a rebeldia. A preocupação era com "meninos e meninas que bebem cuba-libre, frequentam o Snack Bar em Copacabana, usam blusa vermelha e blue jeans, mentem para os pais, cabulam as aulas, não pensam no futuro e não têm base moral para construir um lar". Temiam-se as "lambretices e escapadas para a escuridão do Aterro [do Flamengo]". A tensão entre as mudanças desejadas pelos jovens e o velho modelo repressivo era tanta que uma leitora escreveu a *O Cruzeiro*, desesperada:

> Quando uma mulher sorri para um homem é porque é apresentada. Quando o trata com secura é porque é de gelo. Quando consente que a beije, é leviana. Quando não permite carinhos, vai logo procurar outra. Quando lhe fala de amor, pensa que quer "pegá-lo". Quando evita o assunto, é "paraíba"; quando sai com vários rapazes é porque não se dá valor. Quando fica em casa é porque ninguém a quer [...]. Qual é o modo, pelo amor de Deus, de satisfazê-lo?

Regras e advertências não foram suficientes para barrar algumas pioneiras que fugiam ao padrão. As moças transgrediam fumando, lendo coisas proibidas, explorando sua sexualidade nos bancos dos carros, discordando dos pais e abrindo mão da virgindade – e por vezes do casamento – para viver um grande amor. A moda do "existencialismo" chegava às praias tropicais. Lia-se Sartre e Boris Vian. *O segundo sexo*, de Simone de Beauvoir, tornava-se a bíblia das moças que se vangloriavam de "certo desgosto em viver", aproveitando para compensá-la com prazeres. Prazeres que acabaram em filhos que criaram sozinhas.

Algumas escaparam à pecha de levianas e malfaladas e de serem chamadas de "vassourinha" ou "maçaneta" mantendo as aparências de moça respeitável. Outras sofreram e foram abandonadas por comportamentos indevidos ou ilícitos. Tais comportamentos podiam até mesmo inspirar muitos admiradores, mas essas jovens não se casariam, pois "o casamento é para a vida toda, e nenhum homem deseja que a mãe de seus filhos seja apontada como doidivanas". Já as que se comportavam como "moças de família", não usando roupas sensuais, evitando ficar a sós no escuro, saindo apenas na companhia de um "segurador de vela", tinham mais chance de fazer um bom casamento.

Mantendo a velha regra, eram os homens que escolhiam as noivas, e eles preferiam as recatadas, capazes de se enquadrar nos padrões da "boa moral" e da "boa família". A moça de família manteve-se como modelo das garotas dos anos 1950, e seus limites eram bem conhecidos, embora as atitudes condenáveis variassem das cidades grandes para as pequenas, em diferentes grupos e camadas sociais. No censo de 1960, 60,5% da população era casada no civil e no religioso.

De forma contrastante, as relações sexuais que os homens mantinham com várias mulheres eram permitidas e frequentemente desejadas. Tinha-se horror ao homem virgem, inexperiente. Os rapazes procuravam aventuras com as "galinhas ou biscates" e desenvolviam todas as familiaridades proibidas com as "moças de família". Sua virilidade era medida pelo número e desempenho nessas experiências.

"Ir à zona era preservar a menina de sociedade [...]; o que o namorado não podia fazer com a namorada fazia lá. Tinha que ser lá, não podia ser com a namorada. E as meninas sabiam disso [...], naquela época a gente não tinha ciúme nem nada. Pensávamos: é uma fulana da vida, é menina da zona. A gente separava bem a vida que ele pudesse ter lá e essa com a gente aqui", diz certa entrevistada.

Havia também o fantasma do "aproveitador", que abusaria da ingenuidade feminina, deixando em pedaços, ao partir, o coração e a honra. E o do "mulherengo", já comprometido, mas insaciável.

A contrapartida da moça de família era o bom rapaz, bom caráter, correto e respeitador, que jamais passaria dos limites da decência. Se os ultrapassasse, porém, estaria perdoado; afinal, era a "natureza do homem" falando mais alto.

A escolha do cônjuge já parecia ser, então, assunto exclusivo dos enamorados. No entanto, a influência familiar e do círculo de amigos era fortíssima na prática. Acreditava-se que dificilmente um casamento realizado contra a vontade da família daria certo. O bom partido era o rapaz honesto e trabalhador, capaz de manter a família com conforto. "Amor e uma cabana" só na música. "Se a fome batesse na porta, o amor pularia pela janela." O amor era importante para vida em comum? Sim. Mas não bastava. Uniões em que houvesse diferenças de classes, problemas familiares e dificuldades financeiras não tinham garantia de dar certo – nem com muito amor.

Prova das dificuldades criadas por tais situações é a carta enviada por Anna Maria Coelho de Freitas a Luís Martins, jornalista sem recursos e que vivera por duas décadas com uma mulher muito mais velha que ele: Tarsila do Amaral.

Meu querido Luís,
[...] Estou ansiosa para encontrar você; tenho passado noites péssimas e ando desesperada por tudo: a enorme pena de magoar Tarsila, de fazê-la sofrer tanto, a tristeza de ver mamãe e papai tão inocentes, tão à margem do que está acontecendo, a sua aflição. Tudo me deixa amargurada. Vivo tão descontrolada que não consigo conter as lágrimas. Na rua, num ônibus, quando percebo já estou com os olhos cheios d'água [...], às vezes tenho vontade de contar tudo a papai, mas ao mesmo tempo tenho muito medo. Acho mesmo que seria loucura fazê-lo, porque no pé em que estão as coisas qualquer complicação transtornaria tudo. Tenho medo também que descubram qualquer coisa.

Embora fosse senso comum que as mulheres viviam para o amor e que o romantismo e a sensibilidade seriam características eminentemente femininas, restava perguntar: que amor era esse? A herança de séculos se impunha: um amor domesticado, feito de razões. Nada de paixões que violassem a lei e a ordem. Impossível romper com os moldes tradicionais da felicidade ligada ao casamento legal. Aos filhos legítimos. Alguns deslizes podiam ser tolerados em nome da abnegação feminina, mas errar por paixão? Nunca. O amor verdadeiro e digno era feito de juízo. A paixão – se o leitor ainda se lembra do período colonial – era loucura passageira, impossível, "sentimento insensato que jamais poderá se concretizar numa união legal". Nutrir afeto por aventureiros de má reputação, pessoas irresponsáveis, comprometidas ou desquitadas não era nem digno de pena, era errado mesmo. No entanto, isso valia mais para as mulheres, pois os homens podiam cultivar suas amizades clandestinas sem desestabilizar a ordem moral. E, à época, milhares de histórias tristes apresentadas em revistas e filmes, inspiradas na "vida real", se encarregavam de bombardear as pretensões de quem quisesse fugir à norma.

Eram, então, raros os que se casavam com as defloradas por outro, e, mesmo quando apaixonados, os rapazes temiam que a moça em questão tivesse dado ao outro os carinhos que agora lhe dava. No próprio Código Civil previa-se a anulação do casamento por parte do noivo caso fosse "induzido a erro essencial", se tivesse sido enganado.

Isso significava que, uma vez unidos pelo matrimônio, os ajuizados cônjuges viviam uma relação assimétrica. Vejamos o que aconselhava *O Cruzeiro* em abril de 1960:

> A felicidade conjugal nasce da compreensão e da mútua solicitude entre os esposos. Em uma união feliz, os cônjuges se complementam, porque cada um tem o seu papel naturalmente definido no casamento. E de acordo com esse papel natural chegamos a acreditar que cabe à mulher maior parcela na felicidade do casal; porque a natureza dotou especialmente o espírito feminino de certas qualidades sem as quais nenhuma espécie de sociedade matrimonial poderia sobreviver bem. Qualidades como paciência, espírito de sacrifício e capacidade para sobrepor os interesses da família aos interesses pessoais. Haverá mulheres de espírito avançado que recusem esta teoria sob pretexto de que o casamento, nesse caso, não é compensador. A estas [...] responderiam as esposas felizes provando quão compensador é aceitar o casamento como uma sociedade em que a mulher dá um pouquinho mais.

O bem-estar do marido era a medida da felicidade conjugal, segundo estudou Carla Pinsky. E, para tal bem-estar, qual era a fórmula? Primeiro, "prendas domésticas"; afinal, a mulher conquistava pelo coração e prendia pelo estômago. Outro quesito: a reputação de boa esposa e de mulher ideal, que não criticava, que evitava comentários desfavoráveis, que se vestia sobriamente, que limitava passeios quando o marido estivesse ausente, que não era muito vaidosa nem provocava ciúmes. Era fundamental que ela cuidasse de sua boa aparência: embelezar-se era obrigação. E outra dica era jamais discutir por dinheiro – aliás, o melhor era não discutir por nada: a boa companheira integrava-se às opiniões do marido, agradando-o sempre.

"Acompanhe-o nas suas opiniões [...]; quanto mais você for gentil na arte de pensar, tanto maior será o seu espírito no conceito dele. Esteja sempre ao seu lado, cuidando dele, animando-o [...], reconhecendo seus gostos e desejos", aconselhava o *Jornal das Moças*, em outubro de 1955. "A mulher tem uma missão a cumprir no mundo: a de completar o homem. Ele é o empreendedor, o forte, o imaginoso. Mas precisa de uma fonte de energia [...], a mulher o inspira, o anima, o conforta [...], a arte de ser mulher exige muita perspicácia, muita bondade. Um permanente sentido de prontidão e alerta para satisfazer às necessidades dos entes queridos." E martelavam os decálogos na imprensa:

- Não telefone para o escritório dele para discutir frivolidades.
- Não se precipite para abraçá-lo no momento em que ele começa a ler o jornal.
- Não lhe peça para levá-la ao cinema quando ele está cansado.
- Não lhe peça para receber pessoas quando não está disposto.
- Não roube do seu marido certos prazeres, mesmo que eles a contrariem, como fumar charuto ou deixar a luz do quarto acesa para ler antes de dormir.

Insatisfações femininas eram desqualificadas. Yolanda dos Santos, no entanto, escreveu a *O Cruzeiro* queixando-se da falta de assistência do marido. Eis o que obteve como resposta:

> É da natureza do homem, principalmente daquele que é bem-sucedido em seu trabalho, viver mais para a carreira do que para o lar. Procure suprir com seu equilíbrio e bom senso a lacuna deixada pela falta de assistência do marido. Não lhe guarde rancor [...], ele não faz isso para magoá-la [...] e certamente confia muito em você.

Brigas entre o casal? A razão era sempre do homem. Contudo, se motivos houvesse, melhor para as mulheres resignarem-se em nome da tal felicidade conjugal. A melhor maneira de fazer valer sua vontade era usar o "jeitinho": assim o marido cedia sem se dar contar e, mais importante, sem se zangar. Nada de enfrentamentos, conversa entre iguais ou franqueza excessiva. Se quisesse comprar um vestido, realizar uma viagem ou recuperá-lo depois de um *affair* extraconjugal, usasse o jeitinho, sem ser exigente ou dominadora. O melhor era sempre colocá-lo em primeiro lugar, agindo de forma essencialmente feminina. O "temperamento poligâmico" dos homens justificava tudo: "Mantenha-se no seu lugar, evitando a todo custo cenas desagradáveis que só servirão para exacerbar a paixão de seu marido pela outra [...], esforce-se para não sucumbir moralmente, levando tanto quanto possível uma vida normal, sem descuidar do aspecto físico". Afinal, no entender das conselheiras sentimentais, "o marido sempre volta".

A grande ameaça que pairava sobre as esposas, como visto, era a separação. Além do aspecto afetivo, as necessidades econômicas – uma vez que a maioria das mulheres de classe média e alta dependia do provedor – e o reconhecimento social – as separadas eram malvistas – pesavam a favor do casamento a qualquer preço. Carla Pinsky lembra, ainda, outra máxima do casamento, versão anos 1950: "Liberdade para os homens!". Maridos não deviam ser incomodados com suspeitas, interrogatórios ou ciúmes. Permitir que eles saíssem com amigos, relevar conquistas amorosas e aventuras e atraí-los com afeição eram procedimentos aconselhados a quem quisesse manter uma boa vida conjugal: "Mais do que o seu orgulho, o seu dever é mais forte [...], passe uma esponja sobre um desvio, uma leviandade tão próxima dos homens. Caso contrário, quando ele a abandonar, acha que seu ataque de nervos, a sua crise de orgulho, secará as suas lágrimas?", afirmou-se no *Jornal das Moças*.

Enquanto elas se esfalfavam para mantê-los felizes, eles não se privavam das tradicionais liberdades: "casos" ou "cachos" com os quais se encontravam em hotéis, bares, clubes; ir a cafés frequentados por putas, como o Cu da Mãe, e puteiros famosos, como o Bucetinha de Prata, na rua Alice – outros ficavam na Correa Dutra e na Conde Lage, a meio caminho entre o Centro e a zona sul do Rio de Janeiro; e a paixão pelas "certinhas", como afirmou Stanislaw Ponte Preta, mulheres curvilíneas com biquínis minúsculos e vedetes do Teatro Rebolado cujas peças sugeriam um mundo diverso daquele proposto pelo *Jornal das Moças*: "Tem bububu no bobobó", "vem de ré que eu tô em primeira". Havia também as "jambetes" desenhadas por Lan, o manuseio de notas conhecidas como "brasileira" – a efígie da República era a amante de um senador – ou "voando para o Mangue", cinco mil-réis, valor de um "programa" no bairro do mesmo nome, cuja efígie era Santos Dumont.

Já as esposas infiéis não deveriam esperar nenhuma compreensão, nenhum gesto de ajuda, nenhuma indulgência. Elas eram fortemente criticadas, quando não punidas. O crime passional enchia as páginas de jornal, sobretudo quando se tratava de "gente bem", sem contar que a infidelidade feminina estava associada a instintos maternos de péssima qualidade. Adúlteras eram mães ineptas para criar seus filhos: "Que atitude deve tomar um marido que se sabe enganado? Permanecer ao lado de quem o atraiçoa seria indigno de sua parte [...], mesmo porque não se pode exigir de um marido que viva com uma mulher que lhe é infiel. Não pode haver harmonia num clima de indignidade. Num caso desses, o pai tem que fazer da fraqueza das crianças a sua armadura de coragem para enfrentar sozinho as responsabilidades que deveriam ser enfrentadas a dois".

Considerando tudo isso, nota-se que a afinidade sexual parece ter sido um fator menos importante no ideal de felicidade conjugal. A esposa era, antes de tudo, o complemento do marido no cotidiano doméstico. O bom desempenho erótico de uma mulher casada estava longe de ser contabilizado. As revistas silenciavam sobre o assunto, e uma delas – *Querida* – assinalou que a independência financeira e o maior acesso às informações favoreceriam o interesse feminino pela "satisfação física". Nas páginas de *O Cruzeiro* se faziam breves alusões ao "ajustamento sexual da união feliz", seguidas de considerações do tipo: "É tolice pensar que a satisfação sexual solucionará todos os problemas da vida do casal, pois que, na verdade, a harmonia sexual é que depende de outras condições". À certa mineira queixosa a conselheira sentimental lembrava que não adianta ser boa dona de casa e mãe devotada se deixar de cumprir com os deveres conjugais.

A única possibilidade de separação dos casais nos anos 1950 não dissolvia os vínculos conjugais nem admitia novos casamentos. Em 1942, foi introduzido no Código Civil o artigo 315, que estabelecia a separação sem dissolução de vínculo: o desquite. Desquitados de ambos os sexos eram vistos como má companhia, mas, como era de esperar, as mulheres sofriam mais com a situação. As "bem-casadas" evitavam qualquer contato com as desquitadas. Sua conduta ficava sob a mira do juiz, e qualquer passo em falso as fazia perder a guarda dos filhos. As posições antidivorcistas, como notamos, eram maioria. A segunda chance tinha pouca chance de se efetivar. Mesmo assim, a proporção de separações cresceu nos censos demográficos entre as décadas de 1940 e 1960. Na burguesia também se tornou mais comum que cônjuges separados tocassem a vida adiante, reconstituindo seus lares por contratos formais ou uniões no exterior.

A CHEGADA DE UMA ALIADA: A PÍLULA

Numa época em que era comum ver mulheres conceberem sete, dez, até doze filhos, obedecendo ao "crescei e multiplicai-vos", a chegada da pílula anticoncepcional revolucionou os hábitos sexuais. Ao impedir a ovulação, o milagroso comprimido impedia as mulheres de conceber. Os primeiros testes foram realizados em Porto Rico: sucesso! Em 1961, a Food and Drug Administration (FDA), instituição com poderes ministeriais, autorizou a venda da pílula no mercado norte-americano. As mulheres começaram a lutar pelo direito à contracepção. Um ano depois, a Lei Neuwirth descriminalizou seu uso nos EUA. A partir de então, qualquer mulher munida de receita médica podia comprar pílulas anticoncepcionais. Foi uma espécie de revelação. O ato sexual deixou de servir exclusivamente à procriação. Abriu-se uma brecha no mandamento divino: a mulher poderia escolher entre ter ou não filhos. Foi o começo do fim de intermináveis gravidezes e de problemas que acarretavam: enfraquecimento progressivo da mãe e dos bebês, entre outros.

Como demonstrei em *Histórias íntimas*, o surgimento da pílula marcou, também, o início da liberação sexual. No fim dos anos 1960 já se via em toda parte *slogans* sobre o direito ao prazer. Agora, podia-se considerar a sexualidade feminina, também, uma fonte de deleite. Além de permitir-se escolher o parceiro, fazer amor se tornou uma coisa boa, não somente uma maneira de fazer crescer a família. A "mulher liberada" optou por viver uma sexualidade plena, como nunca antes lhe fora facultado. Além disso, o surgimento da pílula tornou a mulher livre para escolher seu destino: concluir estudos superiores ou participar do mercado de trabalho sem ser interrompida por uma gravidez. Evidentemente, a Igreja católica não concordou com o procedimento, tampouco concordaram muitos de seus fiéis.

Na época, pairava o fantasma do crescimento infinito das populações frente a um mundo finito e falava-se em explosão demográfica como de um "câncer monstruoso que exigia um remédio monstruoso"; nesse panorama, o Brasil até que estaria em situação confortável, uma vez que tinha baixíssima densidade populacional, doze habitantes por quilômetro quadrado. Ainda assim, entre nós, a pílula aterrissou envolta no debate sobre a superpopulação mundial. Em abril de 1960, a revista *Seleções*, num artigo intitulado "Gente demais! Que fazer?", alarmava os leitores sobre as consequências de um planeta superpovoado. Os perigos eram tão maiores porque essa população, num contexto de guerra fria, podia postar-se "do lado errado", ou seja, com os comunistas.

Considerado um continente explosivo por políticos norte-americanos, a América Latina recebeu as bênçãos da contracepção antes mesmo da França. Aqui, pílula e DIU foram comercializados desde os anos 1960, enquanto lá essa liberação só ocorreu em 1967. Começaram, então, a ser criados organismos de ajuda que propunham a adoção de estratégias de redução do crescimento populacional. Por quê? Porque pobreza e natalidade altas, ou seja, "a bomba demográfica", eram perigos a evitar. A comercialização da pílula teve início em 1962 no Brasil. Jornais e revistas voltados ao público feminino informavam suas vantagens. Obstetras e ginecologistas divulgavam seu uso entre pacientes.

Pouco depois, em 1968, o presidente do Banco Mundial visitou o Brasil, e sua declaração sobre a necessidade de controle de natalidade nos países subdesenvolvidos gerou mal-estar. Temia-se que os empréstimos internacionais fossem acompanhados de uma tentativa de controle demográfico. Em paralelo a isso, circulava no Congresso Nacional um projeto para baratear o preço dos anticoncepcionais. O presidente Costa e Silva, contudo, reagiu. Foi dos primeiros a apoiar a encíclica *Humanae Vitae*, na qual o papa Paulo VI condenava o controle governamental sobre a natalidade e só aceitava a abstinência sexual como método contraceptivo. O assunto não era unanimidade no seio do governo militar. Por um lado, "antinatalistas" reivindicavam um modelo de desenvolvimento que tinha na redução da natalidade um paradigma de país desenvolvido. Por outro, os "anticontrolistas" pregavam a "ocupação dos espaços vazios" e a importância de multiplicar brasileiros em todas as áreas do país. O governo não interferiu diretamente, mas sociedades civis internacionais se estabeleceram aqui a fim de atuar junto às camadas populares. Foi o caso da organização inglesa International Planning Parenthood Federation (IPPF), que financiou, a partir de 1965, a Bemfam, Sociedade Civil Bem-Estar Familiar no Brasil.

Se o assunto era discutido pelas classes médias, uma matéria da *Veja*, em outubro de 1968, questionava que conhecimentos tinham as brasileiras pobres sobre a pílula. Mariana, moradora de um cortiço que já fizera abortos por métodos do tipo "pode deixar que eu sei" e usava tampões com água oxigenada ou salgada para evitar a gravidez, dizia que já tinha ouvido falar de outros métodos de contracepção, mas que "dentro de mim ninguém mexe". O artigo demonstrava que o desconhecimento acerca dos modernos métodos contraceptivos, além de multiplicar a população, empurrava tais mulheres para a prática do aborto. Outra entrevistada, a balconista Antônia, de dezenove anos, assim definia os métodos contraceptivos: "Isso é sem-vergonhice! Amor e maternidade são as coisas mais lindas do mundo". Já para Ivani, mãe de nove filhos, "o casamento tem como fim a constituição da família. A pílula pode contribuir para que o casal se esqueça disso, vivendo apenas como macho e fêmea. E só nisso não pode haver amor e respeito".

Segundo a matéria, se a Igreja permitisse o uso de pílulas anticoncepcionais, "os 19% de mulheres que as utilizavam poderiam subir a 45%", pois, embora as políticas populacionais estivessem voltadas para as camadas desfavorecidas, milhares de mulheres experimentavam a contracepção. Contudo, o objetivo era um só: reduzir o número de filhos. Em 1967, um artigo da revista *Realidade* informava que 87% das mulheres achavam importante evitar filhos e 46% adotavam alguma forma de contracepção: "tirar" era a palavra mais usada para falar de coito interrompido. Ao mesmo tempo, 19% já usavam a pílula.

O planejamento familiar merecia poucas manifestações por parte das autoridades, salvo do então presidente Emílio Garrastazu Médici, que, certa vez, defendeu que o país não poderia seguir as linhas dos que optaram por crescimento gradual e controlado se nossa realidade era a explosão demográfica. Foi secundado pelo ministro da Fazenda, Delfim Netto, que apostava no desenvolvimento econômico contra a explosão populacional. Bastava duplicar a renda *per capita* em dez anos, em vez de onze, e o problema estaria sob controle, acreditava o economista. Contra tal otimismo, não faltaram críticas, sobretudo quando a euforia do crescimento começou a declinar. O economista Mário Henrique Simonsen ponderava que o direito de opção sobre ter ou não filhos era privilégio das classes mais ricas, subtraído aos mais pobres. O presidente Ernesto Geisel dizia já ter aprovado o divórcio, deixando, portanto, a bomba do planejamento familiar para seu sucessor. O general João Figueiredo, preocupado com os 80 milhões de pobres brasileiros, enfrentaria a Igreja e consolidaria o plano, que seria implantado lenta, gradual e sutilmente, evitando-se as campanhas publicitárias, via mídia.

Em 1984, criou-se o Programa de Assistência Integral à Saúde da Mulher, da puberdade à terceira idade. O Ministério da Saúde distribuía nos postos médicos informações sobre a reprodução humana e indicações para o uso de pílula anticoncepcional, preservativos e pomadas espermicidas. Afinal, na época, nasciam 3 milhões de brasileiros. Um Uruguai! A Igreja católica reagiu e sobraram colisões. "Na linguagem vulgar, esterilização é castração", rugia dom Aloísio Lorscheider. Dar pílulas às pobres era "ato criminoso", no entender do cardeal Alfredo Vicente Scherer.

E eles não estavam sós. A existência de uma "Amazônia a ser povoada" e da soberania do país deixava Azeredo da Silveira, o embaixador brasileiro em Genebra, sede de uma reunião mundial da 17ª Comissão de População das Nações Unidas, à vontade para afirmar que 60% das crianças que nasciam de mães que tomavam pílulas eram portadoras de deficiências físicas ou psíquicas. Não faltavam conservadorismo e autoritarismo na análise da questão. Para a Índia, que "inchava", melhor seria a esterilização em massa, argumentavam alguns cientistas.

Entre nós, como informou a *Veja* em janeiro de 1974, "falava-se com frequência em preservar a dignidade da mulher, que, colocada sob controle ou planejamento familiar, estaria se transformando apenas em objeto de prazer". No Congresso, não faltou deputado para argumentar que a pílula era a morte genética do homem. Enquanto gráficos apontavam os males da explosão populacional, nenhuma instituição era mais defendida que a grande família. Por isso, dispositivos intrauterinos eram evitados, o aborto continuava a ser perseguido e a população pobre seguia sem acesso ao planejamento familiar.

Para as que consumiam a pílula, nem tudo era um mar de rosas: muitas mulheres se queixavam dos efeitos colaterais. Então, no início dos anos 1970, teve início o debate na imprensa sobre benefícios e malefícios da pílula. Sob investigação no Senado dos Estados Unidos, o comprimido passou a ser fornecido apenas sob prescrição médica – medida que gerou reações variadas. Uma universitária carioca de 23 anos, entrevistada pela *Veja*, reagiu: "Todos fazem campanha contra os perigos da pílula. E da cortisona, muito mais perigosa, ninguém fala!". Já uma paulista, casada, de 26 anos, comentou: "Minha irmã começou a tomar a pílula faz três semanas. Com toda essa onda, já parou". E uma dona de casa de 26 anos, de Salvador, se mostrou furiosa: "Estou louca da vida com o médico. Nunca me falou nada". Uma porto-alegrense, solteira, de 23 anos, concluiu: "Prefiro sofrer os enjoos da pílula a enfrentar a grande dor de cabeça da gravidez". Entre as principais acusações contra o método, as mais graves eram a de causar trombose e até mesmo câncer. O resultado foi o aumento de cirurgias de esterilização. Um aumento de 100% em relação à década anterior.

Enquanto isso, a Igreja católica não dormiu no ponto. Vários documentos associando pílula e pecado seguiam bombardeando os fiéis. A própria encíclica *Humane Vitae* foi como uma pá de cal entre os católicos esperançosos da aceitação do método. Dom Lucas Moreira Neves, contudo, tinha outra leitura: não se tratava de mera condenação, mas de incentivo a que os cientistas aprimorassem, quanto antes, o método da continência periódica. No início dos anos 1970, apareceu uma "pílula masculina". A *Veja* deu ampla cobertura. Mais uma vez, discutiam-se os efeitos colaterais: aumento de peso e, sobretudo, diminuição da libido. Para o cientista Elsimar Coutinho, "nas mulheres, entretanto, esse aspecto não é valorizado. Muitas aceitam submeter-se a uma atividade sexual não satisfatória em troca da garantia de não conceber".

Passados quinze anos do surgimento da pílula, as taxas de natalidade passaram a cair em relação às décadas anteriores, e o IBGE registrou os reflexos da mudança de comportamento da classe média brasileira, que tinha cada vez menos filhos. Segundo pesquisa patrocinada pela Fundação Ford, essa transformação estava relacionada com maior oferta e maior consumo de anticoncepcionais orais. Contudo, se a ciência avançava, o desenvolvimento econômico rateava. O problema era que, entre as crianças que continuavam nascendo, 70% aumentavam famílias com renda de menos de dois salários mínimos e 12 milhões sofriam de desnutrição – dados retirados da *Veja* em novembro de 1983.

Nessa época em que se discutia o número de filhos, tratou-se também do parto enquanto procedimento. Antes tido como mais singelo momento da vida humana, passou a ser realizado em salas esterilizadas, sob lâmpadas frias, mesas reclináveis, ambientes aquecidos, com assepsia, anestesia, instrumentos cirúrgicos especiais e um enxame de médicos, assistentes e enfermeiras. As mulheres viviam o momento do parto com a mesma indiferença às das pequenas cirurgias: dor e parto iam se distanciando, e o procedimento se tornava cada vez mais uma manobra cirúrgica.

Nas clínicas particulares do Rio de Janeiro e de São Paulo, seis de cada dez partos exigiam o corte cesáreo. Os números já contrariavam os padrões da Organização Mundial da Saúde, que preconizavam no máximo quatro cesáreas a cada cem partos. Em 1978, mesmo no INPS, as cifras se mostravam alarmantes: 13,77% dos partos feitos em ambulatórios e clínicas e 22,73% daqueles feitos nos serviços contratados de previdência social. O Brasil chegou a ser o campeão das operações: 36%, na frente dos Estados Unidos, com seus 25%. A sombra de motivos pecuniários – custava cinco vezes mais – ou estéticos pairava sobre a cirurgia, que em realidade deveria ser executada apenas como recurso para parturientes entre a vida e a morte: tamanho exagerado do feto, falta de dilatação do colo do útero e outros.

A falta de educação pré-natal e a propaganda enganosa prometiam um parto sem grandes sofrimentos, criticava o médico João Yunes, assessor do ministro da Saúde para assuntos materno-infantis. Do total de mulheres grávidas, 67% afirmavam sofrer com o parto normal contra 33% que diziam pouco padecer na cesárea. Os obstetras alegavam que era o momento de pôr fim ao mandato bíblico "parirás com dor" e que, ao contrário, na falta da dor, a parturiente ganhava consciência sobre a importância da maternidade e dava à luz em meio a calma e alegria. Os médicos não precisavam esperar mais doze horas para um nascimento; podiam, sim, realizar quatro operações seguidas! Contudo, o aperfeiçoamento da anestesia peridural privava a mulher dos movimentos e do esforço que ela fazia no passado na hora de parir. Em meio a tantas novidades, as cesarianas cederam, pouco a pouco, lugar aos partos normais. O número aumentou tanto que, no fim dos anos 1990, o governo federal destinou a elas apenas 40% da verba total para partos em hospitais conveniados ao Sistema Único de Saúde (SUS).

Já os partos monitorizados buscavam espaço entre os normais e as cesáreas. Empregavam-se aparelhos eletrônicos para prever possíveis anormalidades na mãe ou no feto, os quais foram introduzidos pelo dr. Jorge Rodrigues de Lima, do Departamento de Pesquisa da Maternidade-Escola da Universidade Federal do Rio de Janeiro, também como recurso para dispensar as cesarianas desnecessárias.

No Rio Grande do Sul, o dr. Antônio Celso Koehler Ayub tentava argumentar sobre o "parto vertical", aproveitando a ação da gravidade, que tendia a diminuir a duração média da expulsão do feto. O trabalho muscular era mais eficaz, e o corte no períneo, menos necessário. A mesa do parto era também inclinada de quarenta a oitenta graus. Em Curitiba, outra novidade: o parto de "cócoras", à maneira das índias caingangues, da terra indígena Xapecó, divulgado pelos obstetras Cláudio Paciornik e Moisés Paciornik. A posição facilitava a saída da placenta, permitia a expulsão mais rápida do bebê e evitava asfixias e complicações mecânicas. O método mais revolucionário, porém, foi o denominado parto sem dor. Introduzido pelo dr. Adolpho Goldenstein, em São Paulo, consistia em bombardear a gestante com ginástica, fisioterapia, métodos de respiração e sessões psicoterápicas com outras gestantes. Pouca luz, silêncio, temperatura ambiente próxima à intrauterina, nada de colocar a criança de cabeça para baixo, mas, uma vez cortado o umbigo, deixá-la serenamente no colo materno: era o método Leboyer, do obstetra francês de mesmo nome.

As novidades dos anos 1970 foram acompanhadas da introdução da ultrassonografia obstétrica, ferramenta pioneira no diagnóstico no acompanhamento pré-natal, assim como da "medicina fetal", e que dava maior tranquilidade à gestante. No interior, contudo, mulheres continuavam a dar à luz em casa, e o parto se anunciava pela "perrengada", o "despacho" ou o "rodiadô". Era comum a gestante fechar-se no quarto, portas e janelas cerradas, somente avós, tias e vizinhas no recinto. Daí a pouco um choro anunciava a chegada de mais um familiar. Pesquisas revelam que, até o fim da década de 1990, técnicas, posições, rezas e beberagens usadas para facilitar o parto em domicílio não sofreram grandes mudanças. Banquinhos baixos, gamelas, colo do marido ou de uma mulher forte, cordas passadas por portas e traves em que as gestantes se penduravam, parto de cócoras, de joelhos, de pé com as pernas abertas e fletidas – enfim, desde a noite dos tempos, não havia variações nas posições em que se dá à luz.

Para expulsar a placenta? Ingeriam-se três grãos de feijão. Depois, era preciso juntar a "mãe do corpo", ou seja, "os ovários, o útero, tudo o que a mulher usa para reproduzir", explicava uma parteira. Parteiras no interior falavam com a "mãe do corpo": "Eu coloco o dedo no umbigo e aperto; quando ela não bate ou bate fraquinho, é porque a mulher está doente". O remédio era a massagem com óleo de andiroba, cânfora ou azeite. Para secar umbigo, na falta de mertiolate, pó de fumo em corda. Os saberes tradicionais ainda interessavam às parturientes e, em pleno século XX, organizações não governamentais reconheciam a contribuição das parteiras na defesa do parto normal. A Universidade Federal da Bahia continuava a formar "enfermeiras obstetrizes", nova nomenclatura para as velhas aparadeiras. Em 1978, foram mais de quinhentas.

Se no Brasil pouco mudava a situação em meio à gente pobre, na rica Europa ocidental tudo se transformava! Notícias anunciavam, com estarrecimento, o aparecimento de "mães de aluguel". Cinquenta mulheres inglesas estariam à espera de ter seus bebês de proveta, "embriões gerados à luz fria dos laboratórios", informou a *Veja* em janeiro de 1978. Seria gente como nós? Desenhos coloridos explicavam ao leitor a nidação [quando o óvulo fecundado é implantando na parede uterina] enquanto entrevistas esclareciam que não se tratava de "fabricar" crianças, mas de resolver o problema de mulheres inférteis. Já a esterilidade masculina era combatida com tratamentos hormonais. Quem falaria disso na primeira metade do século? Multiplicar-se para constituir uma família como desejava a Bíblia ou para fortalecer uma nação era argumento ultrapassado. Doravante, bancos de esperma ou de óvulos permitiram escolher a cor dos olhos ou dos cabelos de um bebê. Ele teria alma? A Igreja católica condenava o procedimento. Afinal, a concepção era coisa de Deus que a abençoava e, nesse caso, para obtenção de espermatozoides, era obrigatória a masturbação, prática perseguida desde sempre como pecado.

Com ou sem filhos, nas últimas três décadas do século XX o corpo feminino passou por uma revolução silenciosa. A pílula anticoncepcional permitiu às mulheres fazer do sexo não mais uma questão moral, mas de bem-estar e prazer. Elas se tornaram, assim, mais exigentes em relação ao parceiro e passaram a viver uma sexualidade mais ativa e prolongada.

Entre ambos os sexos, surgiram normas e práticas mais igualitárias. A corrente de igualdade não baniu, contudo, a profunda assimetria entre homens e mulheres na atividade sexual. Quando da realização do ato físico, desejo e excitação continuam percebidos como domínio masculino. O casal raramente reconhece a existência e a autonomia do desejo feminino, obrigando-o a se esconder atrás da capa da afetividade. A famosa "pílula azul", o Viagra, só reforçou o primado do desejo masculino, explicitando uma visão física e mecanicista do ato sexual, reduzido ao bom funcionamento de um único órgão. Seria essa uma revanche masculina contra o "domínio de si" que a pílula anticoncepcional deu à mulher?

NOVOS TEMPOS, NOVAS FAMÍLIAS

Do encontro ao compartilhamento da intimidade, ao engajamento num compromisso, a formação de um casal significa um processo relacional e afetivo, complexo e sempre singular. Ela inclui, também, uma reorganização das relações entre as famílias dos cônjuges, dos amigos e, na maior parte das vezes, das atividades profissionais, de lazer e de estudos. No entanto, se antes a união durava até "que a morte os separe", passou a durar "até que a vida os separe". As estatísticas não deixavam mentir. Segundo o IBGE, desde a década de 1980, os números de casamentos vinham declinando, e o de divórcios, aumentando. Golpes e mais golpes fustigaram a família. Menos sensível às sanções religiosas e às tradições, ela já era chamada de "família pós-familial". E, segundo alguns, só continuava a existir na imaginação ou na memória.

A culpa foi do casamento, que não resistiu às mudanças. A Amélia, aquela que se encarregava de lavar e passar a roupa para o marido, foi substituída pelo micro-ondas. A pílula e a emancipação da mulher alteraram definitivamente as relações familiares. Não bastasse, envolvimentos extraconjugais fascinaram, desde sempre, uns e outros, enquanto crescia o número de pessoas que pretendiam viver sozinhas. A autofelicidade vinha na frente dos cuidados entre os cônjuges ou com os membros da família. Passou-se ao eu, depois o você e, bem mais longe, eles. Enfim, a modernidade parecia dispensar o casamento e a família de sua função histórica: garantir a sobrevivência da espécie. Com base no que diz a escritora Lya Luft, afirmamos, porém, que família é o chão sobre o qual caminharemos pelo resto da vida, é o lugar onde os valores tradicionais e as rupturas sempre se operaram, tendo as mulheres como grandes gestoras das transformações ou transmissoras de velhos preconceitos e paradigmas. O machismo entre eles.

Apesar das mudanças pelas quais passou na segunda metade do século XX, a família seguiu como a mais velha instituição das sociedades humanas. Valorizada, temida ou inquietante, ela existia! No Ocidente cristão, sobreviveu ao controle da Igreja católica, que a queria encerrada na imagem da Sagrada Família. Sobreviveu também aos anarquistas, que, em maio de 1968, decretaram sua morte. Em 2000, a família podia ser monoparental ou recomposta, constituída por casais mistos casados, não casados, homossexuais, com filhos de vários leitos, adotados e "fabricados", filhos cuja parentela biológica não correspondia, nem remotamente, à parentela doméstica. E a Constituição de 1988 a consagrou: família é a união estável entre homem e mulher ou qualquer dos pais e seus descendentes.

No seio da família, um nó: o casamento. Este, sim, sofreu impactos. No passado, foi o grande divisor entre a casa e a rua, os que se casavam perante a Igreja e os que viviam amasiados. Ou entre as esposas e as "outras". Ou entre os casados e os desquitados. Como já dissemos, firmado pelo Código Civil em 1942, o desquite estabelecia a separação sem a dissolução do vínculo matrimonial. Os "fracassados" que tinham escolhido essa via eram com frequência vistos como párias, sobretudo as mulheres. Ficavam, inclusive, malfaladas e só podiam se casar novamente de maneira informal. No máximo, conseguiam receber uma indenização por serviços domésticos, o que equivalia a uma ajuda para a alimentação dos filhos. Falhar na importante tarefa de constituir e manter uma família era considerado desonroso. O jurista Ataliba Nogueira, em entrevista à revista *Realidade*, chegou a afirmar: "Sou contra o divórcio e a favor do desquite, porque o desquite cria uma situação horrorosa para os dois. Então, eles preferem continuar vivendo juntos e fica salva a família, para o bem dos filhos, que crescerão em presença dos pais". Em 1966, segunda pesquisa realizada pela *Realidade*, 79% dos brasileiros se mostravam a favor do divórcio; 16%, contra; e 5%, a favor do desquite.

Sob a aparência das críticas, no entanto, o caldo já começava a ferver. Em 1968, o tema da traição feminina visitava, em letras garrafais, as páginas de *O Cruzeiro*: "Por que as mulheres traem?". O articulista se apressava em explicar: casamentos precoces, brigas sistemáticas e falta de atenção entre os parceiros levavam a traição circunstancial ou deliberada. Se o homem havia "domesticado" seus instintos sexuais e poligâmicos, resistindo às pressões, agora, porque trabalhava e estava longe de casa, também a mulher estava "mais exposta às oportunidades de traição". Para eles, porém, a infidelidade delas não era um perigo iminente, mas um perigo possível. Vítimas de críticas e de tabus, elas não tinham chance de avaliar as razões do mau passo. Segundo eles, "martirizante necessidade de carinho", "para provar que não sofria de frigidez", "excesso de imaturidade, leviandade, de espírito de aventura", "por uma fuga do dia a dia que a exaspera", "por rebeldia aos tabus e ao companheiro dominador". E o articulista, cheio de dúvidas, finalizava: "Quem as irá compreender um dia...". Segundo *O Cruzeiro*, o marido traía porque vivia atormentado pela necessidade de provar que era macho, tinha que provar a si mesmo a capacidade de seduzir, a esposa perdia encantos, temia o fracasso, com a esposa havia limites a ser respeitados, por narcisismo ou insegurança. E, cheio de culpa por viver uma vida dupla, por ter uma "dupla conjugalidade", se roía por dentro ou acabava num divã.

Dúvidas e mudanças se acumulavam. Daí que desquites, desenlaces ou traições aumentavam, até que, na segunda metade do século XX, a moral sexual se flexibilizou. Casais não casados eram cada vez mais aceitos e já podiam circular socialmente. A sexualidade ainda era vivida como pecado aos olhos da Igreja, mas um número crescente de católicos passava a acreditar que amor e prazer eram capazes de andar juntos. O Concílio do Vaticano II e a encíclica *Gaudium et Spes* convidavam a olhar o mundo com simpatia e compreensão. Falava-se em paternidade responsável, em planejamento familiar por métodos naturais e em amor conjugal: o amor entre esposos como um bem incalculável para os filhos, a interação entre amor físico e espiritual e a renovação contínua desse laço. Uma agenda, sem dúvida, revolucionária e generosa para a época.

Por influência dos meios de comunicação e, sobretudo, da televisão, o vocabulário para dizer amor passou a evitar eufemismos. Embora nos anos 1960 ainda se utilizasse uma linguagem neutra e distante para falar de sexo – mencionavam-se, baixinho, "relações" e "genitais" –, aos poucos se caminhou para dizer "coito", "orgasmo" e "companhia". As interações cotidianas dos casais começaram a mudar. Ficava num passado cada vez mais distante o tempo em que os maridos davam ordens às esposas. Um marido violento não era mais dono de ninguém, era apenas um homem bruto.

Carícias se generalizavam, e o beijo mais profundo – o beijo de língua ou *french kiss* –, antes escandaloso e mesmo considerado um atentado ao pudor, passava a ser sinônimo de paixão. Na cama, novidades: o contato da boca, graças aos avanços da higiene íntima, se estendeu a outras partes do corpo. As preliminares ficaram mais longas. A limpeza do corpo e o hedonismo já latente alimentavam carinhos antes inexistentes. Toda forma de corpo a corpo amoroso tornou-se possível. No quarto, a maior parte das pessoas ficava nua – ainda que no escuro. Amar ainda não era se entregar.

É bom não esquecer que os adultos dos anos 1960 foram educados por pais extremamente conservadores. Regras de pudor muito estritas lhes devem ter sido inculcadas. Lia-se William Reich, para quem o nazismo e o stalinismo teriam nascido da falta de orgasmos. A ideia de que os casais, além de amar, deviam ser sexualmente harmoniosos passou a ser discutida por algumas mentes mais abertas. Era o início do direito ao prazer para todos, sem que as mulheres fossem penalizadas ao manifestar interesse por alguém.

Uma vez acabado o amor, muitos casais buscavam a separação. Outros escolhiam um atalho: ter um caso. E, desse ponto de vista, o adultério feminino era uma saída possível para quem não ousasse romper a aliança. Muitos casos extraconjugais, sobretudo nas elites, sustentavam casamentos burgueses e sólidos. Maridos e mulheres, com uma vida paralela, encontravam nas *garçonniéres* um ambiente secreto para encontros amorosos, um espaço para relações afetivo-sexuais que já não existiam no matrimônio. Na maior civilidade, tinha-se um caso com o melhor amigo do marido ou com a melhor amiga da mulher. O importante era não dividir os patrimônios: o material e o simbólico. O patrimônio simbólico bem representado em nomes de família tradicional, em posições profissionais de projeção, em carreiras públicas, enfim, no status que seguia impoluto, sem a mancha do divórcio, do lar desfeito ou da consciência pesada.

Nem tudo eram flores na prometida liberdade pelo movimento de maio de 1968. Embora desde 1943 a legislação tenha concedido licença para a mulher trabalhar sem prévio consentimento do marido, o Código Civil o mantinha na chefia da família, com todos os direitos assegurados. Ora, onde havia quem mandasse, havia quem obedecesse. Assim, apesar do surgimento do Conselho Nacional de Mulheres do Brasil, chefiado por Romy Medeiros da Fonseca, que se destacou na luta para promover a posição socioprofissional da brasileira, o diagnóstico era de alterações lentas.

Sobre essa época, a intelectual e feminista Rose Marie Muraro, no clássico *A mulher na construção do mundo futuro*, criticou: a brasileira andava em dois ritmos, sendo um mais acelerado nas grandes cidades. O problema era o padrão de dupla moral, que não havia mudado. Não eram poucas as que ainda educavam as filhas e os filhos com duas medidas diferentes: uma para a menina e outra para o menino. Muraro também acusou: "Depois, sua posição confortável de dona de casa, com o sustento garantido, e de rainha do lar levam-na a fazer vista grossa aos 'pulos de cerca' do marido, em vez de exigir um diálogo franco e profundo".

A autora estava certa. Em janeiro de 1974, a revista *Manchete* publicou uma pesquisa de opinião depois de consultar cem mulheres de todo o país. Elas diziam preferir ser objeto sexual dos homens a sujeitos da história. Não estavam interessadas em política nem em igualdade de salários. Davam maior importância à maternidade e à família. Mesmo sendo contra o aborto, eram favoráveis à contracepção.

E os avanços? A imprensa da época revelava mudanças e permanências. A revista *Ele & Ela* abordava assuntos de interesse para o casal moderno. Editoriais indicavam a necessidade de a mulher se conhecer. E conhecer os homens. Afinal, ela já estava "cansada das angústias que a marcaram por tanto tempo". No entanto, os questionamentos influenciados por discussões feministas em pauta nos Estados Unidos ou na Europa eram relidos à brasileira. Quanto à "dificuldade de ser fiel", eis uma conclusão: "Ora, a imagem da mulher emancipada não suprime a imagem da mulher essencialmente pura, basicamente fiel".

Quanto ao homem, sua infidelidade seguia intocável. A mesma ambiguidade se via em relação ao feminismo: se a mulher deixou de baixar a cabeça para dizer "eu quero, eu posso, eu vou fazer", os primeiros sinais de repulsa ao movimento não tardaram. Choviam depoimentos sobre feministas arrependidas, vistas como mal-amadas e masculinas. E não faltavam conselhos tradicionais: "A mulher deve ser fêmea e assumir essa condição. Deve ser bonita, desejável e ser mãe. Deve cuidar da casa e dos filhos e esperar o marido de volta do trabalho bem-disposta e arrumada".

A família dos anos 1970 foi resultado dos desencontros entre conservadorismo e desejo de liberdade. A presença da mulher nos escritórios, nos serviços, nas fábricas e nas lojas deu outra dimensão ao casamento. Com métodos contraceptivos mais eficientes desde 1962 e segurança profissional, as mulheres se reinventaram dentro da casa e da família. As possibilidades educacionais também aumentaram para elas, com reflexos mais ou menos evidentes nas relações familiares. A historiadora Ana Silvia Volpi Scott acrescenta que a Lei de Diretrizes e Bases da Educação Nacional (LDB) garantiu a equivalência de todos os cursos de grau médio, permitindo que as estudantes da escola normal pudessem disputar e aceder a vagas no ensino superior.

As relações verticais começaram a ser questionadas. Rompia-se, bem lentamente, o ciclo de dependência e subordinação ao marido, embora a imprensa continuasse a idealizar a figura da mãe e da dona de casa. Ana Silvia Scott lembra que, apesar das visões alternativas, ainda era tido como altamente desejável que a mulher se casasse e tivesse filhos, dedicando-se integralmente ao lar e às crianças. Mas, agora, angustiada. Ameaçada pelas mais jovens, seu horror era ser trocada por duas de vinte! Multiplicavam-se as colunas do tipo "como salvei meu casamento". Para a liberada que aderisse à revolução da pílula e do amor livre, não faltavam informações para "entrar no fechadíssimo clube das cabeças que pensam e decidem".

Para entrar em tal clube era preciso ter cabelos esvoaçantes e corpo sedutor, ser "uma pantera". O casal continuava a ser o ponto de referência. E, como antes, o homem era o juiz que avaliava a mulher. Ele era seu objetivo, sua razão de ser. E, também como antes, vigorava para ele o "medo de se amarrar". À época, alguns argumentos científicos brotavam para ilustrar as diferenças: "Ele tem, biologicamente, o instinto da conquista desde os tempos pré-históricos [...], a maternidade dotou a mulher de uma estrutura emocional passiva". E a quem cabia a dupla moral masculina, velha como Matusalém? A ela, é claro: as mais livres e sempre prontas a responder aos convites mais ousados estimulavam a tendência masculina ao não comprometimento, informavam revistas femininas.

Nessa época, as mulheres tiveram que enfrentar o fim do mito da "rainha do lar". Questionadas pelos filhos, desmoralizadas pelas belezas mais jovens, ansiosas por ver mais e mais mulheres ganharem independência, elas investiam em receitas para salvar o casamento, que começava a passar por momentos delicados: a dupla jornada de trabalho feminina, a relutância masculina em participar das tarefas do lar, conflitos em torno da criação dos filhos. O que antes tinha que ser varrido para baixo do tapete, de preferência pelas mãos da esposa, agora ficava óbvio. Como diria o poeta Vinicius de Moraes, como o amor, o casamento passava a ser infinito enquanto durasse.

E podia durar pouco, porque, depois de uma longa luta de quase cem anos, a lei do divórcio foi aprovada, em dezembro de 1977. À frente dela, por anos, esteve o senador Nelson Carneiro, encabeçando uma lista de senadores e deputados ditos "divorcistas". Do outro lado, a Igreja católica, que usava o púlpito para vituperar contra a indissolubilidade do matrimônio que ela mesma introduzira na Constituição em 1934. Junto a ela, os "indissolubilistas", entre os quais membros da Sociedade Brasileira de Defesa da Tradição, Família e Propriedade (TFP), que recolhiam assinaturas nas ruas, pelas capitais do Brasil, a fim de impedir que a lei fosse aprovada. Porém, era essa uma Igreja enfraquecida. Afinal, a lei do divórcio havia sido aprovada na Itália, sede do Vaticano, em 1970. Tempos novos, outras mentalidades. A favor, quase toda a classe artística que dava as cartas na televisão: de Hebe Camargo a Silvio Santos, de Cláudio Marzo a Chico Anysio. De Roberto Carlos a Betty Faria. Sem contar o apoio da alta sociedade, com Jorge Guinle e Carmen Mayrink Veiga. Contra a lei, o apresentador de tevê Blota Júnior, dom Marcos Barbosa e o escritor Gustavo Corção.

As mudanças abalavam, também, o mito da "rainha do lar", além de não prometer sucesso absoluto. A nova imagem da mulher que decidia, que se sustentava, se cuidava, apresentava rachaduras. Ela não decidia porque gostava ou achava importante tais mudanças na vida, mas porque o homem assim queria. Mais que isso: a identificação entre a esposa e a mãe continuava. Que o diga Tônia Carrero, prima-dona do teatro, que em entrevista chegou a afirmar que "o truque de prender o homem não é beleza nem juventude. É uma coisa tão besta que dá raiva: é parecer com a mãe dele". E a imprensa feminina seguia cheia de fórmulas para agarrar maridos.

Raras eram as articulistas, como Carmen da Silva, atentas às mudanças em curso e desejosas de conscientizar as mulheres.

Com tudo isso, o papel da mulher ante o homem reduz-se a: atrair, seduzir, incitar, envolver, obter o que se deseja mediante a simulação hipócrita ou o "nhe-nhe-nhem" de criança [...] pagar com fidelidade a infidelidade do marido e procurar reconquistá-lo mediante recursos de cosmética, indumentária, culinária, doçura, habilidade, astúcia, submissão [...]. Na qualidade de boneca de carne, exorbita a importância de seu aspecto físico, escraviza-se à moda, sofre por não manter o padrão que desejaria e repete, convicta, consoladores axiomas publicitários: "Hoje em dia não há mulheres feias", enquanto se examina angustiadamente no espelho [...]. Em resumo, nossas mulheres, ao mesmo tempo que acham maravilhoso ser mulher, assim em teoria, estão descontentes com a sua sorte no que tange a realização de sua própria feminilidade; ao mesmo tempo que afirmam as doces prerrogativas de seu sexo, admitem que seu destino biológico é doar-se em compensações, amar e sofrer por amor!

Em setembro de 1980, a revista *Veja* publicou o resultado de uma pesquisa. Nem Amélia nem ativista, a brasileira dos anos 1980 era conservadora e tímida, mas sabia que sua filha precisava conquistar a independência. Passou a comprar roupas feitas e esqueceu a máquina de costura. O ferro elétrico foi pelo mesmo caminho, pois, de tudo o que fazia em casa, passar roupa era o mais detestável. Mulher devia trabalhar fora, podia romper um casamento e iniciar outro. Quanto à vida sexual livre para solteiras e legislação do aborto, não havia certezas. Sobre a homossexualidade, era contra. Dividida entre valores novos e tradicionais, rejeitava a ideia da submissão da mulher. Ao mesmo tempo, na prática, deixava ao homem a maior responsabilidade pelo sustento da casa. Se sua mãe achava que política e economia eram assuntos da exclusiva alçada masculina, ela não. Culpava o governo pelo aumento no custo de vida e apontava a criminalidade como seu grande pavor. Televisão? Ótimo. Achava até que as crianças aprendiam muito assistindo à telinha.

Esse era o retrato da nova mulher brasileira, moradora dos grandes centros, Rio de Janeiro e São Paulo. A pesquisa mostrou que vários mitos tinham caído por terra, enquanto verdades insuspeitadas vieram à tona. A nova figura ainda guardava um pouco de Amélia, aquela que não tinha a menor vaidade e achava bonito não ter o que comer. Pouco vaidosa, acreditava nas virtudes da meiguice e, sempre colocando a culpa do custo de vida no governo, ainda repetia ao marido "o que há de se fazer". Pensava menos em luxo e riqueza e, sem querer ser a campeã do consumo, sonhava apenas com mais tempo de lazer para si e sua família. E, se pudesse pedir algo, seria menos inflação, mais segurança nas grandes cidades e menos poluição.

Em comparação com a avó ou mesmo com a mãe, a dona de casa enfrentava, nos anos 1980, uma realidade extremamente mutável. Havia poucas décadas, atrás das grandes mulheres profissionalizadas escondiam-se maus provedores masculinos. Agora, nenhuma mulher teria vergonha de trabalhar para contribuir no orçamento doméstico. Das entrevistadas pela *Veja*, a absoluta maioria aprovaria o trabalho feminino, embora apenas 25% estivessem no mercado de trabalho.

Espremida entre uma educação antiquada e os ventos de um feminismo que ainda não entendera, a mulher casada rompeu um ciclo. Foi educada por sua mãe de forma muito semelhante à da avó; no entanto, dava à filha conselhos que construiriam gerações de mulheres diferentes. Era a última geração de donas de casa nas grandes cidades do país, sobretudo no Rio de Janeiro e em São Paulo. As velhas expressões "prendas do lar" e "doméstica" caíam em desuso. As mulheres educavam as filhas para serem mulheres, preferencialmente casadas, mas independentes. "Minha mãe era uma carcaça do que queriam que ela fosse", disse uma das entrevistadas da revista, enquanto outra acrescentava: "Minha filha tem que estudar para trabalhar. Trabalhar primeiro, acima de tudo".

Na década de 1980, diminuiu bastante o número de casamentos legalizados, assentados em cartórios, assim como cerimônias religiosas. Casavam-se menos? Não. Juntavam-se mais. O reconhecimento da "união estável" foi o passo seguinte, e essa expressão substituiu, em 1988, o velho e conhecido termo "concubinato" na Constituição Federal. No entanto, uma vez acabado o amor, casais se separavam. Preocupações? Sim: como dividir o patrimônio material e simbólico. Assistiu-se a volta à coabitação, tão conhecida até fins do século XIX. Espécie de rito preliminar ao casamento, sem formalização legal, ela começou a ganhar mais visibilidade graças ao aumento da liberdade sexual entre jovens.

O crescimento de mulheres no mercado de trabalho, o progresso científico e a contracepção, a liberalização dos costumes mores ou o divórcio mudaram definitivamente a cara do casamento e da família. As críticas à masculinidade tradicional começavam a aparecer nas revistas, e o homem surgia como vítima, igualmente oprimido pelo sistema: "Não podemos chorar. Somos máquinas, e foi a sociedade que nos inventou. Vivem dizendo que devemos ser heróis das mulheres, potências esportivas, intelectuais, êxitos administrativos, lutadores. Ora, bolas. Não somos nada disso", disse o antropólogo Marko Monteiro.

Os valores também se transformaram. Acabou-se o tempo em que cada um dos membros da família endossava um papel social definido: esfera pública para o marido, chefe de família e encarregado de prover o casal; esfera privada para a mulher, ocupando-se de tarefas domésticas, da educação dos filhos e da submissão deles à autoridade parental. Quinze anos depois da pesquisa publicada pela *Veja*, a imprensa anunciava: uma em cada cinco famílias brasileiras era chefiada por mulher, que acumulava o trabalho fora com a educação dos filhos. Em 1995, ela assumia a função de pai e mãe dentro de casa. Coisa antiga, não? Só que antes o hábito não era contabilizado. Segundo a revista, as FCM – sigla patenteada nos meios acadêmicos para designar as famílias chefiadas por mulheres – estavam em toda parte: de Aldeota, bairro de classe média de Fortaleza, ao Santa Marta, morro no Rio de Janeiro, passando pelo Lago Sul, em Brasília, e também pela avenida Paulista, em São Paulo.

Chefiavam a família desde a profissional de *tailleur* azul-marinho até a empregada doméstica. A maior variação ficava por conta da geografia. No Rio de Janeiro, a porcentagem de FCM era maior que a média nacional: 25% das residências – estatística semelhante à que se observava nos Estados Unidos à época. Ainda assim, sua presença era cada vez mais comum no Brasil inteiro. Em 1970, por exemplo, eram 13%.

As reações eram variadas. Em entrevista à revista *Veja*, uma gerente de banco, mãe de uma criança de seis anos, divorciada, afirmava: "Às vezes tenho vontade de sumir". Outra, advogada, divorciada duas vezes e avó aos quarenta anos, acusava: "O casamento mata a sedução. Quando me separei, parecia uma senhora clássica, com saia e blusa excessivamente comportadas. Tinha deixado de ser sedutora". "Se não fosse pelo meu trabalho, estaria frita", explicava uma dentista de 38 anos, mãe de um menino de nove, que se sustentava com os clientes do consultório – o pai do menino, industrial bem-sucedido, colaborava com uma pensão e com a mensalidade da escola.

Sociólogos, antropólogos e historiadores constatavam a mais espetacular modificação na forma de estruturação da vida privada desde a Idade Média, quando se consolidaram os pilares da família atual no Ocidente – monogâmica, nuclear. As FCM confirmavam: mulheres não se conformavam mais com as misérias e os sofrimentos de um casamento que não deu certo. Decretavam seu fim e seguiam em frente no esforço de encontrar a própria felicidade.

"Há vinte e cinco anos, a mulher separada era considerada uma prostituta pela sociedade, e os filhos, apontados como crianças necessariamente problemáticas na escola. Muitas mulheres se mantinham casadas só para evitar o estigma da separação", explicou o advogado paulista Sérgio da Cruz Filho.

A realidade desmentia inclusive a lenda de que filhos longe do pai teriam desempenho escolar ruim. Uma pesquisa feita na região metropolitana de São Paulo mostrou que os filhos de CDF de classe média tinham desempenho até melhor que o das crianças com pai em casa. As mães seriam mais exigentes consigo mesmas e com a prole. Segundo dados do IBGE, em 1985, houve 76 mil separações judiciais e a homologação de 36 mil divórcios. Considerando que, no Brasil, cada casal tinha em média quatro filhos, estima-se que, só naquele ano, o número de filhos de pais separados tenha chegado a mais de 440 mil. Se na década de 1970 as mulheres ainda tinham, em média, cinco ou seis filhos, o número foi caindo – em 2010, despencou para menos de dois, informa Ana Silvia Volpi Scott.

Os anos 1980 assistiram ao declínio da natalidade, da nupcialidade, ao aumento das uniões informais e à formalização das separações. Demógrafos lembram que a crise econômica interferiu no comportamento dos casais. A nova Constituição, de 1988, facilitou os divórcios. Não mais se exigia que as pessoas permanecessem juntas depois de ter acabado o amor. Também era cada vez mais raro evitar uma separação por ser preciso pensar nos filhos – não só porque todas as crianças, desde o primeiro ano de idade, tinham pelo menos um colega de pais separados, mas também porque já era difícil acreditar que ser criada acompanhando uma situação conjugal complicada faria bem à criança.

As taxas de divórcio, que marcaram o desfecho dos casamentos, provavam que cada vez menos religião ou tradições familiares tinham o poder de interferir na vida das brasileiras. Uma conclusão parecia inevitável: sinônimo de maior liberdade, a metamorfose da família podia ser contabilizada como ganho social.

Em paralelo, outra mudança notável: deixou de ser vergonha – ao contrário, se tornou quase uma exigência – a mulher ter seu lugar ao sol no mercado de trabalho.

"Nas famílias latinas, que marcam nossa cultura, o pai é o defensor da honra da mulher. Na ausência dele, é o irmão. Na hora de brigar no condomínio, na oficina mecânica, de alugar um apartamento, uma mulher descasada tinha, até há bem pouco tempo, dificuldades imensas", explicou a cientista social Maria Coleta Oliveira, do Núcleo de Estudos de População (Nepo) da Unicamp. "Hoje, isso está mudando nos grandes centros urbanos. As mulheres estão se inteirando de que podem conquistar espaços que não existiam antes."

E ELES?

Às conquistas sobrevieram descobertas nem sempre agradáveis. Uma delas é de que existia um "mercado" do segundo matrimônio – em geral, era favorável a ex-maridos, mas não a ex-esposas. Pesquisas do IBGE mostraram que, em média, os homens divorciados tinham quatro vezes mais chances de se casar novamente que as mulheres em igual condição. Os demógrafos chamaram esse fenômeno de "poligamia sequencial". Ao longo da vida, os homens teriam várias esposas, cada vez mais jovens. No primeiro casamento, a diferença de idade costumava ser de quatro anos, em média, e nas uniões seguintes chegava a quase oito. Poucas mulheres de mais de 50 anos se casavam com rapazes de menos de 25.

Segundo reportagem da revista *Veja*, alimentado e bem servido, o marido costumava ir embora quando progredia na carreira. Por coincidência, era quase sempre nesse momento que ele concluía que o casamento era um tédio e se interessava por mulheres mais jovens. Na esmagadora maioria dos casos, a separação começava quando ele arrumava uma amante – foi o que informaram advogados especializados em apartar casais em litígio. Como já ganhava pouco – ou não ganhava nada, afinal, cuidar da ninhada e pilotar o fogão sempre foi sua tarefa sagrada –, a esposa, já mais velha, tinha de arrumar um trabalho. Mas, dali em diante, não teria ajuda nem para trocar uma lâmpada. Entre mamadeiras e lição de casa, babá que não aparecia, almoço que não ficava pronto, era bem mais difícil encontrar um segundo marido. Mesmo porque a urgência era arrumar um emprego. Enquanto isso, o marido, mesmo barrigudo e careca, muito menos vigoroso, estaria livre, desimpedido e com algum dinheiro no bolso para encontrar alguém capaz de chamá-lo de "gato".

"O homem não esquenta lugar no mundo dos solitários", afirmou a demógrafa Elza Berquó. Para a mulher, tão delicado quanto a separação era o ritual que a levava a apresentar o novo namorado aos filhos. O cuidado se explicava pelo temor de que o novo marido obrigasse a mulher a diminuir a atenção que prestava às crianças, que já não contavam com a presença do pai. Havia ainda o receio de que um segundo casamento não desse certo – quando, vencidas as barreiras iniciais, os filhos teriam de passar por outra perda afetiva.

À época, apesar dos avanços na lei, um abismo na mentalidade machista separava a condição de ex-casados. Não se condenava e até se estimulava o ex-marido que competisse nas festas para levar uma medalha de dom-juan para casa. A ex-mulher que fizesse fama como caçadora seria apedrejada pela vizinhança. Para piorar a situação da mulher, graças às separações, os custos subiam e o padrão de vida caía. Segundo uma pesquisa da Fipe/USP, quando o marido saía de casa e ia morar sozinho, todos se tornavam 25% mais pobres. Caso o marido tivesse outra mulher para sustentar, a queda chegaria a 35%. Se tivesse outros filhos, o arrocho seria de 50%. Quem precisava correr atrás do prejuízo era a ex-mulher. Se até então não trabalhava, procurava emprego. Se fizesse meio período, teria de cumprir a jornada inteira. Mesmo que o marido lhe pagasse uma pensão de 50% sobre seus vencimentos, o que era raro, na matemática do supermercado e da mensalidade escolar, ele seria o menos prejudicado.

Bem mais dramática era a situação das chefes de família que se encontravam do lado de baixo da pirâmide social brasileira. Ali se operava a mesma mudança nos costumes que agitava as camadas altas, mas com uma diferença: não foram os costumes liberais que colocaram o Nordeste como a primeira região do país em número de chefes de família mulheres. Foi a miséria, que empurrou maridos e pais para longe, em grandes fluxos migratórios, para onde partiram sozinhos, deixando mulheres e filhos para trás. Como no passado, mulheres pobres sempre se ajudaram: uma com mantimentos, outra com vestuário, outra com o botijão de gás. Esse "matriarcado da pobreza" não supria todas as necessidades, mas, sem ele, a degradação seria maior.

Para o psicanalista Sérvulo Augusto Figueira, o estudo das chamadas "famílias pós-divórcio" levou a uma constatação curiosa de que a modernização das estruturas familiares no Brasil tem um pé fortemente calcado no passado. Isto é, após a desorganização provocada na família tradicional, com a entrada das mulheres no mercado de trabalho, a pílula anticoncepcional e toda sorte de transgressões dos anos 1960 e 1970, o novo tipo de família que surgiu, "em que se juntam filhos de casamentos anteriores, em que ex-cônjuges se dão bem", buscou se estruturar de maneira semelhante às famílias de antigamente.

A antiga família patriarcal, com muitos filhos legítimos e ilegítimos, irmãos, sobrinhos, primos, tios e agregados, voltou a emergir na sociedade, só que com uma roupagem adaptada. A opção pela convivência com ex-membros da família é uma saída social inteligente e criativa, que vai ao encontro dos tempos do Brasil colônia, com suas famílias extensas. Elas são hoje um exemplo do Brasil arcaico e do moderno se completando.

Os álbuns de família ganharam, portanto, novos atores. Surgiu a "família-mosaico", que junta vários pedacinhos: padrastos, madrastas, meios-irmãos e filhos de produção independente. Os rebentos homossexuais saíram do armário. Para os jovens do sexo masculino, a aceitação familiar foi mais fácil. As garotas seguiram mais discretas sobre sua condição. Trata-se dos membros da "geração Y ou do milênio", nascidos nos anos 1980 e caracterizados pelos sociólogos como jovens individualistas, libertários e pouco afeitos às hierarquias. A dupla moral sexual que norteou outras gerações nunca esteve em alta entre os membros da geração Y. Em 1995, a então deputada Marta Suplicy lançou no Congresso Nacional o projeto de lei n. 1.151, que permitiria parceria civil registrada entre pessoas do mesmo sexo. Ainda que várias tentativas de colocar em pauta tenham sido efetuadas, o projeto não foi votado em plenário.

De patriarcal, a família tornou-se conjugal, limitada a pai, mãe e filhos. Se antes o pai detinha todos os poderes paternais e conjugais, pico de uma pirâmide na qual filhos e mães constituíam a base, hoje, no alto do triângulo encontram-se os filhos. Numa lateral, encontram-se os pais; na outra, o mediador entre pais e filhos: o Estado. Os direitos paternos foram substituídos por deveres. As mulheres não estão numa sociedade sem pais, e sim numa estrutura que reorganiza as funções paternas. Em 2012, 6% dos casais divorciados praticavam a "guarda compartilhada", que esvaziou a queixa de muitas mulheres sobre a condição de mãe ser exigente demais.

A dissolução da imagem autoritária do pai teve início a partir dos anos 1970 ou 1980. A laicização das classes mais altas, a baixa demográfica reduzindo o tamanho das famílias, a modificação profunda das formas de casamento ou de trabalho na cidade e no campo, os triunfos de técnicas de biologia (inseminação artificial e outras formas de concepção), a reivindicação de novas liberdades na família e o intervencionismo do Estado, que, por suas leis, esvaziou o poder do velho e feroz patriarca dos séculos anteriores – tudo colaborou para o fim de modelos tradicionais, embora muito do *pater familias* tenha subsistido, ao lado da figura do pai divorciado, homossexual, viúvo, migrante, adotivo, ausente, reunindo, enfim, novas realidades numa nova ordem social. A identidade dos pais passou a ser uma conquista de todos os dias. E viu-se crescer a multiplicidade de papéis de pai: o selado pelo casamento, o biológico e o afetivo.

O papel do pai se consolidou depois de uma adaptação das relações fundamentais e das sucessivas releituras que novas lógicas lhe proporcionaram. Três fenômenos contemporâneos deram conta dos novos conceitos que caracterizam a paternidade: as modificações nas formas de casamento e nos tipos de família; mudanças no direito da família e dos filhos e os rápidos progressos das ciências biomédicas. Até o século XIX, a união religiosa legítima, amparada no direito, e os princípios da autoridade religiosa e civil davam as mãos para fazer da paternidade a mais sagrada das magistraturas. Hoje, os pais não ocupam – ou não desejam ocupar – um papel de puro autoritarismo. Gritos e ordens não funcionam mais como reguladores do equilíbrio familiar. Apenas denunciam um indivíduo violento, contra o qual existem sanções. O papel do pai passou a consistir em tornar possível o encaminhamento da criança, desde sua realidade biológica de pequeno ser vivo, até a maturidade e a integração social. De preferência, com responsabilidade e afeto. Mesmo sua função econômica se reduziu, graças ao trabalho feminino e ao salário da mãe.

O século XXI veio com grandes mudanças. No Brasil, tanto a paternidade biológica quanto a socioafetiva passaram a ser consideradas de um mesmo gênero, ambas com o mesmo efeito jurídico. Em conformidade com os princípios do Código Civil de 2002 e da Constituição Federal de 1988, o êxito em ação negatória da paternidade passou a depender da demonstração, a um só tempo, da inexistência da origem biológica e também de não ter sido construído o estado de filiação, marcado pelas relações socioafetivas e consolidado na família, explica o advogado Carlos Eduardo Dipp Schoembakla. A prevalência do afeto encontrou respaldo no Estatuto da Criança e do Adolescente, em especial no princípio de melhor interesse da criança e de sua íntegra proteção, evidenciando a necessidade de referência paterna para seu desenvolvimento psíquico e social. Compreendeu-se por que, em recente decisão, o Superior Tribunal de Justiça condenou um pai por abandono afetivo. "Amar é faculdade, cuidar é dever", alegou a juíza do caso.

O que se reduziu no papel dos pais não foi pouco. Na família, a autoridade paterna ainda pode ser exercida, mas dividida entre pai e mãe. E a noção de exercício conjunto de autoridade parental foi reforçada pela lei. O velho patriarcado que começou a definhar nos anos 1930 enterrava-se sem choro nem vela.

Mas voltemos aos casamentos e sobre o que eles se tornaram. O cientista político e cronista João Pereira Coutinho afirma, com humor:

"Na conjugalidade, o casal não conhece limites em seus desejos contraditórios. Reclama doses homéricas de paixão e de razão; de aventura permanente, mas também de razão permanente; de estabilidade emocional e de excitação emocional; de beleza física e de intelecto apurado. Haverá relação que aguente o peso dessas expectativas? [...] Azar: o casamento não comporta essas exigências múltiplas e contraditórias. No Ocidente pós-moderno, a taxa de divórcio não para de subir. Brasil incluso. Um cínico diria que o fenômeno tem explicação rudimentar: as pessoas divorciam-se porque podem. Mas é possível oferecer uma explicação alternativa: as pessoas divorciam-se porque se casam. E não há casamento que resista quando se exige dele tudo e seu contrário".

REAÇÕES E VIOLÊNCIA

Um crime tornou-se emblemático do embate entre homem e mulher no Rio de Janeiro nos anos 1970. A praia dos Ossos, em Búzios, balneário pontilhado de mansões, foi palco da barbárie. Às seis horas da tarde de 30 de dezembro de 1976, Doca Street, personagem da alta sociedade paulistana, sacou a Beretta 7.65 e matou, com três tiros no rosto e um na nuca, sua amante, a mineira Ângela Diniz. Tudo começou com uma crise de ciúme. "Ela vivia comparando Doca com outros namorados", explicou o advogado do assassino. Acusada de amores homossexuais e devassidão, a defesa conseguiu provar que Ângela tinha má conduta e fora agredida para que Doca preservasse "a legítima defesa" de sua honra. Condenou-se a vítima e absolveu-se o assassino, que contava com uma claque de torcedores nas primeiras filas do tribunal. E – pasme – de torcedoras!

A claque não estava ali por acaso. Alguns setores da sociedade reagiam às mudanças em curso. A violência contra as mulheres havia se multiplicado. E na segunda metade dos anos 1970 cresceu o contraste entre uma minoria bem--educada e progressista, sobretudo de mulheres, e um grupo mais vasto cujos horizontes permaneciam limitados à casa e à família. O desagrado dos homens com as conquistas femininas não tardou a se manifestar.

Em agosto de 1980, novo julgamento de crime cometido em nome da legítima defesa da honra. Eduardo Souza Rocha, de 35 anos, assassinou a esposa, Maria Regina dos Santos Souza Rocha. A transcrição do depoimento na *Veja* revela um depoimento que chocou a sociedade mineira, ao mesmo tempo que mostrou o que incomodava:

Eduardo iniciou seu depoimento dizendo que conheceu Maria Regina há doze anos, quando ela andava de minissaia pela rua "com jeito de mulher de vida fácil". Casaram-se com ela grávida. Mais tarde, segundo o marido, a mulher "passou a exigir todas as liberdades do tempo de solteira", como fumar, usar "roupa indecente, inclusive biquíni", fazer ginástica, retomar os estudos, trabalhar fora de casa e até andar de carro sozinha. Além disso, Eduardo declarou que sua mulher começou a contrariá-lo porque gostava de assistir a "cenas pesadas" de telenovelas e "programas devassos como *Malu Mulher*". Finalmente, disse ao delegado que, no dia do crime, discutiram; a mulher gritou que estava cheia dele e que tinha outro homem. Levou seis tiros.

Fumar, usar biquíni e ver *Malu Mulher*, nesses tempos, podia acabar em morte. E não se estava longe da grita que houve em Belo Horizonte, quando da visita da atriz Norma Bengell, conhecida por cenas eróticas no cinema e que teve nas mulheres suas porta-vozes: "A mim me choca... eu não gosto de ver", explicava a presidente da Camde, Campanha da Mulher pela Democracia, Amélia Molina Bastos.

No Pampulha, bairro nobre de Belo Horizonte, um crime abalou a cidade mineira. A "pena de morte" para mulheres infiéis continuava em vigor, como demonstrou o assassinato em legítima defesa da honra perpetrado pelo engenheiro Márcio Stancioli, de 32 anos, que descarregou seu revólver calibre 38 na mulher, Eloísa Ballesteros, também de 32 anos.

Em depoimento à *Veja*, o engenheiro contou que começou a desconfiar dela em 1978, depois que ela passou alguns dias sozinha em São Paulo. "Ela voltou com um probleminha, um corrimento semelhante a uma doença venérea", disse o assassino. Exames médicos descartaram essa hipótese, mas ele não acreditou, e a relação do casal azedou de vez após o nascimento do segundo filho, um ano e três meses antes. Ainda segundo o engenheiro, ele e a esposa já teriam combinado a separação, mas, ao voltar do trabalho um dia, discutiu com a mulher, que teria, então, lhe revelado que seu amante não era o mesmo que ele pensava que fosse. Ele, então, concluiu que ela tinha pelo menos dois homens fora do casamento, e essa foi a desculpa para fazer o que fez. Depois de beber uma garrafa de uísque "pra relaxar", voltou a discutir com a mulher, pegou o revólver e descarregou cinco balas nela. Ele ainda recarregou a arma e deu mais dois tiros, mas não se recordava disso.

A matéria dizia que não foram encontradas provas da infidelidade da vítima e que "deslocar a vítima para o banco dos réus e oferecer aos jurados os mais apimentados segredos de alcova" foi técnica anteriormente usada por Evandro Lins e Silva para absolver Doca Street do assassinato de Ângela Diniz. A reportagem citava ainda outros casos ocorridos na alta sociedade mineira que também ficaram impunes, como o assassinato de Jô Souza Lima Lobato, filha de um ex-prefeito de Belo Horizonte, também pelo marido. Em comum as vítimas tinham o fato de serem mulheres independentes. O jornalista não mediu palavras:

> Foram todas mulheres de temperamento forte que acabaram se unindo pelo matrimônio a caracteres mais fracos. Enquanto seus casamentos duraram, foram o polo dominante da vida do casal. Quando quiseram separar-se e escolher outros caminhos, foram fulminadas pelas balas que Minas ainda reserva às mulheres que violam seu código de honra conjugal.

A violência entre marido e mulher tinha fundo musical. Nesta mesma década, a cantora Ângela Maria fazia sucesso com uma balada que narrava as agruras de uma esposa na mão do marido machista que lhe maltratava e batia: "Sentou-se ao meu lado, me olhando calado/ E a seguir me abraçou/ Me deu muitos beijos, matou seus desejos/ E depois levantou/ Me pisou, me xingou, me humilhou e não disse o motivo/ E o pior disso tudo é que eu sei/ Que sem ele eu não vivo/ Não adianta eu querer me enganar/ Noutros braços tentar lhe esquecer/ Esse amor dia a dia me mata/ Mas é minha razão de viver".

Foi essa sucessão de brutalidades diárias e sem limites que fez *O Cruzeiro* dedicar grande matéria, em 1977, ao que chamou de "sindicato das pancadas"! No ano 1980, choveram "balas conjugais". Dos 45 casos noticiados pelos principais jornais do país, desde 1979, vítimas masculinas foram menos de dez. Só naquele ano, seis mulheres já haviam sido assassinadas pelos parceiros em Belo Horizonte, incluindo a empresária Eloísa Ballesteros Stancioli, "todas vítimas da compulsão de resolver à bala desavenças conjugais".

O comerciante fluminense Ademar Augusto Barbosa da Silva, de 26 anos, surrou, fuzilou, queimou e jogou em uma represa do rio Pará o corpo de sua mulher, Norma Ellen Luciano Pereira, que estava grávida. O assassino era tão ciumento que decidiu que faria o parto com as próprias mãos, assim nenhum outro homem, nem mesmo um médico, a veria nua. O motivo do crime teria sido a confissão da mulher de que o pai da criança seria o irmão do acusado. Na delegacia, não se mostrou arrependido: "Se o Doca Street, o Georges Khour, o Michel Frank e tantos outros que matam e têm dinheiro não são presos, eu também sou rico e não tenho medo da justiça".

Se a presidente da Camde admirava Minas pela religiosidade, o pudor e a família ideal, foi de lá que vieram as primeiras reprovações aos maridos suspeitosos, ciumentos e brutais. Em novembro de 1981, o comerciante José Maia Vicente foi condenado por ter matado a tiros a mulher, Zuleyka Nastasity Maia, e José Divino de Andrade, ao surpreendê-los dentro de um automóvel. Para variar, alegou em sua defesa uma "tese que há tempos assegura a impunidade de autores de crimes semelhantes: a legítima defesa da honra". A condenação foi celebrada, pois foi a primeira vez que em Minas um júri popular rejeitava a tese da defesa da honra, o que sugeria que os mineiros, tradicionalmente tolerantes com delitos do gênero, estavam revendo suas posições, informava a *Veja*.

A matéria sugeria que a sentença aplicada a Doca Street, dois anos com sursis, havia estimulado a decisão dos jurados. Na mesma semana, ainda seria julgado o já mencionado Eduardo de Souza Rocha. A expectativa era de que, se ele também fosse condenado, seria muito provável que os julgamentos seguintes de maridos assassinos seguissem a trilha aberta pela condenação de José Maia Vicente. E assim, "o abuso da tese da legítima defesa da honra – surgida há sete anos, com a absolvição do empresário Roberto Lobato, assassino de sua mulher, Jô Lobato – receberá o atestado de óbito exatamente na cidade em que ganhou fôlego".

Tais casos tornaram-se símbolos de denúncia na imprensa e apertaram outro gatilho: o das lutas feministas em favor da condenação de maridos violentos. Problemas de abusos domésticos e conjugais ganhavam mais visibilidade na imprensa e nos tribunais. Os principais casos tinham a ver com espancamentos, bofetões, pontapés, uso de objetos, contatos íntimos com ou sem relação sexual, intimidações, calúnias, rapto, injúrias e ameaças. O movimento passou a exigir que os crimes cometidos nas relações íntimas tivessem tratamento equivalente ao de crimes de igual natureza ocorridos entre desconhecidos. Os direitos deviam ser iguais para todos. No âmbito familiar – denunciavam as feministas –, escondiam-se os piores agressores. O bordão "quem ama não mata" ecoava em toda parte. E o esforço foi recompensado. A partir da década de 1980 foram criadas instituições de amparo às vítimas: SOS Mulher, Conselho Estadual da Condição Feminina, Delegacias de Defesa da Mulher. Somente mais de vinte anos depois, em agosto de 2006, foi aprovada a Lei Maria da Penha, que viria combater a usina de pancadas que era a casa de tantas vítimas.

A ofensiva teve repercussão na televisão, esse espelho da sociedade. Em julho de 1982, teve início uma minissérie na TV Globo: *Quem ama não mata*, cujo enredo tratava de crimes passionais, ainda que, segundo os autores, Euclydes Marinho, Denise Bandeira e Tânia Lamaraca, tivesse "sido concebida com a preocupação fundamental de desmentir o próprio título". Também segundo eles, "no Brasil costuma-se ignorar qualquer distinção entre crimes causados pela simples brutalidade, os chamados 'crimes de honra' e os crimes de paixão". Daí a história de cinco casais de classe média e seus dilemas em torno de casamento, amor e fidelidade. Cada capítulo se fechava ao som de um tiro que explicaria o assassinato de um dos personagens.

A presença de debates em torno da violência contra as mulheres não era por acaso. Se em grande parte da sociedade ainda prevalecia a "lei do machão", mutações tornavam-se visíveis. O produtor musical Mariozinho Rocha, em entrevista à revista *Playboy*, em 1979, explicava: "Pintou uma dose de coragem coletiva entre as mulheres. É só ir à praia para notar que a sexualidade está aflorando cada vez mais. Antigamente, só as piranhas usavam tanga transparente, mostrando o púbis. Agora, qualquer menininha taí de *topless*". A educadora Martha Zanetti, diretora do Centro de Estudos e Atendimentos à Mulher e à Infância, concordava: "Antes, sempre foi permitido o rebolado das sambistas, geralmente negras, em tangas cada vez mais sumárias. Agora, chegou a vez das mocinhas de classe média. Elas também estão reivindicando prazer, através da posse do próprio corpo".

Do corpo e da voz. A cantora Nana Caymmi entoava: "Ah! Vem cá meu menino/ Pinta e borda comigo/ Me revista, me excita/ Me deixa mais bonita". Ou Rita Lee, que anunciava, em "Perigosa": "Eu tenho um veneno no doce da boca". Milton Nascimento exaltava Maria, "mulher que merece viver e amar/ Como qualquer outra do planeta"! E Maria Bethânia louvava a que dava a volta por cima, depois do abandono: "Quero ver o que você faz/ Ao sentir que sem você eu passo bem demais". Enquanto isso, Simone dava força para a liberação feminina na abertura do revolucionário *Malu Mulher*: "Sem as tuas garras, sempre tão seguras/ Sem o teu fantasma, sem a tua moldura". Enfim, com músicas ou imagens, as mulheres falavam abertamente de uma nova postura, de sexo, de seus afetos e de seus limites. Os ventos da mudança não paravam de soprar.

MULHERES NOS ANOS DE CHUMBO E MULHERES NOS ANOS DE OURO

Ventos sopravam, também, sobre ideias políticas. E insuflavam ações em nome delas. Em 1964, em plena guerra fria, eclodiu um golpe militar que deu início ao período chamado por uns de ditadura e por outros de governo militar. O historiador Rodrigo Patto Sá Motta explica que, "quando a Guerra Fria começou, no fim dos anos 1940, já existia uma tradição anticomunista enraizada no Brasil, tanto no imaginário como nas leis e nas estruturas repressivas". No país, o caldo anticomunista era velho e teve momentos em que ferveu. Como disse Motta, "há mais de um século o anticomunismo tem sido força política relevante", capaz de unir simples cidadãos ou militância fervorosa em defesa da ordem tradicional e contra qualquer ameaça revolucionária. Não se tratava de doutrina ou ideologia, e sim de ideias e valores inspirados em matrizes distintas: catolicismo, nacionalismo e liberalismo. "Apesar de heterogêneas, as representações anticomunistas no Brasil originaram uma tradição e inspiraram movimentos políticos convergentes que, em certos contextos, alcançaram grande repercussão."

Na população, era real o temor de que os vermelhos avançassem pelas ruas queimando casas, pilhando lojas e cometendo todas as violências imagináveis. O discurso reformista do então presidente João Goulart era lido como ameaça capaz de transformar o Brasil numa "República-melancia": verde e amarela por fora e vermelha por dentro! Os exemplos se estendiam país afora e alimentavam o que Rodrigo Motta denominou de "indústria anticomunista": a exploração vantajosa do perigo vermelho que fabricou inúmeros líderes políticos e vendeu muito jornal.

Provocou também reações. Entre 1967 e 1974, vários grupos de esquerda buscaram uma solução socialista para o país e resistiram armados à ditadura.

Como bem resumiu a historiadora Cristina Scheibe Wolff, depois da Revolução Cubana de 1959 espalhou-se pela América Latina a ideia de que um grupo de jovens poderia iniciar uma revolução social que, segundo acreditavam, ganharia respaldo popular. Tais grupos eram formados por diferentes extratos sociais. Eram majoritariamente jovens estudantes universitários, mas havia, também, trabalhadores de fábricas e camponeses.

Em paralelo, a presença de mulheres nas universidades brasileiras permitiu a muitas delas participar de organizações clandestinas de esquerda. Elas eram em maior número que os próprios representantes do Partido Comunista Brasileiro ou do Partido Socialista Brasileiro. Mulheres ligadas a esses movimentos nunca deixaram de se organizar. No fim dos anos 1940 nasceu a Federação de Mulheres do Brasil, guarda-chuva para participantes de várias tendências de esquerda com forte influência do Partido Comunista Brasileiro. As principais preocupações? Luta contra a carestia, luta pela paz mundial e pela proteção à infância. Em 1953, como resultado dessa mobilização ocorreu a Passeata da Panela Vazia. Durante a Greve dos 300 Mil, que paralisou São Paulo, as militantes ocuparam espaços e instalaram departamentos femininos nos sindicatos. Em decorrência dessas ações, nasceu a Superintendência Nacional do Abastecimento, que deu amplos poderes às autoridades públicas para defender os interesses da população.

Entre os anos 1950 e os chamados "anos de chumbo", muitas mulheres, como a jornalista e poeta Ana Montenegro – nome adotado por Ana Lima Carmo –, se destacaram. Ativista política e feminista nascida em Quixeramobim, Ceará, participou da Federação de Mulheres do Brasil e do Comitê Feminino Pró-Democracia. Teve papel ativo na criação do jornal *Movimento Feminino*, editado ao longo de dez anos por mulheres comunistas. Dentro do PCB, participou da Frente Nacionalista Feminista, de meados dos anos 1950 ao golpe militar de 1964. Outra figura notável da década foi Lygia Lessa Bastos, a carioca com a carreira política mais duradoura da América Latina. Entre os variados mandatos que exerceu, de vereadora a deputada federal, esteve quarenta anos ininterruptos na cena política.

No fim dos anos 1960, houve um embate de gerações. Se os velhos partidos e seus personagens propunham uma política reformista, os jovens queriam alternativas mais ousadas. O historiador Daniel Aarão Reis sublinha que as "esquerdas revolucionárias não eram, de modo algum, apaixonadas pela democracia, francamente desprezada em seus textos". Tinham, ao contrário, um projeto de assalto ao poder político, embora hoje, numa "reconstrução histórica", reservem a si próprias o conceito de integrantes da resistência democrática. A desigualdade não era só de faixa geracional. Existia, dentro das organizações que propunham um "mundo novo" e "um novo homem", a desigualdade frente às mulheres, a quem era dado o mesmo tratamento do passado.

Nas palavras de Che Guevara, um dos inspiradores dos jovens guerrilheiros, "A mulher tem um papel importante em questões médicas como enfermeira, e até mesmo como médica, com uma gentileza infinitamente superior à de seu rude companheiro de armas, uma gentileza que é muito apreciada em momentos em que o homem está desamparado, sem conforto, talvez sofrendo dor severa e exposto a muitos perigos de todos os tipos que fazem parte desse tipo de guerra". Segundo Che, elas podiam ser professoras, mensageiras, cozinheiras e afins. Como resume Cristina Wolff, elas podiam manter-se concentradas nas tarefas de cuidado, numa extensão do que já faziam no lar. Ou, ainda, utilizar sua suposta fraqueza para enganar o inimigo. Onde estaria, então, a "nova mulher" no mundo do "novo homem"? Pelo visto, à sombra dele.

A partir de 1966, parte da esquerda brasileira criou diversas organizações destinadas a desenvolver a guerrilha no campo e na cidade para enfrentar a ditadura. Nasciam a Ação Libertadora Nacional (ALN), o Movimento Revolucionário 8 de Outubro (MR-8), a Vanguarda Popular Revolucionária Palmares (VPR) e a Aliança Nacional Libertadora (ANL). Segundo a historiadora Maria Paula Nascimento Araújo, o período de imersão na luta armada terminou em 1972, com a derrota dos grupos guerrilheiros pela ação repressiva do governo, o que incluiu mortos, presos, exilados e banidos. Inspirada nas lutas anticoloniais ocorridas na Argélia e no Vietnã, a luta armada aqui parecia a muitos um caminho para a superação das desigualdades sociais, da dominação do imperialismo americano e das ditaduras militares. Segundo Maria Paula Araújo, as mulheres participavam desses movimentos de várias maneiras: dando apoio logístico, atuando em ações de agitação e propaganda, distribuindo panfletos e ações clandestinas, além de realizar ações armadas. A trajetória de Iara Iavelberg, Vera Sílvia Magalhães e Maria José Nahas refletem a participação feminina.

Companheira do famoso guerrilheiro Carlos Lamarca, Iara seguiu com ele para o interior da Bahia com o objetivo de construir um núcleo de ação rural na região. Foi no bairro de Pituba, em Salvador, num apartamento, que ela acabou morta pelas forças da repressão. Ainda segundo Maria Paula Araújo, a imagem da guerrilheira cercada, sozinha e eliminada pelos soldados da ditadura foi imortalizada em filmes e narrativas que remontam à história dessa personagem.

Vera Sílvia Magalhães, vinda de uma família de classe média e do colégio Andrews, na zona sul do Rio de Janeiro, não completou o curso de economia na UFRJ por ter ingressado no MR-8. Participou de inúmeras ações armadas, assaltos a bancos e a supermercados para angariar fundos para as organizações. Era conhecida como "a loura da metralhadora", epíteto atribuído a várias guerrilheiras que atuavam usando peruca para não ser reconhecidas. Vera participou do sequestro do embaixador americano, Charles Elbrick. Foi presa em março de 1970 e violentamente torturada. Poucos meses depois, um novo sequestro, dessa vez o do embaixador alemão Ehrenfried von Holleben, garantiu a liberdade de quarenta presos, entre os quais Vera. Banida do país, só voltou ao Brasil em 1979, graças à Lei da Anistia.

Maria José Nahas, ou Zezé, ingressou na faculdade de medicina de Belo Horizonte em 1966 e logo depois se integrou à guerrilha, no comando do Comando de Libertação Nacional (Colina), do qual seu marido, Jorge, era dirigente. Sua vida matrimonial, conta Maria Paula Araújo, acontecia entre reuniões políticas e ações armadas. Presa em 1969, Zezé sofreu durante um ano e meio toda sorte de torturas, inclusive o isolamento carcerário, tendo sido trocada, como Vera, pelo embaixador alemão. Banida, foi para Cuba, onde trabalhou em hospitais até voltar para o Brasil, depois da Lei da Anistia.

Helenira Rezende, líder estudantil nos tempos da escola secundária em Assis, interior de São Paulo, e depois na faculdade de filosofia da Universidade de São Paulo, militante do PCdoB, foi uma das escolhidas, entre 57 homens e doze mulheres, para iniciar a guerrilha do Araguaia. Com ela, Crimeia Alice Schmidt de Almeida, que deixou um relato, reproduzido por Cristina Wolff, sobre a igualdade de tarefas e a superação de desigualdades entre os sexos. As tarefas passariam a ser divididas entre todos. Mulheres participavam do trabalho pesado, com enxadas, fuzis ou machados; homens cumpririam tarefas domésticas. Como contou Crimeia, "Na cabeça de alguns companheiros, existia subjetivamente a atitude de diferença entre homem e mulher. Mas a prática das mulheres lá não permitiu que isso se concretizasse em divisão de tarefas masculinas e femininas. De certo modo, a situação favorecia isso, porque lá iam aprender tanto o trabalho doméstico como a viver na mata, combater. Houve mudanças no estilo de vida de todos. No início, alguns homens diziam: 'Não sei cozinhar'. Então, dava-se atenção maior a eles para aprenderem o que não sabiam fazer. E iam cozinhar".

Em 1975, uma operação do exército dizimou o grupo. Helenira destacou-se como combatente armada, e Crimeia foi a única sobrevivente. No Araguaia, como em outras experiências, a discriminação podia aparecer de forma sutil. Os papéis de liderança eram sempre masculinos, e muitas guerrilheiras se ressentiram da função secundária e da pouca chance de reconhecimento que lhes foram dadas. Helena Hirata, militante do Partido Operário Camponês, obrigada a se exilar na França, afirmou, em entrevista a Cristina Wolff: "Acho que as organizações de esquerda no Brasil eram muito machistas mesmo".

Após a luta armada, muitas ex-guerrilheiras se engajaram na luta pelas liberdades democráticas, que contou com o apoio do Movimento Feminino pela Anistia. Com o avanço da transição política, os movimentos feministas que começavam a se formar contaram com a influência das militantes que voltavam do exílio e levantavam as bandeiras da emancipação das mulheres. As armas, como bem disse Maria Paula Araújo, passaram a ser outras.

Houve mulheres que lutaram contra a ditadura e houve outras que aderiram ao governo militar. A classe média não apoiava as reformas de base propostas por Jango em setembro de 1961. Elas não a beneficiavam. O número crescente de greves que então pipocava país afora irritava. A preferência da classe média em termos de organização e estilo de vida não era por qualquer modelo de "esquerda", como o que via aplicado na União Soviética, na China ou, pertinho, em Cuba. Era, sim, pelo padrão norte-americano. A matéria do sonho dos brasileiros, independentemente da classe social a que pertencesse, passava, desde a Segunda Guerra Mundial, pelo *american way of life*.

O antiamericanismo não contava com simpatias na sociedade em geral, até porque o país nunca fora invadido nem ocupado pela potência do Norte, como acontecera com o México e outras nações do Caribe e da América Central. Ao contrário, a tradição brasileira, desde a Proclamação da República, em 1889, e reafirmada pelo barão de Rio Branco, era ser a aliada mais confiável dos Estados Unidos em todo o continente.

A grande maioria da sociedade civil reagiu. Junto a empresários, a Igreja católica organizou a Marcha da Família com Deus pela Liberdade. O medo era um só: a chegada do comunismo ao Brasil. A então propagada ideia da divisão obrigatória da propriedade horrorizava, sobretudo, a classe média que recém--adquirira imóveis e o primeiro automóvel! Era o perigo vermelho batendo às portas. Todavia, não havia nesse momento qualquer plano de ditadura, como testemunham historiadores e os próprios militares. As lideranças civis, sim, pretendiam se candidatar à Presidência em 1965, numa aliança formada por conservadores moderados que defendiam o regime democrático. Queriam que, caso Goulart não chegasse ao fim do mandato, houvesse eleições. Um processo radical na condução da economia, como proposto nas reformas de base, afetaria os privilégios recém-conquistados da classe média, numa sociedade já bastante desigual, na qual a lembrança da pobreza estava na parede: na foto em preto e branco dos avós.

Por que deixar para trás as conquistas econômicas ou distribuí-las com quem não se conhecia? A reforma urbana implicaria a desapropriação de imóveis, assustando os que viam em sua aquisição uma alternativa de renda no futuro. Se a preparação do golpe teve participação de banqueiros, empresários, industriais, latifundiários, comerciantes, políticos magistrados e classe média, em março de 1964, sobressaíram os militares.

O golpe civil e militar foi empreendido sob a bandeira defensiva – não para construir um novo regime, mas para salvar a democracia, a família, o direito, a lei, a constituição, enfim, os fundamentos do que se considerava uma civilização ocidental e cristã, explica Daniel Aarão Reis. Somava-se a isso a ideia do combate à corrupção, crescente desde o governo Juscelino Kubitscheck. A classe média que votou em Jânio Quadros para eliminá-la se decepcionou e recebeu os militares, portadores da ordem, de braços abertos.

No seio das famílias, no aconchego do lar, a luta contra o perigo vermelho vestiu saias. Mães, esposas e donas de casas foram para as trincheiras. Mulheres de classe média e alta de todo o país reuniram-se em uniões cívicas, ligas, associações e na Campanha da Mulher pela Democracia, conhecida por Camde e bem estudada pela historiadora Janaína Martins Cordeiro. As brasileiras deveriam mobilizar-se em defesa de seus lares, ameaçados pela onda esquerdista.

Em 22 de março de 1964, a Camde fez publicar nos jornais um manifesto em que convidava as cariocas a unirem-se às paulistas em manifestação contra a suposta infiltração comunista: "A hora da reação é nossa, pois temos, ainda, graças à democracia, o direito de falar e o respeito dos homens. Defendamos nossos lares, defendamos nossa pátria. Já começamos a luta. Vamos lutar por um saneamento do Brasil, por uma vigilância cívica, pois a nós é dada a grande responsabilidade de povoar com bons brasileiros a nossa querida pátria. Que cada mulher seja um baluarte da democracia, uma defensora da liberdade e um agente de Deus".

Amparadas pela Igreja católica, consideradas uma influência que podia "salvar o país", elas se uniam para combater o comunismo-ateísmo. E martelavam exemplos: na União Soviética, filhos denunciavam pais que não apoiassem o regime. O espectro comunista destruía famílias. Nomes importantes na sociedade carioca, como os de Amélia Bastos, Lúcia Jobim ou Iaci de Amorim Azevedo, aproveitavam os contatos que tinham na grande imprensa para fazer circular notícias de suas manifestações e cartas às autoridades. Junto às populações carentes, agiam na criação de cursos profissionalizantes e na distribuição de alimentos, sem qualquer propósito paternalista, diziam. O importante era "preparar o povo para participar de um regime de democracia fortalecida".

Durante toda a década, observa a historiadora Janaína Cordeiro, a militância das mulheres se deu em torno da defesa da democracia, palavra que escondia o temor do comunismo e do trabalhismo. Em 1968, apoiariam o AI-5 contra as manifestações estudantis, na defesa da unidade nacional e na luta contra "ideologias espúrias". Nas telas, na imprensa, nas ruas ou em casa, o consenso em torno do regime militar se construía. Consenso que, com tantos apoios, se sustentaria por muitos anos.

FEMINISMOS NO PLURAL

Quem explica a chegada de uma segunda onda feminista no Brasil é a historiadora Joana Maria Pedro: a partir da segunda metade do século XX, muita coisa mudou, ainda que nem todas as mudanças desejadas tenham se realizado. Os antecedentes que as inspiraram vieram dos Estados Unidos, onde, desde os anos 1960, mulheres se reuniam em movimentos sociais. Algumas se diziam feministas, outras esposaram o Movimento de Libertação das Mulheres. Corpo feminino e prazer estavam na pauta. A recém-chegada pílula anticoncepcional lhes garantia a separação entre procriação e sexualidade.

Nesse ambiente formaram-se os primeiros "grupos de consciência". Segundo Joana Maria Pedro, mulheres casadas, com filhos crescidos, reuniam-se em lugares públicos ou residências para conversas e debates. Cada integrante deveria levar uma convidada, ou "irmã", pois a ideia era formar uma irmandade feminina. Elas creditavam que a presença masculina inibiria a espontaneidade das discussões. Os grupos ganharam a participação de mulheres jovens e centraram suas preocupações em lutar contra a cultura que as desqualificava. Afinal, por serem mulheres, eram consideradas menos inteligentes e mais frágeis que os homens. A exigência de beleza e juventude era igualmente discutida. Na famosa "queima de sutiãs" que teve lugar em Atlantic City, nos Estados Unidos, convidou-se a jogar fora tudo que remetesse a tais valores: cílios postiços, saltos altos, maquiagem e, claro, sutiã. Questionavam-se, também, normas sociais como as que definiam o lar como espaço natural e a maternidade como obrigação. Uma metodologia intitulada "linha da vida" incentivava as irmãs a falarem de menstruação, desejo, relacionamento com o sexo oposto etc.

O slogan "O pessoal é político" revelava quanto a vida privada era fonte de angústia e repressão para muitas.

Cristina Wolff acrescenta que um dos primeiros grupos de que se teve notícia foi formado em São Paulo, em 1972, por mulheres intelectualizadas de 30 a 38 anos. Depois de várias viagens ao exterior, nas quais ouviram falar de tais associações, trouxeram na bagagem livros sobre feminismo que propunham mudanças culturais. A maioria delas tinha militado, ou militava, em organizações políticas ou tinha conexões com a resistência à ditadura. Do Grupo de Conscientização Feminista participaram Maria Odila Leite da Silva Dias, Albertina Costa e Beth Mendes, entre outras. Ao Rio de Janeiro, Branca Moreira Alves, que estudara em Berkeley, trouxe sua prática de organização coletiva.

Ainda de acordo com Joana Maria Pedro, 1975 foi declarado pela ONU o Ano Internacional da Mulher, marco da segunda onda do movimento feminista entre nós. Encontros em São Paulo e Rio de Janeiro deram início a núcleos como o Centro de Desenvolvimento da Mulher Brasileira ou Centro da Mulher Brasileira. Entre outros objetivos, havia uma preocupação com o estudo, a reflexão, a pesquisa e a análise das questões da mulher e a criação de um departamento de ação comunitária para tratar concretamente e em nível local dos problemas da mulher. Era preciso conscientizar as camadas populares, sublinha Cristina Wolff. Controlado por militantes do PCB, o CMB acabou se cindindo. Nasceu o Coletivo de Mulheres, com pauta clara: aborto livre e gratuito, democracia, liberdade para discutir sexualidade, ódio aos patrões. Embora tivesse caráter internacional, a luta pelo aborto encontrou diversos obstáculos, sobretudo por parte da Igreja católica, que, com a Cúria Metropolitana de São Paulo, criou o Centro de Desenvolvimento da Mulher Brasileira, voltado para a consciência nacional da condição da mulher. Vigorou de 1975 a 1979.

Em outubro de 1975, vinha à luz o primeiro jornal feminista, *Brasil Mulher*, impresso em Londrina, Paraná, com Joana Lopes à frente do editorial. O número 2 empregou pela primeira vez a palavra feminismo, termo que, aliás, incomodava as mulheres que compunham a editoria do jornal, mais focadas em lutar contra a ditadura. Nasceu também o segundo jornal feminista, em junho de 1976: o *Nós Mulheres*, sob a batuta da antropóloga e jornalista Mariza Corrêa. *Mulherio*, surgido em 1981, focava questões ligadas à sexualidade e ao corpo. Orgasmo era tema importante, como recordou Branca Moreira Alves, que, em confissão intimista a Cristina Wolff, revelou ter tido seu primeiro orgasmo aos 35 anos. O lema da época era: "Nosso corpo nos pertence". Afinal, mulher distinta, "respeitável", não precisava sentir prazer, destinada que estava exclusivamente à maternidade.

Outros temas que se juntaram aos iniciais: o sexo como definidor de comportamentos, a heterossexualidade como norma, a descriminalização do aborto, a contracepção segura e a luta contra a violência doméstica, em pauta desde o assassinato da socialite Ângela Diniz. Críticas ao trabalho doméstico não faltavam, afinal, o certo seria os homens dividirem as tarefas com suas companheiras. Em 1974, o editorial do jornal *Nosostras* reivindicava: "1) A instalação de equipamentos coletivos para socializar a maior parte dos serviços domésticos [...]; 2) obrigatoriedade de incluir esses equipamentos dentro de todo o plano urbanístico ou mesmo quando se trata da construção de um único imóvel". A dupla jornada de trabalho era e continua a ser um fardo para muitas brasileiras trabalhadoras.

A segunda onda, segundo a historiadora, provocou o surgimento do protagonismo feminino nos espaços públicos, com agenda que incluía direitos e comportamentos individuais. Divulgava-se o orgulho de ser mulher, entendendo que era isso que definia a condição feminina, não a biologia, como acreditava o senso comum. A televisão surfou no assunto, e, em 1980, Marta Suplicy foi convidada a apresentar um quadro no programa *TV Mulher*, da Rede Globo, no qual discutia temas considerados inéditos na tela: orgasmo, masturbação, sexualidade. Dava conselhos práticos. Apesar das críticas e da reação conservadora, manteve-se no ar até 1986. Livros sobre sexologia invadiram as estantes das livrarias. O sucesso da autora americana Shere Hite, com seu *O relatório Hite – um profundo estudo sobre a sexualidade feminina*, mostrava que os problemas de desinformação sobre sexo não eram exclusividade brasileira. Revistas de grande circulação, como *Veja* e *Realidade*, passaram a contemplar o tema feminismo e sexualidade enquanto Carmen da Silva, a grande jornalista e escritora, balançava a letargia das mulheres de classe média em seus artigos na *Claudia*. Na linha de Simone de Beauvoir, a feminista francesa Carmen alertava: caminhem com as próprias pernas, encontrem sentido na vida profissional, não esperem soluções vindas de terceiros.

No Sindicato dos Jornalistas, agitavam-se os Encontro de Mulheres de São Paulo, organizados por Raquel Moreno e Neide Abati. Clubes de mães, associações de donas de casa e movimentos populares da periferia azeitavam as lutas por melhores condições de vida. Nas universidades, Walnice Nogueira Galvão e Betty Mindlin pensavam e pesquisavam a condição feminina, enquanto, a partir de 1975, Therezinha Zerbini levantava a bandeira do Movimento Feminino pela Anistia. Nas fábricas, as trabalhadoras lutavam junto aos sindicatos contra o machismo dos dirigentes sindicalistas e por justiça e cidadania. Delegadas se reuniram no Pacto de Unidade Intersindical de São Paulo, num evento da maior importância, enquanto os congressos de mulheres metalúrgicas, assim como sua participação nas greves do ABC, se multiplicavam. E as trabalhadoras rurais começam a se unir e a participar de lutas sindicais e do Movimento dos Trabalhadores Rurais Sem Terra.

O centenário da abolição marcou a discussão de temas como racismo, educação, trabalho e saúde entre mulheres negras. Nesse cenário efervescente, feministas negras como Lélia Gonzalez, Luiza Bairros, Rosália Lemos e outras promoveram o I Encontro Nacional de Mulheres Negras, na cidade de Valença, no Rio de Janeiro. Foi um importante salto na institucionalização do movimento de mulheres negras, que, nas fronteiras do racismo e do sexismo, redimensionaram suas agendas políticas. Esse processo não ocorreu sem críticas, tanto externas quanto internas, que as acusavam de olhar para o próprio umbigo. No entanto, elas mostraram que essa sedimentação era um caminho possível, e necessário, para trazer à tona suas especificidades e que não significava uma ruptura ideológica com outros movimentos de resistência social.

Da mesma época data a criação de grupos como o Somos, pioneiro no movimento LGBT, em fevereiro de 1979, porta-voz de mulheres com diferente orientação sexual que lutavam contra o preconceito e a violência. Passados apenas três meses de atividades com gays, perceberam atitudes machistas e discriminatórias desses companheiros de militância, conta a historiadora Marisa Fernandes. Influenciadas pelo feminismo, elas sabiam que suas especificidades como mulheres – e não apenas como homossexuais femininas – geravam dupla discriminação. Como lésbicas feministas, decidiram, então, atuar como subgrupo do Somos, o Grupo de Ação Lésbico-Feminista (ou apenas LF), com posicionamento político de independência ante a centralização do poder masculino.

Em uma reunião geral do Somos em julho de 1979, auge do grupo, participaram dez lésbicas e oitenta gays. Ainda que claramente minoria, as lésbicas do LF apresentaram suas decisões: encaminhar a discussão sobre machismo e feminismo no Somos, apresentar um temário específico a ser discutido por todos, ter um grupo de acolhimento e afirmação da identidade só para lésbicas e buscar alianças com o movimento feminista. Nessa reunião, foram hostilizadas e chamadas de histéricas. Felizmente receberam apoio de alguns gays mais abertos às questões de gênero. Essa primeira fase da luta do LF não foi fácil, pois depararam com empecilhos que não haviam imaginado. O LF era bastante plural, tinha de empregada doméstica a programadora de *software*, mulheres não acadêmicas, mas dos "armários" e do "gueto". O ponto comum entre elas era serem lésbicas.

Em 1979 e 1980, no movimento feminista, o LF integrou as comissões organizadoras do II e do III Congressos da Mulher Paulista. A primeira e organizada aparição do LF em público foi um escândalo – mesmo para as feministas. Nesses congressos, as lésbicas defendiam que as mulheres lutassem pelo direito ao prazer e à sexualidade, que rompessem com o círculo de opressão e subordinação masculina que não aceitava o desejo da mulher e que tomassem conhecimento de que a heterossexualidade era imposta a todas as mulheres como única sexualidade "normal". Contudo, essas ideias não foram bem-aceitas pela maior parte do movimento de mulheres e soava radical para as feministas.

Márcia Campos, do MR-8, questionava: "Como pode uma mulher da periferia aceitar que seu movimento seja dirigido por lésbicas, como querem as mulheres de classe média do movimento? A lésbica nega sua própria condição de mulher, não pode fazer parte de um movimento feminino". Publicamente, duvidavam da representatividade das coordenações por nelas conter "sapatonas". Direito ao corpo e ao prazer era demais para as companheiras e as camaradas da época.

Ainda segundo a historiadora Marisa Fernandes, o fato é que a presença das lésbicas no movimento feminista impactou a discussão sobre sexualidade junto às mulheres de baixa renda. Foi o início do desmonte da crença de que a mulher pobre não estava interessada em discutir sexualidade, somente desigualdades econômicas. Além disso, a questão da sexualidade não ficou reduzida ao uso de contraceptivos, envolvia a liberdade de eleger sua/seu parceira/o de cama e de vida.

Em abril de 1980, em São Paulo, aconteceu o I Encontro Brasileiro de Homossexuais (EBHO), com duzentos participantes de diferentes estados. Com presença majoritária de gays, o LF esteve presente e levantou discussões sobre lésbicas, machismo e feminismo. O primeiro EBHO foi burocrático e cheio de discórdias que acabaram tensionando as relações de um movimento homossexual cada vez mais diverso e amplo. Após a participação de lésbicas e gays do Somos na passeata do 1º de maio de 1980 realizada em São Bernardo do Campo, instalou-se uma divisão irreconciliável no grupo. O LF reconheceu que não fazia mais sentido brigar dentro do Somos, e, assim, em 17 de maio, as lésbicas se retiraram de forma definitiva do grupo. O que fizeram foi tornar pública a autonomia do LF. O nome, então, foi mudado para Grupo de Ação Lésbica Feminista (Galf). Tudo no feminino.

O Galf atuava no gueto de lésbicas vendendo boletins, panfletava conscientização sobre discriminação e violência contra as lésbicas e divulgava as atividades do grupo. Atuou fortemente contra a onda de prisões arbitrárias e torturas. Os alvos da violência estatal eram homossexuais, travestis, prostitutas, negros e desempregados.

Outras organizações homossexuais e feministas organizadas, como o Movimento Negro Unificado (MNU), divulgaram uma carta aberta à população repudiando essa violência e chamando todos para um ato público no dia 13 de junho de 1980, na frente do Theatro Municipal. Quando o ato caminhou pelo centro de São Paulo, as lésbicas carregavam duas faixas com os seguintes dizeres: "Pelo prazer lésbico" e "Contra a violência policial". Esse evento político se configurou como a primeira passeata LGBT da cidade de São Paulo. Ainda assim, como se sabe, a violência seguia. Em 15 de novembro, o mesmo aparato policial fez uma operação de prisão de lésbicas que, indiscriminadamente, foram levadas dos guetos sob a "acusação" de serem sapatão.

Diversos outros episódios de repressão, mas também de resistência, devem ser lembrados nessa trajetória. Um deles é especial. O número um do primeiro boletim das lésbicas no Brasil, o *Chanacomchana*, foi lançado pelo Galf em 1981 e circulou até 1987. Na noite de 23 de julho de 1983, integrantes do grupo vendiam o *Chanacomchana* no Ferro's Bar, no Centro de São Paulo, mas foram expulsas e proibidas de entrar naquele que era um dos lugares de sociabilidade mais frequentados pelas lésbicas na noite da cidade.

Os anos 1980 foram muito importantes em termos de criação de políticas específicas para mulheres. Com a redemocratização, o então presidente José Sarney enviou ao Congresso um projeto de lei que criava o Conselho Nacional dos Direitos da Mulher (CNDM), cujo papel foi fundamental durante a Constituinte de 1988, representando seus interesses. Criou-se um lobby nacional, o "lobby do batom", como ficou conhecida a atuação da bancada feminina no Congresso Nacional, destacando-se o protagonismo da escritora Heloneida Studart. A perfeita sintonia com os movimentos populares permitiu a aprovação de mais de 80% das reivindicações encaminhadas aos congressistas na área dos direitos da mulher. Foi fixada, por exemplo, em 44 horas a carga horária semanal de trabalho; defendeu-se a criação de incentivos específicos para a proteção do mercado de trabalho da mulher; a ampliação da licença-maternidade e a introdução da licença-paternidade; reconheceu-se o direito de chefe de família para as mulheres; fixaram-se limites diferentes na idade de aposentadoria entre homens e mulheres; instituíram-se a reciprocidade no casamento e a igualdade entre homem e mulher; deu-se às mulheres do campo o direito de registrar em seu nome os títulos de propriedade da terra.

Cristina Wolff lembra bem que as críticas aos grupos de consciência foram inúmeras, inclusive por parte de muitas feministas. A falta de hierarquia era fonte de um autoritarismo sem regras, diziam umas. A organização em redes, ainda que espalhadas por vários estados, não gerava resultados. Outras se preocupavam mais diretamente com a saúde da mulher, com a criação de centros de ajuda às vítimas de violência ou com a realização de manifestações de rua. Outras, com uma legislação que transformasse a sociedade machista. Sexualidade? Menos importante para algumas que a relação mulher-trabalho. E por que falar de assuntos íntimos?, perguntavam-se outras tantas.

Não bastasse, havia o preconceito da própria sociedade contra as feministas. Não foram poucas vezes que elas tiveram que explicar que não eram "contra os homens"; e muitas diziam que era preciso esclarecer que não eram lésbicas – fama de que gozavam as feministas da época. A identificação com "a mulher" ou "as mulheres" aparecia mais frequentemente que com "o feminismo" em jornais e livros – preconceito que se estendia, como bem demonstrou Cristina Wolff, às organizações militantes de esquerda que achavam absurda a autonomia desejada pelos movimentos feministas. Diziam que eles eram uma espécie de reunião de mulheres ricas e ociosas, um desperdício de tempo que poderia ser dedicado à luta maior: a deles! As facções políticas de oposição ao regime militar consideravam os grupos de consciência e suas propostas desvios pequeno-burgueses, acusando as feministas de promoverem discórdia e ruptura no campo da esquerda.

Cristina Wolff sublinha que, graças à pressão do feminismo organizado, mudanças importantes ocorreram no Brasil: as garantidas pela Constituição de 1988 ou a famosa Lei Maria da Penha, que passou a coibir a violência contra as mulheres. Os festejos em torno do dia 8 de março, Dia Internacional da Mulher, a fundação de núcleos de estudos sobre mulher e gênero nas universidades, a criação de ONGs para abrigar mulheres vítimas de violência, o surgimento de líderes comunitárias – tudo, enfim, apontava para novos espaços de conquistas femininas. Joana Maria Pedro definiu os movimentos feministas do século XX como aqueles que reconheceram as mulheres enquanto oprimidas, afirmando que as relações entre sexos não são inscritas na natureza, portanto, passíveis de transformação.

Houve, também, os "movimentos de mulheres", formados exclusivamente por elas, mas sem pautas específicas. E Cristina Wolff conclui: talvez a maior conquista das jovens feministas dos anos 1970 e 1980 – muitas vezes desconhecidas das novas gerações – tenha sido o reconhecimento de outras maneiras de ser mulher, para além das funções idealizadas de esposa, mãe e dona de casa.

NASCER MULHER, TORNAR-SE MULHER E DEPOIS...

Antes que alguém corra para acrescentar lenha à fogueira em que serei queimada, quero esclarecer que sou a favor do casamento gay, do aborto consciente, considero toda forma de racismo odiosa, assim como a desigualdade social no país, e acredito que as mulheres sempre tiveram milhares de razões para lutar contra as desigualdades e as violências de que foram, e continuam sendo, objeto. No entanto, sou contra quem deseja uma história de "coitadismo feminismo", feita de vítimas e algozes, de mocinhas e bandidos, de santas e putas.

Neste livro, tratei de mulheres que trabalharam, venceram, perderam, ganharam, se casaram, descasaram, sofreram violências – e as cometeram também. Mulheres que souberam resistir e ficar de pé. Procurei dar nome, voz e rosto a centenas delas, que construíram as próprias trajetórias e a nossa história. A história das mutações de sua condição como esposa, mãe, trabalhadora, e também da realidade plural da mulher na relação com o homem numa sociedade em permanente transformação. E esse caminho possibilitou torná-las protagonistas de uma das transformações sociais mais importantes do século XX.

A mulher dona do próprio nariz sempre existiu. Como vimos, há centenas de anos a brasileira trabalha. Nos primórdios da colonização, essas mulheres foram lavradoras, vendedoras e fabricantes de doces, rendas e fios, lavadeiras, escravas, costureiras e parteiras. Nossas irmãs do passado circulavam sem medo de ganhar a vida, seguindo seus companheiros na luta pela sobrevivência.

Entre os séculos XVII e XVIII, o Brasil se mestiçou, se africanizou. Como bem estudado por tantos historiadores, mulheres foram mediadoras entre os mundos de brancos, negros, indígenas e mestiços, por meio de uniões mistas e culturas compartilhadas. A migração interna abalou fortemente a vida familiar de muitas das que viam seus maridos partir, para Minas Gerais e Goiás, em busca de ouro, deixando-as sós, com filhos, e obrigando-as a tirar o sustento de sua criatividade. Com a Independência do Brasil, nossas antepassadas se multiplicaram em primeiras "mestras de letras" e pequenas e grandes comerciantes. Nas primeiras décadas do século XX, grande parte do proletariado era constituído por mulheres. Em 1901, elas perfaziam 67,62% da mão de obra empregada na fiação e na tecelagem. As mulheres negras, após a abolição dos escravos, continuaram trabalhando em setores desqualificados e recebendo péssimo tratamento.

A partir de 1960, com o violento processo de modernização do campo, a colona passou a boia-fria, e seu trabalho foi redefinido. As "pés de cana" recebiam menos do que os homens, mas, sindicalizadas, lutavam pela melhoria das condições de trabalho. Nos anos 1970, a participação de mulheres em grupos comunitários organizados por várias igrejas e sindicatos resultou na criação de clubes de mães e movimentos de mulheres trabalhadoras e na participação em comissões jurídicas e políticas que passaram a atuar junto ao Estado. Além disso, essas mulheres fizeram crescer rapidamente a mobilização de diferentes setores da sociedade ao exigirem a redemocratização do país, inaugurando novos conflitos e sacudindo o imobilismo das organizações sindicais.

A pílula anticoncepcional, a migração campo-cidade e a explosão urbana, entre os anos 1970 e 1980, ajudaram a mudar os papéis femininos e masculinos na família, instituição que se modernizou para acompanhar as transformações da sociedade industrial e o avanço do individualismo, passando de grandes famílias patriarcais a famílias reduzidas. À época, as mulheres se debatiam entre o desejo de multiplicidade de parceiros sexuais e a estabilidade sexual necessária aos filhos. Entre a parentela e a carreira profissional.

Com a chegada da pílula anticoncepcional, surgiu a chamada "revolução sexual". Livre da sífilis, e ainda longe da Aids, elas podiam provar de tudo. O rock'n'roll introduziu a agenda: férias, velocidade e o lema "amai-vos uns sobre os outros"! A batida e as letras indicavam a rebeldia diante da autoridade. Nas capitais e nos meios estudantis, jovens mulheres escapavam às malhas apertadas da família. Encontros em festas, festivais de música, atividades esportivas e clubes noturnos deixaram-nas cada vez mais soltas. Saber dançar tornou-se o passaporte para o amor e a tentativa de adaptação a um mundo novo e esforçadamente rebelde.

Na cama, novidades. A sexualidade, graças aos avanços da higiene íntima, se estendeu ao corpo inteiro. As preliminares ficaram mais longas. Na moda, a minissaia começou a despir os corpos. E a ideia de que os casais, além de amar, deviam ser sexualmente equilibrados começou a ser discutida. Era o início do direito ao prazer para todos, sem que a mulher fosse atormentada por se interessar por alguém.

O fim do século XX foi marcado, com pequenas variações entre as classes sociais, por um grande domínio dos destinos individuais e familiares por dois motivos: um sistema de valores que endossou essa autonomia e condições objetivas (emprego, ambiente democrático, Estado) que autorizaram tal domínio. O crescimento de mulheres no mercado de trabalho, o progresso científico, a contracepção, a liberalização dos costumes e o divórcio mudaram definitivamente a cara do casamento e da família. Acabou-se o tempo em que cada um dos parentes defendia um papel social definido, fixo.

Desde então, os valores individualistas miraram a liberdade, a autonomia. A autoridade pura e simples foi destronada em favor da negociação e da partilha de aspirações. Nasceu uma nova forma de amar. Entre os casais, a união entre dois indivíduos foi reivindicada como livre escolha, a do amor consentido, não ditada por imperativos morais ou sociais. Foi-se o tempo das certezas absolutas em questões de união de homens e mulheres.

Para a família, o aumento da participação feminina no mercado – ao fim do século XX elas eram responsáveis por 45% da força de trabalho no Brasil – acarretou ao menos duas mudanças: o homem perdeu o status de único provedor; a mulher, a resignação. À medida que ela se tornou financeiramente mais independente, ficou também menos disposta a suportar a infelicidade de seu casamento. E passou a buscar, sobretudo, qualidade na vida a dois.

Com base em informações oficiais do IBGE, do então Ministério do Trabalho e do MEC, o acesso das mulheres ao mercado de trabalho na década de 1990 e sua manutenção no mercado informal e formal se consolidaram, apesar das crises econômicas. Como demonstraram as sociólogas Cristina Bruschini e Maria Rosa Lombardi, a escolaridade feminina superou a masculina a partir do segundo grau: as jovens concluíram os cursos técnicos e profissionais, assim como o ensino médio, em maior número que os rapazes e constituíam cerca de 60% das pessoas que então cursavam o superior. As moças concentravam-se em algumas áreas do conhecimento – artes, humanas, biológicas e saúde –, que as qualificavam para ocupar posteriormente, no mercado de trabalho, os chamados guetos profissionais femininos.

As filhas nascidas nas últimas décadas do século XX foram as grandes vencedoras dos últimos decênios. Sem importar sua origem social, seus percursos escolares foram melhores que os das mulheres de uma geração anterior. Que o digam Jacirema e Amélia, mulheres negras estudadas pela antropóloga Caetana Damasceno: a primeira começou a trabalhar aos doze anos, fazendo todo tipo de serviço. Passou por cinco "casas de família", enquanto terminava o ensino fundamental, o médio e seu curso de contabilidade. Montou seu próprio escritório, comprado de uma das ex-patroas, e se tornou empresária. Amélia começou aos onze, executando pequenos serviços na casa da diretora da escola em que estudava. Aos catorze, foi empacotadora numa fábrica de macarrão e, aos 22 anos, depois de realizar exames, ingressou numa firma de crédito imobiliário, passando a um banco, onde se tornou gerente executiva em agência. O modelo de mulher trabalhadora das mães, somado ao investimento escolar, foi fundamental para a ascensão dessa geração.

Em outro âmbito, a intensa queda da fecundidade reduziu o número de filhos por mulher, sobretudo nas cidades e nas regiões mais desenvolvidas do país. Na década de 1990, tais transformações demográficas se consolidaram, provocando a transformação da população brasileira: a taxa de fecundidade caiu de 5,8 filhos, em 1970, para 2,3 filhos em 1999. Em relação às famílias, confirmaram-se tendências já detectadas na década de 1980, como a redução de seu tamanho e o crescimento das chefiadas por mulheres – em 1998, chegaram a 26% do total das famílias brasileiras e estavam mais bem representadas nos estratos mais pobres da população. Em 1998, 45% das chefes de família brasileiras eram pretas e pardas, e, nessa mesma data, 14% tinham rendimentos inferiores a um salário mínimo, num retrato de preocupante desigualdade.

Mesmo na miséria, encontramos mulheres poderosas. Como delas bem diz a escritora Marie NDiaye, seu poder vem das vexações, do sofrimento vivido em silêncio, das humilhações que conheceram. Esse saber pode se tornar depressão e amargura quando as mulheres não têm meios de influir na própria vida, mas transforma-se em competência e ambição quando podem contar com eles.

Transformações nos padrões culturais e nos valores relativos ao papel social da mulher, intensificadas pelo impacto dos movimentos feministas e pela presença mais atuante das mulheres nos espaços públicos, alteraram a constituição da identidade feminina, cada vez mais voltada para o trabalho produtivo. A expansão da escolaridade e o ingresso nas universidades viabilizaram o acesso delas a novas oportunidades de trabalho. Mesmo contra um pano de fundo em que algumas questões estavam para ser melhoradas (a segregação ocupacional por preconceito racial, as disparidades salariais, a menor participação feminina nas associações de categorias profissionais, entre outras), no fim do século XX as mulheres obtinham progressivamente uma igualdade de reconhecimento com os homens, senão de direitos.

Na última década do século XX, elas participaram de outro movimento: a cisão entre sexualidade, casamento e amor. Foi um momento de transição entre a tradição dos avós e a sexualidade obrigatória dos netos. Ninguém mais queria se casar sem "se experimentar". Frigidez, nem pensar. "Ficar e se mandar" tornou-se regra. E só se falava em sexualidade plural. Separada da procriação, desculpabilizada pela psicanálise e exaltada pela mídia, a sexualidade da mulher brasileira se tornou assunto obrigatório. Tão obrigatório que chegou a entediar!

Em meio a tantas mudanças, a temática das desigualdades ficou relegada a segundo plano, em benefício da temática das identidades. A questão maior foi a de recusar as identidades que se lhes atribuíam (mãe, esposa), em benefício do reconhecimento de sua própria identidade e de suas diferenças (eu sou quem eu sou). A construção de si e o desenvolvimento pessoal foram prioridade no princípio de século XXI.

À sombra da história das mulheres, a história dos homens. Diferentemente do que houve no estrangeiro, descontadas algumas radicais, as brasileiras sempre se recusaram a ver neles inimigos hereditários. Algumas palavras, portanto, sobre o que algumas consideram "o inimigo", o fundador do patriarcado. Patriarcado que, de acordo com muitos autores, aprisionou a mulher brasileira por tanto tempo. Afinal, se tantas representações e normas modelaram os comportamentos femininos, é importante entender como o mito da virilidade e da dominação modelou os homens e como, para dominar o sexo feminino, os homens teorizaram sua superioridade postulando não só a inferioridade essencial da mulher, mas a do outro homem: o sub-homem, "o veado", o gay.

Historicamente esse mito legitimou a opressão do homem pelo homem e sua violência contra a mulher. Há tempos, porém, o modelo do todo-poderoso guerreiro político e sexual começou a derreter, a ponto de nostálgicos deplorarem uma "crise de virilidade". Os masculinistas acusaram as feministas de tê-los privado de sua soberania natural. O que responder? Que o mal-estar masculino é, com certeza, uma realidade massiva e dolorosa, mas a emancipação feminina não é sua causa. A virilidade foi a armadilha na qual o próprio homem caiu ao querer estendê-la à mulher.

Ao fazer do mito da superioridade do macho o fundamento da ordem social, política, religiosa, econômica, e ao valorizar a força, o gosto do poder, o apetite pela conquista e o instinto guerreiro, ele justificou e organizou a submissão delas. Com isso, também o homem foi condenado a reprimir suas emoções, temer a impotência, odiar a feminização e cultivar o gosto da violência e da morte heroica. Ao proibir-se de chorar, substituiu a tristeza pela cólera. O dever de virilidade se tornou um fardo, e "tornar-se homem", um processo difícil e, por vezes, cruel.

O declínio progressivo das sociedades patriarcais é fato, pelo menos no Ocidente, desde o fim do século XX. Assistimos, então, à reconfiguração das relações entre os sexos e mesmo dos papéis e das representações de cada um deles. Apesar da violência nascida da homofobia, é preciso reconhecer que qualquer membro do grupo LGBTQI+, há vinte anos, estaria "no armário". Isso porque o mito da virilidade vinha decaindo desde o fim dos grandes patriarcas fazendeiros e da decadência das casas-grandes no século XIX, da chegada do voto feminino na República Velha, dos hábitos e comportamentos novos introduzidos pós-guerra, da pílula que corroeu as últimas correntes de submissão, do divórcio, da Lei Maria da Penha, da escolarização e da graduação de tantas mulheres a partir da Nova República, de mudanças no direito de família.

O caminho a percorrer também é longo. Não atingiremos a igualdade sem enfrentar o que restou da cultura patriarcal, ou seja, sem colocar em discussão o masculino como critério de superioridade e medida do mundo. A masculinidade de dominação se enraíza em instituições milenares. Por isso, o patriarcado não será abolido por decreto nem por grandes manifestações. Ele tem que perder sua legitimidade pelo abandono da agressividade, da violência, do sexismo e da dominação por parte de homens que estão, eles também, vivendo intensas mudanças. Essas mudanças os convidam a construir novas identidades masculinas, que os estimulam a reinventar a heterossexualidade.

O sociólogo Manuel Castells confirma o que foi demonstrado aqui, ao longo de tantas páginas: a desintegração do patriarcado está diretamente ligada à escolarização de mulheres e sua entrada no mercado de trabalho; à contracepção que lhes permitiu a liberação sexual; à força de movimentos sociais como o feminismo e as reivindicações LGBT – tudo amparado por um "mundo em redes" no qual as estruturas piramidais e hierárquicas tendem a desaparecer. Certamente, o tiro definitivo no pé dos machistas!

As reconfigurações familiares e os novos papéis femininos, a emergência de valores pós-modernos – mais centrados na negociação que na força, no diálogo que na violência, na solidariedade que na competição –, questionam profundamente as novas identidades masculinas desde o fim do século passado. A virilidade ostensiva, o falocentrismo e toda a afirmação excessiva de masculinidade passaram a se tornar motivo de riso. Muitos homens se sentiram atingidos. Afinal, as mudanças não se fazem em dias, e a vida cotidiana continua a destilar seu fardo de afirmações contraditórias quanto aos novos papéis masculinos: "homem não chora" *versus* "deixe fluir suas emoções".

Ainda que tantos temas tenham ficado de fora deste livro, fazer a história das mulheres não é fazer reparação. Não quisemos fazer uma apresentação maniqueísta, mas de inteligibilidade. História de compreensão de trajetórias femininas e de sua diversidade, da qual as mulheres não foram vítimas, mas protagonistas, uma vez que souberam existir, resistir e construir seus poderes. Felizes ou infelizes, nem sempre estiveram certas. Também cometeram erros. Nunca é demais lembrar a filósofa Hannah Arendt, que apontava "os laços sutis que as prendiam aos que as oprimiam".

Não se pode negar que as mutações sociais e culturais ocorridas no século XX solaparam a identidade masculina construída, entre nós, desde 1500. As fronteiras entre os sexos se esfumaçaram. As lições do tempo convidaram a reconhecer uma variedade de modelos, sem que nenhum tivesse predomínio sobre os outros. Na prática, porém, a igualdade, tão pensada por cientistas sociais, acabou esbarrando nas práticas, cujo progresso é, lamentavelmente, muito, muito lento – haja vista que com tantos avanços só vimos progredir as taxas de violência contra as mulheres. Para nossa vergonha – e para nossa reflexão, também –, a cada quinze minutos uma mulher ainda é estuprada e a cada duas horas outra é assassinada.

BIBLIOGRAFIA

ABREU, Marta. *O Império do Divino*: festas religiosas e cultura popular no Rio de Janeiro, 1830-1900. Rio de Janeiro/São Paulo: Nova Fronteira/Fapesp, 1999.

_____. *Meninas perdidas*: os populares e o cotidiano do amor no Rio de Janeiro da *belle époque*. Rio de Janeiro: Paz e Terra, 1989.

ABREU FILHO, Ovídio. Dona Beja, análise de um mito. In: *Perspectivas antropológicas da mulher*. Rio de Janeiro: Zahar, 1983.

ALBUQUERQUE Duanne Carolle Duarte de. Significações da dominação masculina/opressão feminina: a violência contra a mulher na capital pernambucana do séc. XVIII. Anais do XXVI Simpósio Nacional de História – ANPUH, São Paulo, jul. 2011.

AGUIAR, Ronaldo Conde. *As divas do rádio nacional*: as vozes eternas da era de ouro. Rio de Janeiro: Casa da Palavra, 2010.

ALMEIDA, Alberto. *A cabeça do brasileiro*. Rio de Janeiro: Record, 2007.

ALMEIDA, Ângela Mendes de. Notas sobre a família no Brasil. In: _____ et al. (orgs.). *Pensando a família no Brasil*: da colônia à modernidade. Rio de Janeiro: Espaço e Tempo/Editora da UFRJ, 1987.

ALMEIDA, Júlia Lopes de. *O livro das damas e das donzelas*. Rio de Janeiro: Francisco Alves, 1926.

ALMEIDA, Maria Regina Celestino. *Metamorfoses indígenas*: identidade e cultura nas aldeias coloniais do Rio de Janeiro. Rio de Janeiro: Arquivo Nacional, 2003.

ALMEIDA, Sueli Creusa Cordeiro de. *O sexo devoto* – normatização e resistência (séculos XVI-XVIII). Recife: Editora UFPE, 2005.

ALONSO, Ângela. Associativismo *avant la lettre* – as sociedades pela abolição da escravidão no Brasil oitocentista. *Sociologias* [en linea]. 2011, 13(28), pp. 166-99.

ALVES, Lizir. *Mulheres escritoras na Bahia* – as poetisas, 1822-1918. Salvador: Étera, 1999.

ANCHIETA, Isabelle. *Imagens da mulher no Ocidente moderno*, 3 v. São Paulo: Edusp, 2019.

ARAÚJO, Antônio Amauri Correa de. *Lampião, as mulheres e o cangaço*. São Paulo: Traço, 1985.

ARAÚJO, Emanuel. *O teatro dos vícios* – transgressão e transigência na sociedade urbana colonial. Rio de Janeiro: José Olympio, 2000.

ARAÚJO, Maria Paula Nascimento. *A utopia fragmentada*: novas esquerdas no Brasil e no mundo na década de 1970. Rio de Janeiro: FGV, 2000.

_____. Vida de guerrilheira. *Revista de História da Biblioteca Nacional*, ano 10, n. 117, pp. 36-8, jun. 2015.

_____ et al. *Marcas da memória:* história oral da anistia no Brasil. Recife: Editora UFPE, 2012.

ASSIS, Maria Elisabete Arruda de; SANTOS, Taís Valente dos (orgs.). *Memória feminina*: mulheres na história, história de mulheres. Recife: Fundação Joaquim Nabuco/ Massangana, 2016.

AVANCINI, Maria Marta Picarelli. *Nas tramas da fama*: as estrelas de rádio em sua época áurea – Brasil anos 1940 e 1950. Dissertação de mestrado, Instituto de Filosofia e Ciências Humanas, Unicamp, 1996.

AZEVEDO, Maria Amélia. *Mulheres espancadas*: a violência denunciada. São Paulo: Cortez, 1985.

BACELLAR, C. A. P. O matrimônio entre escravos e libertos em São Paulo, Brasil, séculos XVIII e XIX. In: GHIRARDI, M.; SCOTT, A. S. V. (coords.). *Famílias históricas*: interpelaciones desde perspectivas iberoamericanas através de los casos de Argentina, Brasil, Costa Rita, Espana, Paraguay y Uruguay. São Leopoldo: Oikos/Editora Unisinos, 2015.

BARICKMAN, B. J. Até a véspera: o trabalho escravo e a produção de açúcar nos engenhos do recôncavo baiano (1850-1881). *Afro-Ásia*, n. 21-2, pp. 177-238, 1998-1999.

BARRETO, Virgínia de Queiroz. Fronteiras entre a escravidão e a liberdade: histórias de mulheres pobres livres, escravas e forras no Recôncavo Sul da Bahia (1850-1888). Tese de doutorado, História social, FFLCH, Universidade de São Paulo, 2016.

BARROS, Surya Aaronovich Pombo de. Discutindo a escolarização da população negra em São Paulo entre o final do século XIX e início do século XX. In: ROMÃO, Jerusa (org.). *História da educação do negro e outras histórias*. Secretaria de Educação Continuada, Alfabetização e Diversidade. Brasília: Ministério da Educação, Secretaria de Educação Continuada, Alfabetização e Diversidade, 2005. pp. 72-92.

BATALHA, Claudio H. M. *O movimento operário na primeira República*. Rio de Janeiro: Zahar, 2000.

BILHÃO, Isabel Aparecida. Porto Alegre na virada do século entre XIX e XX. Encontro Estadual de História, ANPUH, RS, 2008.

BLAY, Eva Alterman. *Trabalho domesticado*: a mulher na indústria paulista. São Paulo: Ática, 1978.

BOXER, Charles, R. *A mulher na expansão ultramarina ibérica, 1415-1815*. Lisboa: Livros Horizonte, 1977.

BRAGA, João. *História da moda*. 6. ed. São Paulo: Anhembi Morumbi, 2007.

BRETAS, Marco Luiz. *A ordem na cidade*: o exercício cotidiano da autoridade policial no Rio de Janeiro, 1907-1930. Rio de Janeiro: Rocco, 1997.

_____. A polícia carioca no império. *Revista Estudos Históricos*. Rio de Janeiro, v. 12, n. 22, 1998.

BRUSCHINI, Cristina; LOMBARDI, Maria Rosa. Instruídas e trabalhadeiras trabalho feminino no final do século XX. *Pagu*, n. 17-8, Campinas, 2002.

BUARQUE de Holanda, Sérgio. *Raízes do Brasil*. 26. ed. São Paulo: Companhia das Letras, 1995.

CACCIAGLIA, M. *Pequena história do teatro no Brasil (quatro séculos de teatro no Brasil)*. Apresentação de Sábato Magaldi. Tradução de Carla de Queiroz. São Paulo: Edusp, 1986.

CAHEN, Gérald. *Résister, le prix du refus*. Paris: Autrement, 1995.

CALABRE, Lia. *A era do rádio* – memória e história. ANPUH – XXII Simpósio Nacional de História. João Pessoa, 2003.

CALMON, Pedro. *Segredos e revelações da história do Brasil*, t. III. Brasília: Senado Federal, 2013.

CAMPOS, Alzira L. de A. População e sociedade em São Paulo no século XIX. In: PORTA, Paula. *História da cidade de São Paulo*, v. 2: A cidade do Império, 1823--1889. São Paulo: Paz e Terra, 2004.

CANDIDO, Antonio. *Os parceiros do Rio Bonito*. São Paulo: Editora 34, 2001.

CARDOSO, Fernando Henrique; IANNI, Octavio. *Cor e mobilidade social em Florianópolis*. São Paulo: Editora Nacional, 1960.

CARNEIRO, Maria Elizabeth Ribeiro. *Procura-se uma "preta com muito bom leite, prendada e carinhosa"*: uma cartografia das amas de leite na sociedade carioca, 1850-1888. Brasília: Editora UnB, 2006.

CARVALHO, Marcus M. *Liberdade*: rotinas e rupturas do escravismo no Recife, 1822--1850. Recife: Editora UFPE, 2002.

_____. Cidades escravistas. In: SCHWARCZ, Lilia M.; GOMES, Flávio dos Santos. *Dicionário de escravidão e liberdade*. São Paulo: Companhia das Letras, 2018. pp. 156, 162.

CASTRO, Maria Werneck de. *No tempo dos barões* – histórias do apogeu e decadência de uma família fluminense no ciclo do café. Rio de Janeiro: Bem-Te-Vi, 2004.

CAVALCANTI, Nireu Oliveira. *Crônicas históricas do Rio colonial*. Rio de Janeiro: Faperj/Civilização Brasileira, 2004.

CAVALCANTI, Ygor Olinto Rocha; SAMPAIO, Patrícia Melo. Histórias de Joaquinas: mulheres, escravidão e liberdade (Brasil, Amazonas: séc. XIX). *Afro-Ásia*, n.46, Salvador, 2012. Disponível em: <http://dx.doi.org/10.1590/S0002-05912012000200003>; acesso em: mar. 2020.

CERCEU NETTO, Rangel. *Um em casa do outro*: concubinato, família e mestiçagem na Comarca do Rio das Velhas (1720-1780). São Paulo/Belo Horizonte: Annablume/PPGH/UFMG, 2008.

CHALHOUB, Sidney. *Trabalho, lar e botequim*: o cotidiano dos trabalhadores no Rio de Janeiro da belle époque. 2. ed. Campinas: Editora da Unicamp, 2001.

COHEN, Claudine. *Femmes de la Pré-histoire*. Paris: Texto-Poches, 2013.

COSTA, Albertina de Oliveira; BRUSCHINI, Christina. *Rebeldia e submissão*. São Paulo: Fundação Carlos Chagas/Vértice,1989.

_____. *Entre a virtude e o pecado*. São Paulo: Fundação Carlos Chagas/Rosa dos Tempos, 1992.

COSTA, Carlos Eduardo Coutinho da. *Campesinato negro no pós-abolição*: migração, estabilização e os registros civis de nascimentos. Vale do Paraíba e Baixada Fluminense, RJ (1888-1940). Dissertação de mestrado, UFRJ, 2008.

_____. *De pé calçado*: família, trabalho e migração no pós-abolição da Baixada Fluminense, RJ. (1888-1940). Tese de doutorado, UFRJ, 2013.

COSTA, Jucinelma da Silva; RAVENA, Nírvia. *As raízes do mando na Amazônia*. Belém GEPEM/CFCH/UFPA, 1999.

COSTA, Luís Gustavo dos Santos. *Ave, libertas*: abolicionismos e luta pela liberdade em Minas Gerais na última década da escravidão. Tese de doutorado, História social, UFF, Niterói, 2013.

COSTA E SILVA, Alberto. *A manilha e o libambo*: a África e a escravidão, de 1500 a 1700. Rio de Janeiro: Nova Fronteira, 2011.

COWLING, Camillia. O fundo de emancipação "Livro de ouro" e as mulheres escravizadas: gênero, abolição e os significados da liberdade na corte, anos 1880. In: XAVIER, Giovana; FARIAS, Juliana Barreto; GOMES, Flávio (orgs.). *Mulheres negras no Brasil escravista e pós-emancipação*. São Paulo: Selo Negro, 2012. pp. 214-27.

D'AGOSTINHO, Vera Maria; BRAZ, Camilo D'Angelo. As divas da música popular: um imaginário à deriva do tempo. *Facom*, n. 18, 2º semestre de 2007.

DAMASCENO, Caetana. *Segredos da boa aparência* – da "cor" à "boa aparência" no mundo do trabalho carioca (1930-1950). Rio de Janeiro, EDUR/UFRJ, 2011.

DEBRET, Jean-Baptiste. *Viagem pitoresca e histórica ao Brasil*. 2 v. São Paulo: Martins Fontes, 1954.

DE DECCA, Maria Aparecida Guzzo. *Indústria, trabalho e cotidiano* – Brasil 1889-1930. São Paulo: Ática, 1991.

D'EUAUBONNE, Françoise. *Les Femmes avant le patriarcat*. Paris: Payot, 1976.

DELPHY, Christine. *L'Ennemi principal, l'économie politique du patriarcat*. Paris: Syllepse, 1998. Coleção Nouvelles Questions Féministes.

DEL PRIORE, Mary. *Ao sul do corpo, condição feminina, maternidades e mentalidades no Brasil colonial*. Rio de Janeiro/Brasília: José Olympio/Editora UnB, 1993.

——. *Histórias da gente brasileira*, v. I: Colônia. São Paulo: Leya, 2016.

——. *Histórias da gente brasileira*, v. II: Império. São Paulo: Leya, 2017.

——. *Histórias da gente brasileira*, v. III: República Velha. São Paulo: Leya, 2018.

——. *Histórias da gente brasileira*, v. IV: Nova República a 2000. São Paulo: Leya, 2019.

—— (org.). *História dos homens no Brasil*. São Paulo: Editora Unesp, 2012.

——. *História do amor no Brasil*. São Paulo: Contexto, 2005.

—— (org.). *História do corpo no Brasil*. São Paulo: Editora Unesp, 2011.

——. *Corpo a corpo com as mulheres*. São Paulo: Senac, 1999.

——. *Aborto*: uma questão de Estado? Disponível em: <http://historiahoje.com/aborto-uma-questao-de-estado>; acesso em: mar. 2020.

—— (org.). *História das crianças no Brasil*. São Paulo: Contexto, 1991.

——. *Histórias íntimas*. 2. ed. São Paulo: Planeta, 2014.

——. De Marias e Ângela: a permanente violência contra as mulheres. In: SILVA, Gian Carlo Mello da. *Os crimes e a história do Brasil* – abordagens possíveis. Maceió: Edufal, 2015. pp. 43-62.

——; BASSANEZI, Carla (coords.). *História das mulheres no Brasil*. São Paulo: Contexto/Editora Unesp, 1997.

DELUMEAU, Jean; ROCHE, Daniel. *Histoire des péres et de la paternité*. Paris: Larousse, 2000.

DIAS, Maria Odila Silva. *Quotidiano e poder em São Paulo no século XIX*. São Paulo: Brasiliense, 1995.

D'INCAO, Maria Ângela (org.). *Amor e família no Brasil*. São Paulo: Contexto, 1998.

DIOP, C. A. *L'Afrique noire précoloniale*. Paris/Dakar: Présence Africaine, 2000.

——. *L'Unité culturelle de l'Afrique noire: domaines du patriarcat et du matriarcat dans l'antiquité classique*. Paris/Dakar: Présence Africaine, 1982.

——. *Nations nègres et culture*. Paris/Dakar: Présence Africaine, 2000.

DUARTE, Constancia Lima. *Nísia Floresta* – a primeira feminista do Brasil. Santa Catarina: Mulheres, 2005.

DUBY, Georges; PERROT, Michelle (dir.). *Histoire des femmes*, 5 v. Paris: Plon, 1987-1992.

EL-KAREH, Almir Chaiban; BRUIT, Héctor Henzáll. Cozinhar e comer em casa e na rua: culinária e gastronomia na Corte do Império do Brasil. *Revista Estudos Históricos*, Rio de Janeiro, v. 1, n. 33, pp. 76-96, jun. 2004.

ENGEL, Magali. *Meretrizes e doutores*. Saber médico e prostituição no Rio de Janeiro, 1840-1890. São Paulo: Brasiliense, 1989.

FARIA, Sheila de Castro. *A colônia em movimento*: fortuna e família no cotidiano colonial. Rio de Janeiro: Nova Fronteira, 1998.

———. Fontes textuais e vida material: observações preliminares sobre casas de moradia nos Campos dos Goitacases, séculos XVIII e XIX. *Anais do Museu Paulista: História e Cultura Material*, 1(1), pp. 107-29, 1993.

———. Mulheres forras – riqueza e estigma social. *Tempo*, UFF, n. 9, pp. 65-92, jul. 2000.

FEDERICI, Silvia. *O ponto zero da revolução*: trabalho doméstico, reprodução e luta feminista. São Paulo: Elefante, 2919.

FERLA, L. A. C. *Corpos estranhos na intimidade do lar*: as empregadas domésticas no Brasil da primeira metade do século XX. XXVI Simpósio Nacional de História. São Paulo, 2011.

FERNANDES, Marisa. Movimento das mulheres lésbicas feministas no Brasil. *Cult*, 12 jun. 2018.

FERRAND, Michèle. *Féminin-masculin*. Paris: La Découverte, Repères, n. 389, 2004.

FERREIRA, Luzilá Gonçalves et al. *Suaves amazonas*: mulheres e abolição da escravatura no Nordeste. Recife: Editora UFPE, 1999.

FERREIRA FILHO, Alberto Heráclito. Desafricanizar as ruas: elites letradas, mulheres pobres e cultura popular em Salvador (1890-1937). *Afro-Ásia*, n. 21-22, pp. 239--56, 1998-1999.

FIGUEIREDO, Luciano *Barrocas famílias*: vida familiar em Minas Gerais no século XVIII. Dissertação de mestrado, FFLCH, USP, 1989.

———. *O avesso da memória, cotidiano, trabalho da mulher em Minas Gerais século XVIII*. Brasília/Rio de Janeiro: Editora UnB/José Olympio, 1993.

———. Mulheres nas Minas Gerais. In: DEL PRIORE, Mary. (org.). *História das mulheres no Brasil*. 2. ed. São Paulo: Contexto, 1997.

FLORENTINO, Manolo; GÓES, José Roberto. *A paz das senzalas*: famílias escravas e tráfico atlântico, Rio de Janeiro, c. 1790-c. 1850. Rio de Janeiro: Civilização Brasileira, 1997.

FONSECA, Marcus Vinicius. Pretos, pardos, crioulos e cabras nas escolas mineiras do século XIX. In: ROMÃO, Jerusa. *História da educação do negro e outras histórias*. Brasília: Ministério da Educação, Secretaria de Educação Continuada, Alfabetização e Diversidade, 2005. pp. 93-116.

FRAGOSO, João et al. (org.). *Nas rotas do Império*. Eixos mercantis, tráfico e relações sociais no mundo português. 2. ed. Vitória: Edufes, 2006.

FREITAS, Ana Paula Saraiva de. *A presença feminina no cangaço* – práticas e representações 1930-1940. Dissertação de mestrado, Unesp, 2005.

_____. As cangaceiras. *Revista de História Biblioteca Nacional*, ano 10, n. 117, pp. 32-3, jun. 2015.

FREITAS, Ângela. Vídeo Almerinda Gama, Pasta Almerinda Farias Gama, CPDOC/FGV. In: SCHUMAHER, Schuma; BRAZIL, Érico Vital. *Dicionário mulheres do Brasil*. Rio de Janeiro: Jorge Zahar, 2000, p. 34.

FREYRE, Gilberto. *Casa-grande & senzala*. Rio de Janeiro, Topbooks, 1999.

_____. *Sobrados e mocambos*.Rio de Janeiro, Topbooks,1999.

_____. *Ordem e progresso*. Rio de Janeiro, Global, 2004.

FURTADO, Júnia Ferreira. *Trabalho livre, trabalho escravo*: Brasil e Europa, séculos XVIII e XIX. São Paulo: Annablume, 2006.

_____. *Chica da Silva e o contratador de diamantes*: o outro lado do mito. São Paulo: Companhia das Letras, 2003.

GALVÃO, Patrícia. *Parque industrial*. Rio de Janeiro: José Olympio, 2006.

GATTAI, Zélia. *Anarquistas, graças a Deus*. Rio de Janeiro: Record, 1980.

GAUTIER, Arlette. Sous l'esclavage, le patriarcat Nouvelles. *Questions Féministes*, n. 9/10, Antillaises: Printemps, pp. 9-33, 1985.

GOMES, Ângela de Castro. *Burguesia e trabalho*. Rio de Janeiro: Campus, 1979.

_____; FERREIRA, Marieta de Moraes. *Industrialização e classe trabalhadora no Brasil*: novas perspectivas de análise. Rio de Janeiro: FGV/CPDOC, 1988.

GONZALEZ, Lélia. Racismo e sexismo na cultura brasileira. *Revista Ciências Sociais Hoje*, Anpocs, pp. 223-44, 1984.

GHIRARDI, M.; SCOTT, A. S. V. (coords.). *Famílias históricas*: interpelaciones desde perspectivas Iberoamericanas através de los casos de Argentina, Brasil, Costa Rita, Espana, Paraguay y Uruguay. São Leopoldo, RS: Oikos/Unisinos, 2015.

GREGORI, Maria Filomena. *Cenas e queixas*: mulheres e relações violentas e a prática feminista. Rio de Janeiro: Paz e Terra, 1993

GRUZINSKI, Serge. *O pensamento mestiço*. São Paulo: Companhia das Letras, 2001.

GOLDSCHMIDT, Eliana Maria Rea. Virtude e pecado: sexualidade em São Paulo colonial. In: OLIVEIRA COSTA, Albertina; BRUSHINI, Cristiane (orgs.). *Entre a virtude e o pecado*. Rio de Janeiro: Fundação Carlos Chagas. 1993.

_____. Convivendo com o pecado. Os "delitos da carne" na sociedade colonial paulista (1719-1822). Tese de doutorado, FFLCH, USP, 1987.

_____. *Casamentos mistos*: liberdade e escravidão em São Paulo colonial. São Paulo: Annablume/Fapesp, 2004.

GOMES, Flávio dos Santos. *Histórias de quilombolas*. São Paulo: Companhia das Letras, 2006.

GOMES, T. *Como eles se divertem (e se entendem)*: teatro de revista, cultura de massas e identidades sociais no Rio de Janeiro dos anos de 1920. Tese de doutorado em história, Campinas, Unicamp, 2003.

GONÇALVEZ, Caroline. *Ernestina Lesina*: trajetórias, escritos e lutas de mulheres operárias em São Paulo, século XX. Tese de mestrado, PUC/SP, 2013.

GRAHAM, Maria. *Diário de uma viagem ao Brasil e de uma estada nesse país durante parte dos anos 1821, 1822 e 1823*. São Paulo: Editora Nacional, 1956.

GUEDES, Roberto. *Egressos do cativeiro*: trabalho, família, aliança e mobilidade social. Rio de Janeiro: Mauad, 2008.

GUILLAUMIN, Colette. *Sexe, race et pratique du pouvoir*. L'idée de nature. Paris: Côté femme, 1992. Coleção Recherche.

———. *L'Idéologie raciste, genèse et langage actuel*. Paris: Gallimard, 2002. Coleção Folio essais.

HERMAKOFF, George. *O negro na fotografia brasileira do século XIX*. Rio de Janeiro: George Hermakoff, 2004.

HIRATA, Héléna et al. *Dictionnaire critique du féminisme*. 2. ed. Paris: PUF, 2004.

JABLONKA, Ivan. *Des Hommes justes* – du patriarcat aux nouvelles masculinités. Paris: Seuil, 2019.

KARASCH, Mary C. *A vida dos escravos no Rio de Janeiro (1808-1850)*. São Paulo: Companhia das Letras, 2000.

KEUSSEU, Serge. Tankeu. *Genre et Pouvoir dans le Contexte Africain*, Student World, 2005/1, Partnership and Empowerment.

KINE, F. C. *L'Union matrimoniale des peuples noirs*. Paris: L'Harmattan, 2000.

KLEIN, Herbert S. Demografia da escravidão. In: SCHWARCZ, Lilia M.; GOMES, Flávio dos Santos (orgs.). *Dicionário de escravidão e liberdade*. São Paulo: Companhia das Letras, 2018. pp. 185-94.

KNOX, Miridan Brito. Mulheres do sertão nordestino. In: DEL PRIORE, Mary (org.). *História das mulheres no Brasil*. São Paulo: Contexto, 1997.pp. 72-90.

KPAKPO, P. A. La Femme et le pouvoir dans la société traditionnelle. *Revue du Cames*, série B, v. 6, n. 1-2, pp. 43-52, 2004.

KUSHNIR, Beatriz. *Baile de máscaras*: mulheres judias e prostituição. As polacas e suas instituições de ajuda mútua. Rio de Janeiro: Imago, 1996.

LAQUEUR, Thomas. *La Fabrique du sexe*. Essai sur le corpo et le genre em Occident. Paris: Gallimard, 1992.

LARA, Sílvia Hunoldt. Escravidão, cidadania e história do trabalho. *Proj. História*, SP, 16 fev. 1998.

LAVAL, François Pyrard de. *The Voyage of F. P. de Laval to the East Indies, the Maldives, the Moluccas and Brazil*. Londres: Hackluit Society, 1887-1890, v. 2.

LEITE, Miriam Lifchitz Moreira. *A condição feminina no Rio de Janeiro do século XIX*. São Paulo: Hucitec/Edusp, 1984.

_____; MOTT, Maria Lúcia de Barros; APPENZELLER, Bertha K. *A mulher no Rio de Janeiro no século XIX*. São Paulo: Fundação Carlos Chagas, 1982.

LIMA, Júnia de Souza; GONÇALVES, Irlen Antônio. *Entre fios e teares*: o cotidiano das mulheres operárias nas fábricas de tecido do início da República. Disponível em: <http://www.sbhe.org.br/novo/congressos/cbhe5/pdf/754.pdf>; acesso em: mar. 2020.

LIMA, Lana Lage da Gama (org.). *Mulheres, adúlteros e padres* – história e moral na sociedade brasileira. Rio de Janeiro: Dois Pontos, 1986.

LIMA, Tatiana. Trabalho escravo e trabalho livre: os libertos ocupados nos serviços domésticos no Recife oitocentista. *Revista Mundos do Trabalho*, v. 10, n. 20, pp. 145-66, jul./dez. 2018.

LINHARES, Maria Yedda (org.). *História geral do Brasil*. Rio de Janeiro: Campus, 1990.

LOURO, Guacira Lopes. *Prendas e antiprendas*. Uma escola de Mulheres. Porto Alegre: Universidade Federal do Rio Grande do Sul, 1987.

———. *O corpo educado*. Pedagogias da sexualidade. São Paulo: Autêntica, 2010.

LUCCOCK, John. *Notas sobre o Rio de Janeiro e partes meridionais do Brasil*. Tomadas durante uma estada de dez anos, de 1808 a 1818. São Paulo: Livraria Martins, 1942.

LUNA FREIRE, Maria Martha de. *Mulheres, mães e médicos* – discurso maternalista no Brasil. Rio de Janeiro: FGV, 2009.

LYRA, Maria de Lourdes Vianna. A atuação da mulher na cena pública: diversidade de atores e de manifestações políticas no Brasil imperial. *Almanaque Brasiliense*, n. 3, mar. 2006.

MAIA, Tom. *No mundo das sinhás*. Guaratinguetá: Documenta Histórica, 2005.

MAIA, Clarissa Nunes. *Sambas, batuques, vozerias e farsas públicas*: o controle social sobre os escravos em Pernambuco no século XIX-1850/1888. Dissertação de mestrado, UFPE, 1995.

MARCONDES, Marcos Antônio. *Enciclopédia da música popular, erudita e folclórica*. São Paulo: Art, Itaú Cultural, 1998.

MARQUESE, Rafael de Bivar. Moradia escrava na era do tráfico ilegal: senzalas rurais no Brasil e em Cuba, c. 1830-1860. *An. mus. paul.*, v. 13, n. 2, pp. 165-88, 2005.

MARCÍLIO, Maria Luíza. *A cidade de São Paulo*. São Paulo: Pioneira, 1974.

———. *Caiçara*: terra e população. São Paulo: Paulinas/CEDHAL, 1986.

MARTINS, Eduardo. *Os pobres e os termos de bem viver*: novas formas de controle social no Império do Brasil. Dissertação de mestrado, Faculdade de Ciências e Letras, Universidade Estadual Paulista, Assis, 2003.

MATHIEU, Nicole-Claude *L'Arraisonnement des femmes, essais en anthropologie des sexes*. Paris: Édition de l'Ehess, 1985.

———. *L'Anatomie politique*: catégorisations et idéologies du sexe, Paris: Côté femme, 1991. Coleção Recherche.

MATOS, Maria Izilda Santos de. Porta adentro: criados de servir em São Paulo, 1890--1930. In: BRUSCHINI, Maria Cristina A.; SORJ, Bila. *Novos olhares*: mulheres e relações de gênero no Brasil. São Paulo: Marco Zero, 1994.

MATTOS, Hebe. *Das cores do silêncio*: os significados da liberdade no sudeste escravista – Brasil séc. XIX. Rio de Janeiro: Arquivo Nacional, 1995.

MAYOR, Adrianne. *The Amazons*: Lives and Legends of Warrior Women across the Ancient World. Princeton: Princeton University Press, 2014.

MELO, Hildete Pereira de; PISCITELLI, Adriana; MALUF, Sônia Weidner; PUGA, Vera Lucia (orgs.). *Olhares feministas*. Brasília: Ministério da Educação/Unesco, 2009.

MENEZES, Tamara. Ouvindo as operárias: uma análise sobre o trabalho feminino e a atuação das operárias da fábrica São Braz, na Bahia pós-guerra. Monografia apresentada na Faculdade de Filosofia e Ciências Humanas, UFBA, 2017.

METCALF, Alida C. *Family and Frontier in Colonial Brazil* – Santana de Parnaíba 1580--1822. Austin: University of Texas, 2005.

MILL, John Stuart. *De l'asservissement des femmes*, 1869. Paris: Petite Bibliotéque Payot,1975.

MONTEIRO, Hamilton de Mattos Monteiro. Da Independência à vitória da ordem. In: LINHARES, Maria Yeda (org.). *História geral do Brasil*. Rio de Janeiro: Campus, 1990.

MOTT, Luiz. Cotidiano e vivência religiosa: entre a capela e o calundu. In: NOVAIS, Fernando (coord.); MELLO E SOUZA, Laura (org.). *História da vida privada no Brasil*: cotidiano e vida privada na América portuguesa. São Paulo: Companhia das Letras, 1997. v. 1.

_____. *Rosa egípcia*. Uma santa africana no Brasil. Rio de Janeiro: Bertrand do Brasil, 1993.

_____. *Escravidão, homossexualidade e demonologia*. São Paulo: Ícone, 1988.

MOTT, Maria Lúcia de Barros. Escritoras negras resgatando nossa história. *Papéis Avulsos*, Rio de Janeiro, n. 13, CIEC/UFRJ, 1989.

MOURA, Denise. Controle social no uso do espaço público (São Paulo, 1808-1850). *Dimensões – Revista de História da UFES*, n. 12, 2001.

NARLOCH, Leandro. *Achados e perdidos na História*. Escravos. A vida e o cotidiano de 28 brasileiros esquecidos pela história. Rio de Janeiro: Estação Brasil, 2017.

NAZZARI, Muriel. *O desaparecimento do dote* – mulheres, família e mudança social em São Paulo, Brasil (1600-1900). São Paulo: Companhia das Letras, 2001.

NEPOMUCEMO, Nirlene. *Testemunhos de poéticas negras*: De Chocolat e a Cia Negra de Revistas no Rio de Janeiro (1926-1927). Dissertação de mestrado em história, PUC/SP, 2006.

OLIVEIRA, Monica Ribeiro de. *Negócios de famílias*: mercado, terra e poder na formação da cafeicultura mineira 1780-1870. Bauru/São Paulo/Juiz de Fora: Edusc/Funalfa, 2005.

PAIVA, Eduardo França. *Escravidão e universo cultural na colônia, Minas Gerais*, 1716--1789. Belo Horizonte: UFMG, 2001.

_____. Alforrias. In: SCHWARCZ, Lilia M.; GOMES, Flávio dos Santos (orgs.). *Dicionário de escravidão e liberdade*. São Paulo: Companhia das Letras, 2018. pp. 92-8.

PAULME, Denise. Structures sociales traditionnelles en Afrique Noire. *Cahiers d'Études Africaines*, 1960, pp. 15-27.

PRADO, Maria Lígia. *O populismo na América Latina*. São Paulo: Brasiliense, 1984.

PEDRO, Joana Maria (org.). *Nova história das mulheres*. São Paulo: Contexto, 2012.

———. *Fronteiras de gênero*. Florianópolis: Mulheres, 2011.

PIERONI, Geraldo. *Os excluídos do reino*: a inquisição portuguesa e o degredo para o Brasil colônia. São Paulo/Brasília: Imprensa Oficial/Editora UnB, 2000.

PINHO, Wanderley. *Salões e damas do Segundo Reinado*. São Paulo: Martins, 1959.

PINTO DA FRANÇA, Antonio d'Oliveira. *Cartas bahianas, 1821-1824*. Rio de Janeiro: Editora Nacional, 1980.

PINSKY, Carla Bassanezzi. *Virando as páginas revendo as mulheres* – revistas femininas e relações homem-mulher (1945-1964). Rio de Janeiro: Civilização Brasileira, 1996.

_____; PEDRO, Joana Maria. *Nova história das mulheres no Brasil*. São Paulo: Contexto, 2012.

PIRES, Isabelle Cristina da Silva. *Entre teares e lutas*: relações de gênero e questões etárias nas principais fábricas de tecidos do Distrito Federal (1891-1932). Dissertação de mestrado, Escola de Ciências Sociais da Fundação Getulio Vargas, 2018.

PISCITELLI, Adriana; GREGORI, Maria Filomena; CARRARA, Sérgio. *Sexualidade e saberes*: convenções e fronteiras. Rio de Janeiro: Garamond, 2013.

QUINTANEIRO, Tânia. *Retratos de mulher, o cotidiano feminino no Brasil sob o olhar de viageiros no século XIX*. Petrópolis: Vozes 1995.

RAGO, Margareth. *Do cabaré ao lar*: A utopia da cidade disciplinar. 3. ed. Rio de Janeiro: Paz e Terra, 1997.

RAPOSO, Ignacio. *História de Vassouras*. Vassouras: Fundação Primeiro de Maio, 1935.

REIS, Adriana Dantas. Mulheres afrodescendentes na Bahia: gênero, cor e mobilidade social 1780-1830. In: XAVIER, Giovana; BARRETO, Juliana; GOMES, Flávio (orgs.). *Mulheres negras no Brasil escravista e pós-emancipação*. São Paulo: Selo Negro, pp. 24-34, 2015.

REIS, Isabel Cristina Ferreira dos. Família escrava. In: SCHWARCZ, Lilia M.; GOMES, Flávio dos Santos (orgs.). *Dicionário de escravidão e liberdade*. São Paulo: Companhia das Letras, 2018. pp. 225-9.

REIS, João José. *Domingos Sodré, um sacerdote africano*: escravidão, liberdade e candomblé na Bahia do século XIX. São Paulo: Companhia das Letras, 2008.

REGINALDO, Lucilene. Irmandades In: SCHWARCZ, Lilia M.; GOMES, Flávio dos Santos (orgs.). *Dicionário de escravidão e liberdade*. São Paulo: Companhia das Letras, 2018. pp. 268-74.

RESENDE, Bibiana. De escravas a vagabundas: as trabalhadoras domésticas e o não trabalho na transição do século XIX para o XX. *Revista Pegada*, v. 20, n. 1, p. 237, jan./abr. 2019.

RIBEIRO, C. A. C.; SILVA, N. V. Cor, educação e casamento: tendências da seletividade marital no Brasil, 1960 a 2000. *Revista de Ciências Sociais*, Rio de Janeiro, v. 52, n. 1, pp. 7-51, 2009.

RIOS, Ana Maria Lugão. Não se esquece um elefante: notas sobre os últimos africanos e a memória d'África no vale do Paraíba. In: FRAGOSO, João et al. *Memórias do cativeiro*: família, trabalho e cidadania no pós-abolição. Rio de Janeiro: Civilização Brasileira, 2005.

RISÉRIO, Antônio. *A casa no Brasil*. Rio de Janeiro: Topbooks, 2019.

ROCHA, Solange P. Mulheres escravizadas na Paraíba oitocentista: trabalho, contradições e lutas pela liberdade. In: XAVIER, Giovana; FARIAS, Juliana Barreto; GOMES, Flávio (orgs.). *Mulheres negras no Brasil escravista e pós-emancipação*. São Paulo: Selo Negro, 2012. pp. 84-98.

RODRIGUES, Mariana Christina de Faria Tavares Rodrigues. *Mancebos e mocinhas*: moda na literatura brasileira do século XIX. São Paulo: Estação das Letras, 2010.

RODRIGUES, Vilmara Lucia. Negras senhoras: o universo material das mulheres africanas forras. Anais do I Colóquio de Lajes, 2005.

ROMÃO, Jerusa (org.). *História da educação do negro e outras histórias*. Brasília: Ministério da Educação, Secretaria de Educação Continuada, Alfabetização e Diversidade, 2005.

ROQUETTE, J. I. *Código do bom-tom, ou regras de civilidade e de bem viver no século XIX*. São Paulo: Companhia das Letras, 1997.

RUFINO, Alzira; IRACI, Nilza; PEREIRA, Maria Rosa. *A mulher negra tem história*. Coletivo de Mulheres Negras da Baixada Santista, 1986.

SAMARA, Eni de Mesquita. *As mulheres, o poder e a família, São Paulo, século XIX*. São Paulo: Marco Zero/Secretaria de Estado da Cultura de São Paulo, 1989.

———. Patriarcalismo, família e poder na sociedade brasileira (séculos XV-XIX). *Revista Brasileira de História*, São Paulo, Marco Zero/ANPUH, n. 22, 1991.

SANCHES, Maria Aparecida Prazeres. *Fogões, pratos e panelas: poderes, práticas e relações de trabalho doméstico*. Salvador 1900-1950. Dissertação de mestrado, Universidade Federal da Bahia, 1998.

SANCHES, Nanci Patrícia Lima. Fora do tom, fora da ordem: vadios, mulheres e escravos no império do Brasil. *Caderno Espaço Feminino*, v. 1.

SANT'ANNA, Thiago. Noites abolicionistas: as mulheres encenam o teatro e abusando piano na cidade de Goiás (1870-1888). *Opsis – Revista do Niesc*, v. 6, n. 1, pp. 79-108, jan./jul. 2007.

SANTOS, Igor. *Famílias plurais, uniões mistas e mestiçagens na comarca de Sabará (1720-1800)*. Belo Horizonte: Appris, 2018.

SEVCENKO, Nicolau. *Literatura como missão*: tensões sociais e criação cultural na Primeira República. São Paulo: Companhia das Letras, 1983.

──────. *Orfeu extático na metrópole*: São Paulo, sociedade e cultura nos frementes anos 1920. São Paulo: Companhia das Letras, 1992.

──────. *História da vida privada*: da *belle époque* à era do rádio. 3. ed. São Paulo: Companhia das Letras, 1998.

SCHUMAHER, Schuma; BRAZIL, Érico Vital. *Dicionário mulheres do Brasil*. Rio de Janeiro: Jorge Zahar, 2000.

SCHWARCZ, Lilia M.; GOMES, Flávio. *Dicionário da escravidão e liberdade*. São Paulo: Companhia das Letras, 2018.

SILVA, Maria Beatriz Nizza da. *História da família no Brasil colonial*. Rio de Janeiro: Nova Fronteira, 1998.

──────. *Donas mineiras do período colonial*. São Paulo: Editora Unesp, 2017.

SILVA, Gian Carlo de Melo. *Um só corpo, uma só carne, casamento, cotidiano e mestiçagem no Recife colonial* (1790-1800). Recife: Editora UFPE, 2010.

──────. *Na cor da pele, o negro* – escravidão, mestiçagem e sociedade no Recife colonial (1790-1800). Maceió: Edufal, 2018.

──────. *Os crimes e a história do Brasil*: abordagens possíveis. Maceió: Edufal, 2015.

SILVA, Ricardo Tadeu Caires. *O papel das sociedades abolicionistas na transição do trabalho escravo para o trabalho livre na Bahia (1868-1878)*. IV Congresso Internacional de História, 2009.

TELLES, Lorena Féres da Silva. Amas de leite. In: SCHWARCZ, Lilia M.; GOMES, Flávio. *Dicionário da escravidão e liberdade*. São Paulo: Companhia das Letras, 2018. pp. 99-105.

SIMARD, Giselle. *Petites commercantes de Mauritania* – voiles, perles et henné. Paris: Karthala, 1996.

SOUZA, Alan de Carvalho. *Terras e escravos*: a desordem senhorial no vale do Paraíba. Jundiaí: Paco, 2012.

SOUZA, Felipe Azevedo e. As cigarreiras revoltosas e o movimento operário: história da primeira greve feminina do Recife e as representações das mulheres operárias. *Cadernos Pagu*, n. 55, 2019.

SOUZA, João Carlos de. O caráter religioso e profano das festas populares. Corumbá, passagem do século XIX para o XX. *Rev. Bras. Hist.*, v. 24, n. 48, 2004.

SOUZA, Laura de Mello e. *O diabo e a terra de Santa Cruz*. São Paulo: Companhia das Letras, 1986.

SCOTT, A. S. V.; SCOTT, D. Casamentos entre desiguais no Brasil meridional (1772-1845). In: GHIRARDI, M.; SCOTT, A. S. V. (coords.). *Famílias históricas*: interpelaciones desde perspectivas Iberoamericanas a través de los casos de Argentina, Brasil, Costa Rita, Espana, Paraguay y Uruguay. São Leopoldo: Oikos/ Unisinos, 2015. pp. 37-79.

SILVA, M. B. N. *Sistema de casamento no Brasil colonial*. São Paulo: T. A. Queiroz/ Edusp, 1984.

SILVA, Wladimir Barbosa; BARRETO, Maria Renilda N. Mulheres e abolição: protagonismo e ação. *Revista da Associação Brasileira de Pesquisadores/as Negros/as (ABPN)*, v. 6, n. 14, pp. 50-62, out. 2014. Disponível em: <http://www.abpnrevista.org.br/revista/index.php/revistaabpn1/article/view/129>; acesso em: 31 out. 2019.

SLENES, Robert. A árvore de Nsanda transplantada: cultos kongo de aflição e identidade escrava no Sudeste brasileiro (século XIX). In: LIBBY, Douglas Cole; FURTADO, Júnia Ferreira (orgs.). *Trabalho livre, trabalho escravo*: Brasil e Europa, séculos XVII e XIX. São Paulo: Annablume, 2006.

SOHIET, Rachel. Pisando no sexo frágil. *Nossa História*, ano 1, n. 3, jan. 2004.

———. *Condição feminina e formas de violência, mulheres pobres e ordem urbana*. Rio de Janeiro: Forense Universitária, 1989.

TABET, Paola. *La Construction sociale de l'inégalité des sexes*. Des outils et des corps. Paris: L'Harmattan, 1998. Coleção Bibliothèque du Féminisme.

TELES, Maria Amélia; MELO, Mônica de. *O que é violência contra a mulher*. São Paulo: Brasiliense, 2002.

TELLES, Norma. Escritoras, escritas, escrituras. In: DEL PRIORE, Mary (org.). *História das mulheres no Brasil*. São Paulo: Contexto, 1997. pp. 401-42.

TESSER, Teresa Cristina. *Programas dedicados às mulheres e às crianças marcam os primeiros vinte anos do rádio, nas emissoras do Rio de Janeiro e São Paulo*. Trabalho apresentado ao GT História da Mídia Sonora, V Congresso Nacional de História da Mídia, Facasper e Ciee, São Paulo, 2007.

VAINFAS, Ronaldo (org.). *História e sexualidade no Brasil*. Rio de Janeiro: Graal, 1986.

———. *Trópico dos pecados* – moral, sexualidade e Inquisição no Brasil. Rio de Janeiro: Campus, 1989.

VALADARES, Virgínia Trindade. *Elites mineiras setecentistas*: conjugação de dois mundos. Lisboa: Colibri Instituto de Cultura Ibero-Atlântica, 2004.

VENÂNCIO, Renato. *Famílias abandonadas* – assistência à criança de camadas populares no Rio de Janeiro e em Salvador, séculos XVIII e XIX. Campinas: Papirus, 1999.

———. Antes da corte: população e pobreza no Rio de Janeiro, c. 1763--c.1808 *Antíteses*, Universidade Estadual de Londrina, v. 6, n. 11, pp. 10-28, jan./jun. 2013.

VERGER, Pierre. *Os libertos*. Salvador: Corrupio, 1992.

VIANNA, Hildegardes. *A Bahia já foi assim*. Salvador: FG, 2000.

XAVIER, Giovana; FARIAS, Juliana Barreto; GOMES, Flávio (orgs.). *Mulheres negras no Brasil escravista e pós-emancipação*. São Paulo: Selo Negro, 2012.

WISSENBACH, Maria Cristina C. Letramento e escola. In: SCHWARCZ, Lilia M.; GOMES, Flávio. *Dicionário da escravidão e liberdade*. São Paulo: Companhia das Letras, 2018. pp. 292-7.

_____. Da escravidão à liberdade: dimensões de uma privacidade possível. In: SEVCENKO, Nicolau (org.). *História da vida privada: da belle époque à era do rádio*. 3. ed. São Paulo: Companhia das Letras, 1998. pp. 49-130.

WOLFF, Cristina Scheibe. Amazonas, soldadas, sertanejas, guerrilheiras. In: PINSKY, Carla Bassanezi; PEDRO, Joana Maria (orgs.). *Nova história das mulheres*. São Paulo: Contexto, 2012. pp. 423-46.

_____ et al. *Resistência, gênero e feminismos contra as ditaduras do Cone Sul*. Florianópolis: Mulheres, 2011.

ZANUTTI, Miriam. *Alice Clapp*: a voz feminina na abolição dos escravos na cidade do Rio de Janeiro no século XIX, mimeo, 2018.

**Acreditamos
nos livros**

Este livro foi composto em Adobe Garamond Pro e
impresso pela Gráfica Santa Marta para
a Editora Planeta do Brasil em junho de 2021.